臨床死生学研究叢書——3

死別の悲しみを学ぶ

平山正実 編著

聖学院大学出版会

臨床死生学研究叢書　3　死別の悲しみを学ぶ　目次

はじめに

一　本書を編集するにあたって

本書、臨床死生学研究叢書3『死別の悲しみを学ぶ』では、主題を「生と死の教育」とした。そこで、まずはじめに、編者が「生と死の教育」death education というものをどのように考えているかということをについて述べておきたい。

紀元前五〇〇年〜二〇〇〇年の三〇〇〇年の間に書かれたとされる『旧約聖書』の詩編にはすでに、「人生はため息のように消えうせます。人生の年月は七十年程のものです。健やかな人が八十年を数えても、得るところは労苦と災いにすぎません。瞬く間に時は過ぎ、わたしたちは飛び去ります」（90・9―10）と記されている。人間は、古代から、寿命はすでに定まっていると理解されている。詩編が書かれた時代から二千数百年たった現在でも、その事実は少しも変わっていない。

ところが、先端医療技術を享受し、世界の中の最長寿国の仲間入りをした大部分の日本人は、日常生活の中で死を自分とは関係ないもの、疎遠なものとみなそうとしているように思えてならない。彼らが死について語り、考えることを避け、その事実を封印しようとさえする意識の背後には、死への恐怖感が存在するのではないか。しかし、死について考えず、その日、その日をただ単に面白おかしく過ごし、喜びと楽しみのみを追求するとしたら、その人の人生は薄っぺらなものになってしまうのではないか。

古の賢者は、人間が生きるにあたって、たえず「死を想う」（メメント・モリ）ことが大切であると説いた。このことは、死を意識して生きることが、充実した生を送るための基本的な条件であるということを言おうとしているように思われる。

生と死は、コインの表と裏のように一体的、総合的にとらえるべきである。どちらか一方に片寄っても健全な人格の持ち主であるとはいえまい。また、本来、教育（education）という言葉の中には、文字通り教え導くという意味のほかに、その人の中に隠されている才能、つまり宝を引き出すという意味もある。したがって、「生と死の教育」の目的は、その意味で、専門家や一般市民を問わず、生と死の現実を見つめることを促すことによって、その人の人生に、新たな可能性と生きがいを引き出すことにあるといえるだろう。

本書は、目次に示したように、Ⅰ　臨床にみる生と死、Ⅱ　援助者と「生と死の教育」、Ⅲ　「生と死の教育」の試み、の三部に分けた。このような区分からわかるように、本書は実際に現場で働く人々にとって、「生と死の教育」がなぜ必要なのか、また、その教育をどのように行ったらよいのか、といった課題に答えるために編まれたものである。

二　本書の概要について

次に、本書に掲載されている個々の論文の内容を簡単にまとめ、読者の便宜をはかりたいと思う。それというのも、ここに掲載されている論文は、編者が主催している聖学院大学総合研究所「臨床死生学研究会」で、数年間にわたって発表されたものを編者がまとめたものである。「生と死の教育」というテーマについて、各論文とも部分的に触れているが、かならずしも内容は一貫していない。

したがって、読者はまず、自分の関心のある論文から目を通されるほうがよいと思う。そのための手引きとして、ここでは各論文の要旨を簡単にまとめ、紹介しておきたい。


まずはじめに、「生と死の教育」とはどのような学問かといったこと、つまり、この学問の基本的枠組みを知るためには、第Ⅲ部の「大学における死生学教育の展開」（山崎浩司）を読まれることを勧める。この論文は、ただ単に大学生を対象とする死生学の講義内容を説明するものではなく、日本や英米の死生学の歴史や定義、臨床死生学の位置づけ、死生学を教える対象と内容、範囲などが記されている。


日本における「生と死の教育」の嚆矢となったのは一九八〇年代に始まったアルフォンス・デーケンが企画した「生と死を考えるセミナー」であろう。このセミナーは、一般市民に対して「死の準備教育」を授ける目的で開催された。このころから、市民の間で、死の問題を積極的に考えてゆこうとする風潮が芽生えはじめたように思う。

このような市民運動としての「生と死の教育」の実践例として、本書では、一つは「小児がんの子どもを守る親の会」ともう一つは「自死遺族を支援する会」の二つを取り上げた。

前者は、「子どもの病と死をめぐる親の経験」（三輪久美子）という論文で論じられている。三輪は医師や医療ソーシャルワーカーは、子どもの病気やその治療に対して正確な知識や情報を親に提供することによって、彼らを教育し、医療者との葛藤を軽減する役割を担っていることを強調している。子どもの死に直面する親に対しての、実態に即した援助構築のために、親の経験の理解を求めている。

後者は、「自死遺族に対する悲嘆支援者の心得」（平山正実）という論文にまとめられている。この論文は、自死遺族支援団体である「グリーフケア・サポートプラザ」で遺族を支えるために働いているサポーター（支援者）を対象として書かれたものであるが、一般の「生と死の教育」関連テキストとして使うことも可能である。


「生と死の教育」が必要なのは市民だけではなく、次の世代を担う大学生をターゲットとすることも重要である。この分野に関するものとして、二つの論文が掲載されている。

一つは、「大学生の生と死の教育」（小高康正）である。この論文は、大学生に対して、文学を使って「生と死の教育」を行った貴重な実践記録である。

もう一つは、「大学生の生と死のとらえ方」（竹渕香織）である。竹渕は、大学の学生相談室のカウンセラーとして、生と死の問題に対峙している学生たちに対して、生きる意味や死との向き合い方を共に語り合う中で、個別的に「生と死の教育」を継続的に行っている。


「生と死の教育」は、市民や大学生だけでなく、医療、福祉、保健等の従事者に対しても行われなければならない。本書では、こうした専門家を対象とする場合どのようにしたら「生と死の教育」を行うことができるかといった課題について言及した論文を三つ掲載した。

第一は、「がん患者の身体と心の痛み」（白土辰子）である。ここで白土は、日本の緩和ケアの現場では、いまだにがんの疼痛に苦しむ患者が少なくないことを指摘している。そして、その原因は、麻薬を用いる医療に対する行政の問題や医療施設側の問題もあるが、もっとも重要なのは、医療者のペインコントロールに関する知識の不足や技術の未熟さの問題であるとしており、その教育の必要性を訴えている。

第二は、「看護基礎教育における『死生学教育』」（中村鈴子）である。ここで中村は、日本における看護教育の現場、もっと具体的にいえば、看護系の大学、短大、専門学校などで、どのように生と死の教育が行われているかということを調べた調査を紹介している。さらに、生と死というテーマを看護教育に取り入れる際に、どのような内容をカリキュラム化するかといった問題や、教育する場合の具体的な方法、さらには、教育目標など、かなり踏み込んだところにまで思案を提示している。

第三は、「入院している子どもの生と死」（田中久美子）である。田中は日本ではまだ数少ないＨＰＳ（ホスピタル・プレイ・スペシャリスト）で、この論文の執筆当時、小児専門病院で病棟保育士として働いていた。その仕事の目的は、病棟内で子どもの遊びをとおして、彼らの精神の安定をもたらすことにある。子どもが精神的に落ち着くと、医師、看護師などの連携がうまくゆくことに気づき、プレイセラピーを導入し、効果のあった事例を紹介している。もし、病棟保育士が医療チームの〝とりなし役〟となり、その結果、患者中心の医療を行うことができるようになれば、彼らのはたらきは、現在のピラミッド型タテ割り構造の医療を改革するために必要な教育的効果をもたらすことになろう。

最後に、「生と死の教育」の究極的な課題である死生観に関して論じた二つの論文を紹介する。

一つ目は「死の臨床に携わる援助者のための死生観」（窪寺俊之）であるが、この論文において、これまで人口に膾炙してきたいろいろな死生観が紹介されている。市民や大学生にとっても、臨床現場で働く人にとっても、自分なりのしっかりした死生観をもつことは大切であって、「生と死の教育」の目指すべき目標もそこにあるといってよい。ちなみに、この論文ではこれまで人類が受け継いできた代表的な死生観を、宗教的死生観、自然宗教的死生観、民俗的民話的死生観の三つに類型化し、説明を加えている。

二つ目は、「ルターにおける生と死の教育」（金子晴勇）である。ルターは、有名な『死の準備についての説教』という文章を残しており、その内容が紹介されている。ルターは、当時の民衆にわかりやすいように、画像や絵姿によって、生と死の教育の重要性を訴えようとしている。その中で、再三問題になるのは、死生観の形成や「生と死の教育」にとって、もっとも大切なことは何かということであり、それをもっと具体的にいうと、生と死が互いにどのようなかかわり合いをもつかということである。

私たちは、生と死が相反する事柄、矛盾することであると考えがちである。そうすると、死は悲しいこと、恐ろしいこと、ネガティブなことということになる。しかし、詩編の作者のことばによるまでもなく、人間は有限な存在であり、死は避けられない。ルターは、「幸せの日には禍がまたやって来ると考えなさい。あなたの禍の日には、再び幸せになると考えなさい」（シラ書〔集会の書〕11・25、「人は、幸福なときには不幸を忘れ、不幸なときには、幸福を思い出さない」）という。そのことを教えるためにルターは、光と影が互いの中へと入れ替わる画像を示し、それが人間の現実であると説く。また彼は、「生のさ中にあって死のうちにある」ともいう。

このような認識に立ちつつ生と死の関係をどう考えるかということが、「生と死の教育」や死生観にとって重要な課題となる。理性や感性を重視すれば、生は死にまさる。しかし、信仰や霊性を優先すれば、逆であって、死をとおして、新しい生への可能性が開かれる。つまり、死を肯定し生を否定することをとおして、より高次のいのちの肯定へと飛躍、高揚にいたる道が開ける。こうルターは主張する。このような否定媒介的な経過を経て〝創造〟にいたるといった逆説を理解するためには、〝神の目〟を信じる信仰が必要であって、そのような考え方は〝人の目〟からみると、〝躓き〟となる。

キリスト教を基礎とする「生と死の教育」やその死生観は、この世の悲しみを緩和する力をもつが、そこにいたるまでには、当事者の〝人の目〟から〝神の目〟への思考や認知の転換が必要であろう。

編者の立場から、本書の内容を簡単にまとめてきた。読者が、この叢書に目を通すことによって、死と真摯に向き合い、少しでも、その試練と戦う勇気を得、前向きに生きるエネルギーを得ることができれば、編者として望外の幸せである。

二〇一一年十一月

編者　平山　正実

I

臨床にみる生と死

がん患者の身体と心の痛み
——緩和ケア理解を深めるために——

白土　辰子

一　はじめに

人はがんと診断された時に、「なぜ自分が?」と自問する。期待をもって闘病を続けていく過程で治療効果が認められず病状が進んでいくと、「もうこれ以上の治療はないから、今後は緩和ケアでもどうですか」と医師に勧められることがある。希望が絶望に変わる瞬間である。そして、患者も家族も「まだ早いのではないか?」、「何かやることはないのか?」、「この医師で大丈夫なのか?」と不安や疑惑にさいなまれる。

一般的にがん患者が抑うつや不安をもつことは広く知られるようになったが、はっきりした症状がないと担当医も気づかず、適切な治療を受けないままに見すごされている人は多い。私は麻酔科医なのでメンタルヘルスに関しては専門外だが、大学病院のペインクリニックで身体的な痛みの治療をとおして緩和ケアに携わるようになって、心の痛みを抜きにしてがんの痛みを和らげるのは困難なことを経験した。痛みが日増しに強くなっていくと、ＱＯＬ（Quality of Life クオリティ・オブ・ライフ）が低下して、「こんな身体では生きているかいがない」、「早く終わらせてほしい」という言葉を患者から聴いたことは少なくない。

長い間、ホスピスケア、ターミナルケアという言葉は、がん末期患者のＱＯＬを高める意味で用いられてきたが、死に直結するイメージを呼び起こすと敬遠されて、現在は「緩和ケア（palliative care）」が一般的になった。

また、死に逝く人への全人的ケアが新聞やテレビの報道などで取り上げられることから、緩和ケアの言葉を知っている人が増えているが、誰でも、いつその時が来るか知りたくもないし、知らされたとしても「なぜ、今なのか」と思うのは当然だろう。医師の「もうこれ以上の治療はない」というバッドニュースの伝え方が上手くない上に、患者・家族の心の動きに寄り添うケアができないこともあって、緩和ケアの情報が適切に人々に伝わっていないこともある。モルヒネなどを使った疼痛治療に対する誤解や偏見を生む原因の一つとなっているようだ。

十数年以上前のことだが、私は区が主催する六〇歳以上の住民を対象に公開講座で緩和ケアについて話す機会をいただいた。その時、参加者からは痛みについて活発に質問が寄せられた。その二年後に、他県のある病院に勤務する友人の医師がモルヒネ嫌いのがん患者に説明をした時、同席した見舞客がやけに納得した表情で「怖い薬ではない、ＷＨＯが勧めているから大丈夫」と励ましていたそうである。「どうしてがん疼痛治療法をご存じなのですか」と聞くと、住んでいる地域の公開講座で知ったという。その話を聞いた時に、自分が公開講座で話したことがモルヒネの誤解を解く場面で役立ったことを嬉しく思うとともに、情報公開の効用が伝播するスピードと領域の拡大に、あらためて医師の説明責任を深く受け止めた。

また、ある乳がんの患者会の会員から、「自分たちは皆、突然バッドニュースを言われるのは困るけれど、その時になるまでに病状も含めて正確な医療情報を知っていたい」と言われたことがある。

患者の立場になると、検査や治療の前にたくさんの承諾書を見せられて意思決定を求められるわけだが、説明内容が良くわからないままに適切な医療を受けるチャンスを逃すことは避けたい。がん研究の進歩により新しい治療法が次々と発表されるが、死因の第一位は依然としてがんである。治癒が望めない終末期になったときの苦痛緩和は何びとにも保証されるべき権利である。今は健康で必要でなくてもいざというときに有用な情報、とくにがんの痛みに関する緩和ケアの普及状況とこれからの方向性などについて提示したい。

二　近代ホスピス運動と日本の大学病院に播《ま》かれた種

がんの痛み治療に関して日本の大学病院は関心が薄いといわれていた時代に、どのようにして緩和ケアが芽生えていったのか、日本大学医学部付属板橋病院を例にとって振り返ってみたい。

(1) ホスピス・ムーブメントから「緩和ケア」へ

近代ホスピスの源流は、アイルランドの修道院でマザー・メアリー・エイケンヘッド（Mother Mary Aikenhead）が死の直前に人間らしいケアを提供した「ホーム」、それが彼女の没後二一年を経た一八七九年に「ホスピス」（Our Lady's Hospice）と改称された時点にたどりつく。一九〇〇年には同じ修道会によりロンドン郊外に聖ヨセフ・ホスピスの前進である「ホーム」が誕生している。そこでシシリー・ソンダース（Cicely

Saunders）が痛みの緩和をはじめとする終末期ケアの基礎を学び、一九六七年にセント・クリストファー・ホスピスを創設して以来、活発なホスピス・ムーブメントが世界的に展開されていく。(1)一九七五年にカナダ・モントリオールのロイヤル・ビクトリア病院にB・M・マウント（B.M. Mount）がPCU（palliative care unit）を創設し、それ以降、「緩和ケア（palliative care）」の名称はターミナルケア、ホスピスの言葉が与える死のイメージを嫌う医師や看護師たちに速やかに受け入れられていった。(2)一九八〇年代以降、「緩和ケア」の言葉は世界各国で採用され、ターミナルケア、ホスピスケアの考え方を継承しながら、死に逝く過程に焦点をあてた積極的なケアを提供する方向性が明確になっていった。一九九〇年代になると、がん、エイズ以外にも神経難病、さらに認知症、脳血管障害も含めた患者のエンド・オブ・ライフ・ケア（End-of-Life Care）として、高齢者医療と緩和ケアを統合する考え方がアメリカ、カナダ、イギリスで提唱されて現在にいたっている。しかし、日本の医療行政において緩和ケアの対象としているのは、いまだにがんとエイズだけである。

(2) 日本大学医学部付属板橋病院に播かれた種の行方

ホスピスムーブメントの種はC・ソンダースのホスピス設立から一〇年後にようやく日本に芽を出して、ターミナルケアの基礎を築く役割を担っていく。一九七七年に「日本死の臨床研究会」が、死の臨床における患者家族に対する真の援助の道を全人的立場より研究していくことを目的として発足している。

その一年後の一九七八年に、日本大学板橋病院では呼吸器内科教授の岡安大仁《まさひと》とわが国における訪問看護の草分けである季羽倭文子《きばしずこ》により、「ターミナルケア・ミーティング」と命名してがん終末期患者のケースのナースカンファレンスが始められた。(3)これは有志の研究会であったが、院内では何か変わったことをしている人たち、高度の最新医療を実施すべき大学病院では異端者の集まりともいわれ、必ずしも歓迎される活動ではなかった。岡安は医学生および医師に対する緩和ケアの教育を実践して、とくに親しい人を看取った経験を医学生や医師に伝えることで、「医の知識（サイエンス）を深め、医の技術（アート）を磨きつつ、臨死者の生の終わりに奉仕する」[4]全人的医療の構築を目指した。時を経るにつれて世話人は代替わりをするが、幸いなことに医師の教育を担う大学病院でこそホスピススピリットを守りたいと願う有志に支えられて会は続いてきた[5]。

二〇〇三年にターミナルケア・ミーティングで育てられた医師と看護師を中心に緩和ケアチームが発足した。これ以後、有志の会は病院の緩和ケア委員会主催で緩和ケアチームが担当する公的な会へと発展して、二〇一〇年六月には三三〇回を迎えている。参加者は原則として病院に勤務して医療に携わる者であれば誰でも自由で、教職員が付き添う医学部学生および看護学生、医学部同窓生および医療連携で院外の参加希望者なども含まれる。検討するのは緩和ケアチームに依頼されたがん患者の事例で、多職種の協力が必要な問題点をまとめて話し合う。多職種とは病院のさまざまな専門分野で働く人の職種を総称した表現で、医師、看護師、薬剤師、栄養士、医療ソーシャルワーカー、心理療法士、臨床心理士、作業療法士、理学療法士、看護助手、事務職員などが含まれる。ホスピス・緩和ケア病棟では、音楽療法士、アロマセラピスト、宗教家、ボランティアなども含まれる。時にはカンファレンスの前に亡くなる患者さんもあり、その場合はデス・カンファレンスとなる。緩和ケアにおけるデス・カンファレンスは患者さんの死後に終末期のケアを振り返って、最後の時を充実した人生と思っていただけるように支えるためにはどうしたらよいかなどを話し合うことが多く、遺族のグリーフケアやもっと何か良いケアができたのではないかという悩みを受け止める大切な機会である。カンファレンスでは参加者の緩和ケア理解が深まるように、リーダーは皆に発言を促し、各自が自分には何ができるか、共に考える機会となるように配慮をする。一〇年ほど前までの検討問題点は圧倒的に身体的痛みの緩和であったが、緩和ケアへの理解が広まるにつれ、家族ケア、精神的ケアに対して参加者の関心が高まってきている。医師の参加は少ないが、緩和ケアが医師国家試験に出題されるようになれば、学生時代に死の臨床を学ぶ機会が増え、変わってくるのではないかと思われる。

緩和ケア病棟のない大学病院では、医療行政により在院日数短縮が定められているので、緩和ケアチームに依頼されても、とりあえず症状緩和のみで慌ただしく転院となることが増えている。

(3) 最近の緩和ケアの状況――「がん対策基本法」で何が変わっていくか

一九九〇年に緩和ケア病棟が保険適応となり、当初は厚生省の認可が必要だったが、届け出による承認に変更されてから、多くの病院に設置されるようになった。二〇一〇年六月で全国の緩和ケア病棟は二〇〇施設と増えて三九八二病床あるが、すべての希望者が適切な時期に入院するには圧倒的に不足している。緩和ケア病棟への入院希望者が申し込みのリストに登録されるまでに早くても一カ月、ベッドの空き待ちにさらに二〜三カ月を費やすことは普通といってよい。その一方で在宅ホスピスも勧められているが、介護する家族の負担を軽減するために、在宅療養を支援する医療と社会的支援の整備が急がれる。現状では自宅で最後を過ごすことが困難なことが多く、一般病院においても終末期医療の質を向上させることが求められている。

今後の終末期医療のあり方について二〇〇四年から二〇〇七年にかけて厚生労働省が実施した調査によると、日本人が終末期に大切にしたいことの第一は、身体の苦痛がなく穏やかな気持ちで過ごすことであった。まさに身体と心の痛みがない状態を望んでいるのであるが、言い換えると、日本の患者は身体の痛みに対して十分な治療を受けていないともとれる。

痛みに対する十分な治療が受けられない理由は、緩和ケアで使用する麻薬に対する行政と病院やクリニックなどの医療施設側の問題、医師に対する教育不足が大きい。痛みが十分に取れていない説明として、しばしば国別の麻薬使用量が比較に出される。二〇〇六年の世界一五四カ国における人口一人あたりのモルヒネ消費量は、オーストリアが突出してもっとも多く、カナダ、アメリカ、デンマーク、オーストラリア、ニュージーランド、フランスと続く（United Nations, Demographic Yearbook, 2008）。日本は三・四〇ミリグラムで世界の平均的な使用（五・九八ミリグラム）の半分を少し上回る程度にすぎず、緩和ケアが出遅れていることがありありとわかる。

日本で使用できる麻薬（オピオイド）の種類は先進国と比べるとかなり少ないが、現在モルヒネ以外にフェンタニル、オキシコドンなどがさまざまな剤形で発売されるようになっている。一〇年前と比べると改善されて、痛みの状態による使い分けがかなり便利になった。オピオイドとは薬理学用語で、脳や末梢神経系にあるオピオイド受容体に結合して鎮痛作用が出る薬の総称で、がんの痛みに使うオピオイドは日本では法律上、麻薬として定められている。

がん性疼痛に使用する場合はオピオイド投与量の上限はなく、強い痛みには大量に投与することもできる。しかし、麻薬製剤の値段が非常に高いために、在宅療養では患者側に、大学病院や緩和ケア病棟、ホスピスなどの包括医療では病院側に経済的負担が増す結果となる。そのために使用を差し控えてしまう場合もあることが問題となっている。医療費削減のあおりが人生最後の苦しみを増すのでは、何のための医療かわからない。二〇〇六年に「がん対策基本法」が成立後、がん医療における療養生活の質の維持向上には緩和ケアを推進すること、治療初期から緩和ケアを充実させて切れ目なく実施するために、具体的には二〇〇七年以降、がん治療を行う医療施設、医療に携わる人を対象に五年計画でさまざまなプランが開始されている。主なものは以下の項目である。①研修の充実を目標に全国の一般病院に勤務する十分な知識・技術を有していない医師等を対象に、研修会等を開催して普及活動を行う。②緩和ケアに関する専門的な知識や技術を有する医師等を育成するために、緩和ケア医、精神腫瘍医、緩和ケアチームに対する研修を実施する。③一般国民を対象に、緩和ケアに関するパンフレット等を作成し、普及啓発を行う。

以上のような研修プログラムを実施するにあたり、医療現場の担当者は通常業務に加えて教育の負担が増加しているが、その効果が発揮されて患者側に一日も早く還元され、彼らの苦労が報われることを期待する。

三　がん患者の痛みについて

(1) 知らないことは不利益となる

がん対策基本法の旗印をみると、これなら緩和ケアが推進していくので痛みについてもおまかせで安心と思う人がいるかもしれない。しかし、闘病中の人や介護中の家族の本音は、「現実には痛みがとれていない人がたくさんいるのに大丈夫か」というところではないか。

その最大の原因は、痛みの治療に関心の薄い医師が多いのが実情だからである。WHOがん疼痛救済プログラムに一九八二年から唯一の日本代表として加わり尽力した武田文和は『がんの痛みの鎮痛治療薬マニュアル』の冒頭において「痛みは和らげることができ、がんを完治させることはできなくても痛みを軽減させるのは医師の責務である」(6)とWHOの勧告を強調しているが、いまだに「WHO方式がん疼痛治療法」を知らない、がん治療が成功すれば痛みは治まるからモルヒネはまだ早いと本気で考えている医師は少なくない。二〇〇七年に全国の医師に緩和ケアに関する意識調査をした日本医師会によると、「がんの医療を行っている」医師でも疼痛緩和の知識や技術が十分であると考えているものは三〇％程度、精神症状の対応に関して知識や技術が十分であると考えるものは二〇％程度にすぎないと報告している。[7]

最近は、がん治療をする病院のホームページで緩和ケアの項目を目にした人も多いだろう。しかし、緩和ケアを行うのに必要なマンパワーに見合う経済的評価が得られないこともあり、十分な人材と資源を投入している施設はきわめて少ない。医療者が教育プログラムへ参加する回数と期間が増えるにつれて知識が増していくことは当然予測されるが、がん対策基本法に基づく医療者の研修が実績を上げるまで、医療を受ける側は手をこまねいて待っているわけにはいかない。切れ目なく充実した緩和ケアを受けるために、私たちは医療行政にも目を配っていくことが必要であろう。

(2) 痛みとは

がん患者の痛みは全人的痛み（トータルペイン）といわれ、身体的、精神的、社会的、霊的な四種類の痛みの総合として表される。WHOは二〇〇三年に身体的、心理・社会的、霊的と痛みの分類を修正したが、[8]全人的痛みの理解について本質的には変わっていない。

では、一般に「痛み」について、医療者はどのように受け止めているかというと、痛みの概念は以下のように説明されることが多い。痛みは、①実際の、または潜在的な組織の損傷に伴う不快な感覚で、感情的な経験であり、またそのような損傷の表現である。②常に主観的なもの。③人は以前に体験した怪我などの経験を通じて、痛みという言葉を用いることを学ぶ。④疑いもなく体の一部または数箇所に起こる感覚であって、不愉快で感情的な体験である。

以上のように、痛みを説明する時のキーワードは感覚、表現、主観的、経験、体験などの語句で表され、きわめて個人的なものであることがわかる。

自分の痛みを伝える難しさ

個人的な感覚を医師や看護師に伝えるのは簡単なようで難しい。「痛い！」というだけでは正確に苦痛の程度が伝わらず、適切な治療が受けられないと痛みは取れずに、怒り、いらだち、恐れ、疑い、不安など、心の苦痛が増してくる。がん患者のトータルペインは、身体の痛みを優先的に取ることで、しばしば心の痛みも緩和される。身体的痛みの治療を成功に導くには、自分だけがもっともよくわかる「痛い！」という感覚をどのように正確に医師や看護師に理解させるかがキーポイントとなる。現代医学では痛みの原因を確定するための精査な検査を行って診断するが、痛みがその人をどれほど苦しめているか、QOLを損なっているか、本人以外にはわかりにくい。そばにいる人にわかるのは痛そうな表情やしぐさである。さらに医師や担当の看護師にはそれほど痛くないと言い、家族には強く訴えたりする複雑な患者の気持ちもある。

それでは、適切な治療を受けるにはどうしたらよいのか。まず自分の痛みを鎮痛薬を処方する医師に理解させることが重要である。

(3) 痛みを評価して伝える方法

苦痛の程度を次の三点についてまとめ、医師に示すことが有効である。

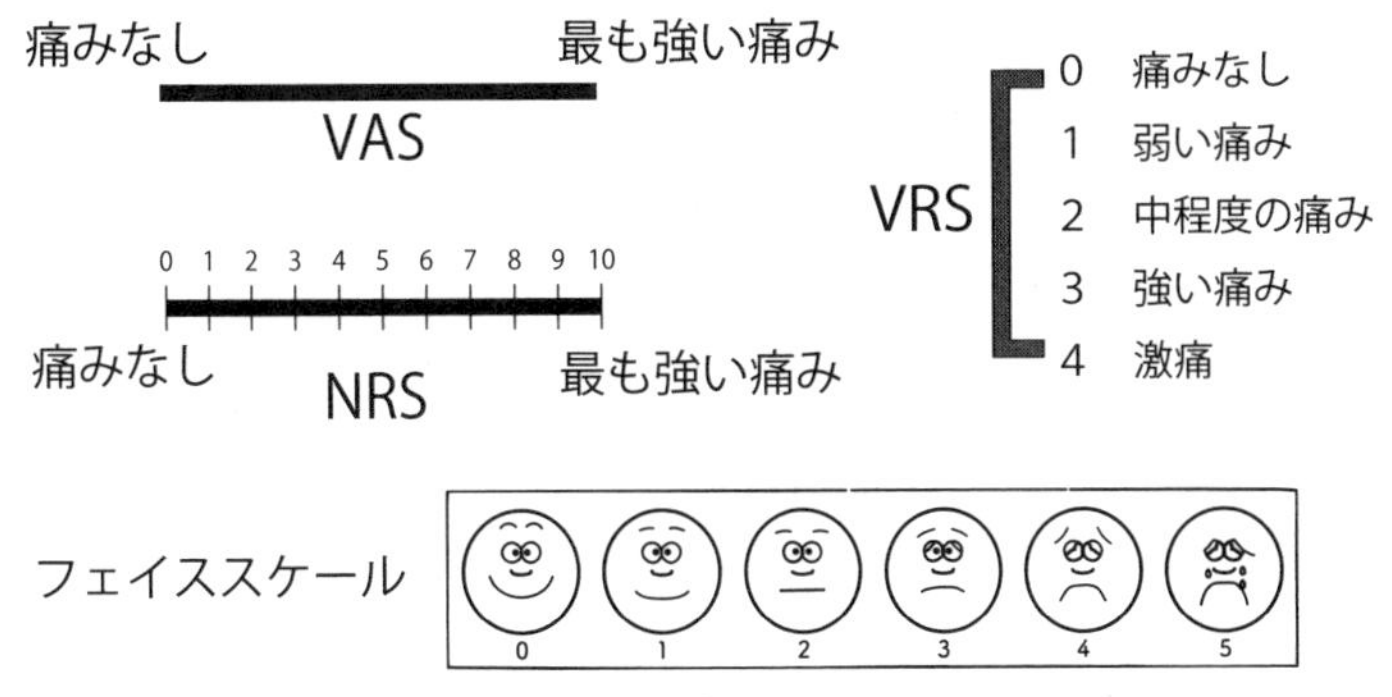

VAS (visual analogue scale)：10㎝の線上で痛みの強さの場所に印をつけて計測した数値で表す
NRS (numerical rating scale)：0～10の整数で表す
VRS (vertical rating scale)：痛みを言葉で表現する
フェイススケール：0：痛みが全くなく、とても幸せ。1：ちょっとだけ痛い。
2：軽度の痛みがあり、少し辛い。3：中等度の痛みがあり、辛い。
4：かなりの痛みがあり、とても辛い。5：耐えられないほどの強い痛み。

図1　痛みの評価スケール

(1)　痛みの強さを伝える

痛みを訴えた時に医師や看護師から、「物差しをさしてあなたの痛みを数値で表してください」と言われて戸惑う経験をした人がいるかもしれない。スケールを用いた痛みの強さの評価は、主観的な感覚である痛み・見えないものを数値や言葉に代え、見えるものとして伝えるための手段と思うとわかりやすい。よく使われるのは、一〇センチメートルの物差し（原法はメモリなし、変法は数値表示あり）を用いて痛みのない状態をゼロ、想像できるもっとも強い痛みを一〇として現在の痛みの状況を表すというVAS、言葉による痛みの尺度を五段階または一〇段階で表すVRS、笑い顔から泣き顔まで五段階の表情をもとに数値で表すフェイススケールである（図1）。

痛みは一日中同じ強さとは限らないので、どのような状態の痛みか、安静時、歩行、一定の動作なども付け加えるとよい。

(2) 痛みの性質を伝える

痛みの性質は鎮痛薬を選ぶために大切である。身体的痛みの大部分は強いオピオイド（モルヒネ、オキシコドン、フェンタニル）で取れるが、取りきれない痛みもある。

がんで傷ついている神経などの痛みなどは取りきれないことがあるので、鎮痛補助薬が必要となる。「ビリビリと電気が走る」「錐《きり》で刺されたようにズキーン」などの痛みは抗痙攣《けいれん》薬が効くし、「ジーンと痺《しび》れている」「火傷みたいにヒリヒリ」「しめつけられる」などの痛みは、抗うつ薬が有効である。とくに抗うつ薬は精神科疾患で必要な投与量よりは少ない量で効くが、「痛いと言ったら、うつ病と医師が診断した」と誤解して薬を飲まない人もいる。このようにがんの痛みに関して、医師はもちろん薬剤師、看護師にも緩和ケアの知識が求められる。

(3) 毎日の生活で不自由になったことを伝える

病気のためにどのくらい日常生活が不自由になったかを表現することで、QOLを評価する。一般的には今までできたことができなくなって困っていることをさすが、なかでも、トイレ歩行ができないなどの排泄に関することは、つらさを増す大きな理由となる。「痛みが出てすぐ目が覚める」、「痛くて眠れない」、「眠りが浅く怖い夢を見る」などの睡眠障害は最優先で対応する必要がある。「痛くて食べられない」という場合は消化器の痛みに限らず、食事をとる姿勢を保てない場合がある。痛みが取れないと「イライラする」、「悪いことばかり考える」、「不安になる」、「こんなはずではなかった、これからどうなるのだろう」などと、気持ちの上でもつらさが増してくる。

以上の三つの方法に従ってまとめたメモを示せば、申し分なく、診断をする側は大助かりである。経時的に記録したエクセルの表や日誌のノートを持参する方もあるが、痛み評価に費やす以外のことを話し合う時間が得られて双方のメリットは大きい。私は知人に相談された時に継続的な自己記録を勧めている。人によっては服薬時間、血圧、脈拍はもちろん、運動量をポイントで評価して消費カロリーまでチェックして呈示している。主治医は診察時にその報告書を楽しんでいるという。そうした関係が築ければ理想的である。

しかし、相手の医師が痛み治療に関心がなく、その結果適切な鎮痛薬を処方してもらえないこともある。その場合には、「家族がニュースで聞いたのですが、緩和ケアでは○○という方法で痛みを取るそうですが、先生はどう思いますか」などと聞いてみたらよいかもしれない。このような質問で医師が気を悪くするようなら、たとえがん治療では優れた腕前と評判が高くても、最後を過ごす場所の選択が必要となる前に、自らゴールの目安を検討しはじめたほうがよいと思う。こういう医師は、自分が病人になった時にはケアをする側への期待度は高く、要求が増えて周囲を困らせることが多いようだ。もちろん「そういう方法も考えていますよ」と答えた時は、「やはり先生は細かいところまで気をつけてくださっているのですね。安心した！」と返せば、お互いのコミュニケーションはより深まるだろう。

(4) 痛みの治療の基本はＷＨＯが推進する方式

ＷＨＯは痛みの治療について「鎮痛薬投与の基本五原則」と「ＷＨＯ方式三段階除痛ラダー」で表して、治療を勧めている。現在はモルヒネ以外のオピオイドも使用できるようになったが、程度の差はあっても基本的注意事項はモルヒネと同様である。(9) 自分や家族が治療を受ける時に思い出してほしい。

【鎮痛薬投与の基本五原則[10]】

(1) by mouth　飲める時は経口投与が最も簡便な方法。
飲めない時も坐剤や持続皮下注ができるし、今は皮膚から吸収されるフェンタニル貼布薬もある。

(2) by the ladder　痛みの強さに合わせて鎮痛薬を効力の順に段階ごとに選ぶ。
大切なのは段階を固守することではなくて、強い痛みには最初から強いオピオイドを選んでよいということである。

(3) for the individual　痛みをとるのに必要かつ十分な薬の量は一人一人違う。

(4) by the clock　時刻を決めて規則正しく服用する。
痛みを起こす原因がある間は当然痛いので、薬の効果が切れる前に規則正しく服用する。痛くなったら使う頓用はよくない。しかし、急に痛みが強くなった時のためには頓用の薬（レスキュードーズ）を用意しておくのはがんの痛みでは常識である。

(5) attention to detail　細かいことにも配慮する。
モルヒネを始めるときは必ず副作用対策をする。医師が忘れているようなら積極的に要求してもよい。便秘は必ず起こるし、日本人は嘔気が出やすい。

モルヒネで取りきれない痛みには鎮痛補助薬が有効である。

さらに、身体の痛みが続くための不安や恐れなど心理面への影響が大きいので、心配ごとを聴いてもらったり、相談できる関係性を積極的に医療者と築いていくのを勧める。

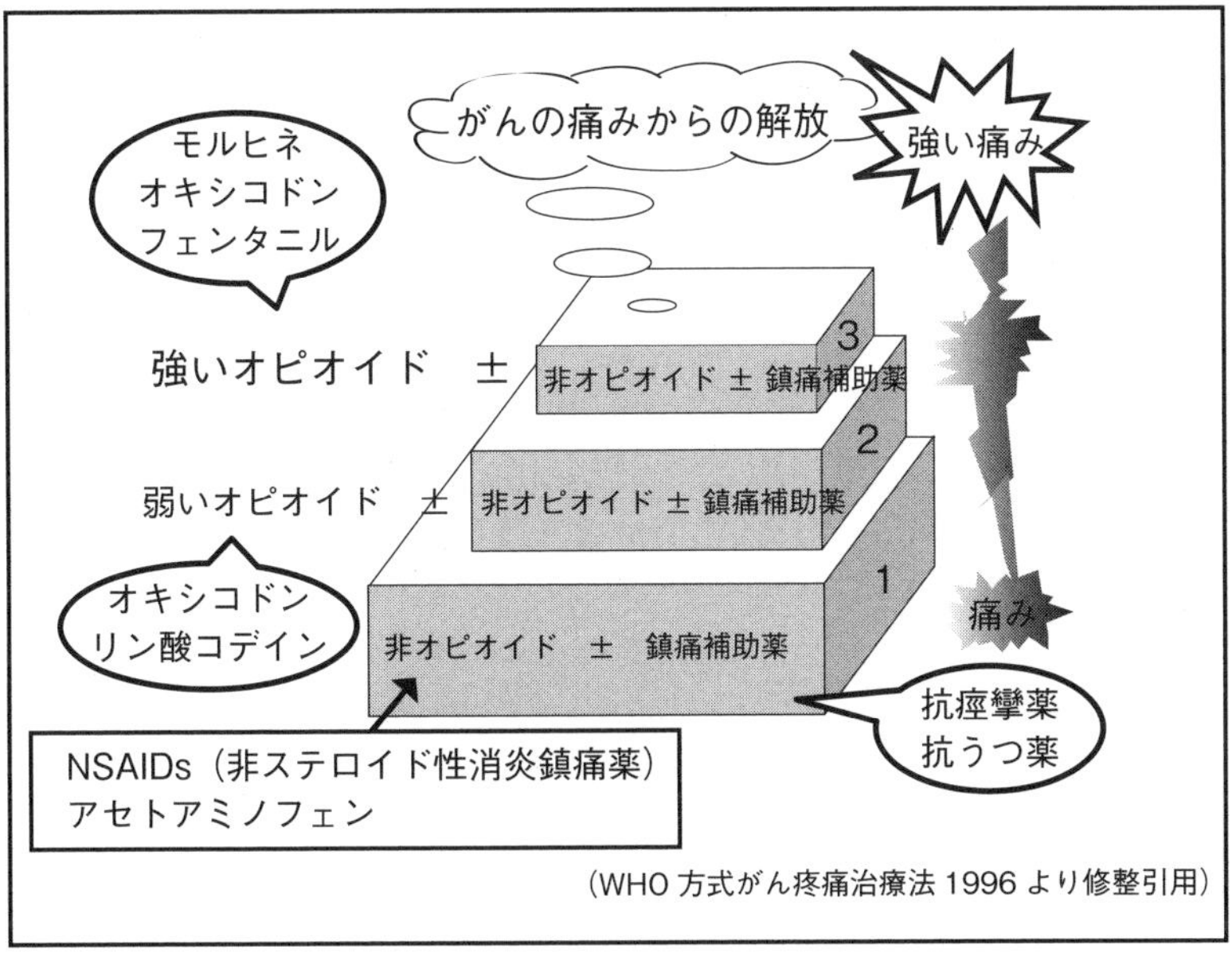

図２　WHO方式がん疼痛三段階ラダー

【WHO方式三段階除痛ラダー】（図2）

有名なWHOの三段階ラダーである。痛みが軽い時は第一段階の非オピオイド鎮痛薬で取れる。誰でも使った経験があるはずの非ステロイド性消炎鎮痛薬や鎮痛解熱剤のアセトアミノフェンが該当する。それで効果が不十分な場合にオピオイド鎮痛薬を選択することになるが、高度の痛みと評価されたら、段階を飛び越えて強いオピオイドを選択してよいのである。痛み治療に習熟していない医師では切り替えをためらったり、適切な投与量の選択が難しいことがあるため、細かいことに配慮する基本原則の大切さがわかる。どの段階でも第一段階の薬の併用を勧めて「±」で示している理由は、複雑な痛みにはこれらの相乗効果が発揮されるからである。

四　緩和ケアで〝違いがわかる〟効果を知る

緩和ケアの効用がわかっても、ホスピスも緩和ケア病棟も足りない現状で、入院中の患者が退院を迫られて途方にくれるケースは少なくないのではないか。その時は病院に緩和ケアチームがあったら、ぜひ利用するようにお勧めする。

がん治療をする病院では緩和ケアチームが増えてきて、治療中から緩和ケアが必要な時は、身体の痛みだけでなく心の痛みをケアすることが進められている。医療は治療を担当する一部の専門家だけに占有されるものではない。患者の主体性を尊重して、家族も含めて個別的かつ多様なニーズを満たすためには、多職種による質の高いチーム医療が不可欠なのである。緩和ケアの専門家チームが機能するために大切なことは、チームの構成、メンバーの位置づけと共通の明確な目標をもつこと、専門性を発揮するための各自の心がけ、などが大切である。まだまだ日本の緩和ケアチームの歴史は浅く、さまざまな障害を乗り越えながら発展していく途上であるが、サポートを受けた患者・家族の満足度の評価は上昇している。

依頼を受けた時に、コンサルテーション型の緩和ケアチームとして私たちが心がけていることは、病状を知るとともに、病気そのものの先入観にとらわれず、患者を苦しめているさまざまな苦痛の中で最優先に対応すべきことを知る技術をみがくことである。「何が良くて何が悪かったか」、「よりよくするために今できることは何か」を迅速に見極め、今すぐに必要なアイデアを推薦するのである。この場合に主治医がチームの提案をどのくらい受け入れてくれるかが問題となる。苦痛症状の緩和状況をみながら、次のステップを計画する。

患者・家族がチームのコンサルテーションで改善したと実感することにより、主治医も病棟看護師もチームに対する理解が深まっていく。

(1) 緩和ケアチームがサポートした事例

六〇代半ばの女性、子宮がんで四年前に広範子宮全摘の手術を受け、二年前に再発、仕事を辞めて抗がん治療を受けている。三年前に夫を看取った後に娘夫婦と同居している。性格は我慢強い。肺転移、骨転移のために一ヵ月前より両腕、肩から背中、腰から足にかけて強い痛みが出て、寝返りもできなくなり入院した。ベッドの上で身動きできないほどの痛みで眠れない夜が続いた。病状については、本人に余命以外は真実を、家族へ余命二〜三ヵ月と説明されている。

緩和ケアチームは、主治医から依頼を受けて、病状の情報を確認した後に病室を訪問し、痛みの診察をして、今気にかかることや希望などを伺った。「痛みが強くなってから体力が落ちてきたことがわかるし、抗がん剤が効いているとは思えない、このまま治療を続ける意味があるのかと思うようになった。家にいるのがいいけれど、ホスピスを考えてもいいんじゃないかしら。同じ病棟の友だちだった四人は、モルヒネがどんどん増えていって個室に移り亡くなった。怖い薬だと思う」とのことであった。

娘さんは、「できる限り母と過ごしたい。ホスピスは死に場所ではないか。母が帰りたいというので在宅も考えているが、看取りは不安で、本当はどうしたらよいのかわからない」と悩んでいた。

痛みを取る方法を説明して、モルヒネに対する誤解は解けた。適切なモルヒネの投与で痛みと睡眠が改善してから、今後の目指しているゴールについて伺うことができた。その希望に沿うように問題点をまとめ、多職種によるカンファレンスを開いて話し合った。「患者のほうから抗がん治療を断ると、もう診てもらえないのではないか」との懸念には、主治医からそのようなことはないと説明して、患者は安堵し、治療は中止となった。在宅を支援する看護師やソーシャルワーカーが協力して早急に在宅療養の準備を整え、苦痛が強くなった時には入院できる病院の往診医と訪問看護の連携をとり、間もなく退院して短期間ではあったが家で過ごすことができた。ホスピスも申し込んでいたが、残念ながら待機中のまま往診医の病院に入院して永眠された。後日、緩和ケアチームが送るご遺族への慰めのカードの返信に、安らかな看取りの様子の報告がしたためられてあった。

この患者の場合は、緩和ケアチームがかかわったことで身体の痛みが速やかに緩和でき、落ち着いてから、本人と家族の話を傾聴することができた。それにより問題点を整理して、希望に沿うように対策を立てて準備をすることができたのは、多職種によるカンファレンスが効力を発揮したからだと思う。ホスピス転院が間に合わなかったことについては、病状進行に合わせて患者の望むゴールについて話し合う時期を見定めることの難しさを感じている。

(2) 心のケアの行方

がん患者の抑うつや不安に対するケアの研究は多数あるが、治療についてのエビデンス（効果を実証するデータ）は乏しく、有効な治療法はこれからの研究に期待されている。専門的なケアが必要とされるがん看護の分野では関心の高いテーマである。二〇〇八年に英国のV・ストロング（V. Strong）らは興味ある試みを報告している(11)。それによると、スコットランドのがんセンターに通院する患者八一五三人中、『DSM‐Ⅳ 精神疾患の診断・統計マニュアル』の大うつ病の基準を満たすと判定された六六〇人のうち、予後が六カ月未満、頻回の化学療法や放射線治療を受けている人、重度の精神障害と診断された人などを除外し、説明により同意の得られた二〇〇名に対して、研修を受けた専門看護師によるうつ病への複合的な治療介入を行った。その結果、三ヵ月後に心配と疲労は改善されて、通常のケアだけよりもうつの症状を改善することがわかったが、痛みや身体機能は有意な改善はなかったという。

興味あることは、精神科の看護経験のないがん専門看護師が三ヵ月間の研修を受け、精神科医の指導によりマニュアルに従って行う特別な介入の効果である。患者はうつ病であることを自覚し、対処技能を身につけ、医師とうつ病についてのコミュニケーションを図ることで適切な治療を受けることができ、症状が軽減されるという。本来はメンタルヘルスの専門家がかかわるのが望ましいのであろうが、マンパワーや医療経済上の理由で難しいのは日本も同じなので、今ある医療資源を活用して対応する方法もありとしてよいのではないかと考える。

五　おわりに

最近は「がんの痛みにモルヒネ」ということは、多くの人が知るようになった。にもかかわらず、違法麻薬の取り締まりや覚せい剤禁止を連想して、「モルヒネは麻薬だから怖い」という人は多い。モルヒネ以外で使用できるフェンタニルやオキシコドンは今のところ悪い評判がないので拒否する人は少ないが、痛みが強くなると最後はモルヒネに切り替えることが多い。モルヒネは法律上麻薬に指定されて取り扱いが制限されている。しかし、適切な投与方法で麻薬中毒になることはなく、今日本で使える安全かつ最強の鎮痛薬といってよい。取り締まり強化が必要なのは巷に氾濫する覚せい剤などの違法薬物であり、がんの痛みの治療薬ではない。病院では麻薬専用の金庫で保管が義務づけられているし、処方薬が余った時の取り扱いは厳しい。外来で処方された麻薬が不要になったら家で下水に流しても問題にならないが、入院中の管理は厳しく手元に次回に飲む薬を置いておくこともできない。確かに飲んだ証拠として麻薬の包装材が見当たらない時は総出でゴミ箱まで探すことがある。

その他にも最近は、覚せい剤乱用の取り締まり強化で、強力な鎮痛作用のある麻酔薬の塩酸ケタミンが麻薬に指定された結果、決められた手術の麻酔以外は適応外として禁止された。腫瘍が神経を巻き込むような場合の激痛に対して少量で効果があったのに、使えなくなってしまったのは非常に残念である。先日、日本海沿岸にケタミン一四キログラムの包みが流れ着いたというニュースがあったが、違法な密輸による薬物の乱用を阻止する名目で、死んだほうがましだというほどの痛みを訴える患者から治療の薬を取り上げることに怒りを禁じえない。ちなみにケタミンは相当強い痛みでも一日に二〇〇ミリグラム程度の投与で取れるから、命の最後に一〇日間使用したとしてたったの二グラムだけなのだ。正規に認められた医薬品をあえて麻薬指定に変更するのは異例だそうだが、病院から薬剤が流出して市井で乱用されたのではない。私たちは自分が痛くないとこのようなことに関心が薄いが、医学以外の壁が患者中心の医療を阻害することを知るべきであろう。

それでは近い将来、緩和ケアが順調に普及して誰もが十分なケアを受けられる時代になり、医学が進歩して体の痛みが鎮痛薬以外で解決できたとしたら、心の痛みはどのように変わっていくのだろう。なぜ生かされているのか、自分の人生は何だったのだろうかという、スピリチュアルペインが痛み対策における優先順位の上位にくるのではないか。現代医学はエビデンスをもとに発展してきたが、見えないものの代表であるスピルチュアルペインを測定するのは難しい。いつの日か私が死の陰の谷を行くときに、主治医や看護師がスピリチュアルペインを診断するための評価表をもって、おもむろにベッドサイドに現れたらどうしよう。信仰薄い者が厚かましいけれど、できればタイミング良く神の御手が差し伸べられますように、心に抱いている願いが叶えられますようにと祈っている。

緩和ケアを広める公的な方策が次々と展開されている。身体の痛みを取ることで、患者もケアをする人も心に余裕をもつことができるように、痛み対策の情報に時に応じてアクセスしていただけたらと思う。

注

(1) シシリー・ソンダース他編『ホスピス——その理念と運動』岡村昭彦監訳、雲母書房、二〇〇六年、一六—二四頁。
(2) 同上書、三一〇—三一二頁。
(3) 岡安大仁『ターミナルケアの原点』人間と歴史社、二〇〇一年、一六—一八頁。
(4) 同上書、一六六頁。
(5) 日本大学医学部付属緩和ケア委員会編「症状緩和マニュアル」第八版、日本大学医学部付属板橋病院、二〇〇九年、一二二頁。
(6) 武田文和『がんの痛みの鎮痛薬治療マニュアル——すべてのがん患者の痛みからの解放のために』金原出版、一九九四年、一—二頁。
(7) 日本医師会がん推進委員会「がん医療における緩和ケアに関する医師の意識調査・報告書」日本医師会、二〇〇八年三月、一四—一五頁。

（8）〈http://www.who.int/mediacentre/news/notes/2007/np31/en/〉および〈http://www.who.int/cancer/palliative/en/〉(2011/01/14)

（9）白土辰子「ＷＨＯがん疼痛治療法とは」『モダン フィジシャン』23（3）、二〇〇三年、三〇五―三〇六頁。

（10）武田前掲書、四六―五二頁。

（11）Strong, V., et al., “Management of depression for people with cancer (SMaRT oncology 1): a randomised trial,” *Lancet* (2008); 372, p. 40-48.

入院している子どもの生と死
——遊びをとおした支援の現場から——

田中久美子

一　はじめに

筆者は小児専門病院に保育士（ＨＰＳ）として勤務しており、入院している子どもたちに対し、遊びをとおして入院生活や治療に対する不安を軽減し、成長発達を支援することを主な活動目的としている。日本では病院において子どもの立場に立った遊びや発達を支援する職種はまだ少ないが、アメリカではチャイルド・ライフ・スペシャリスト（ＣＬＳ）、イギリスではホスピタル・プレイ・スペシャリスト（ＨＰＳ）と呼ばれるスタッフが、入院している子どもとその家族を支援している(1)（著者は日本において平成十九年度より静岡県立大学短大部においてイギリスのＨＰＳ協会と連携して進められているＨＰＳ養成講座を受講し、平成十九年に認定資格を取得した）。

通常、子どもにとって「遊ぶこと」は「生きること」に等しく重要なことである。しかし、入院している子どもたちにとっては、その当たり前の生活が突然中断され、病気からくる身体的な痛みに苦しむだけでなく、家族と離れた慣れない環境下で検査や手術などが次々と行われ、恐怖と不安を抱えた中での生活へと一変してしまう。

そのような入院中の子どもの不安な気持ちを支え、たとえ病気であっても子どもが自らもっている「遊びたい」、「もっとこんなことをしてみたい」という気持ちを伸ばし、子どもの成長発達を支援していくのが、保育士等子どもをサポートする専門職の役目である。

著者は、入院している子どものQOL（Quality of Life）を考え、小児のトータルケアを目指してチーム医療の中で活動してきたので、本稿では、その実践の一端を紹介したい。

二　子どもにとっての生と死

(1) 子どもにとっての「生」と「死」

通常、子どもはお腹が空いたり、不快な環境下では気持ちが落ち着かず、遊びに集中することができない。『マズローの欲求五段階説』にあるように、第一に生理的な欲求が満たされ、次いで安全の欲求が満たされなければ、さらに上位の欲求段階に進むことは難しいとされている。そのために、親は子どもの基本的欲求を満たすよう、ミルクや食事を与えたり、おむつを替えるなどして、子どもの世話をする。母親や家族といった安全基地があり、基本的欲求が充足されて、自己肯定感をしっかりと感じられることで、子どもの「嬉しいな」「楽しいな」「いっぱい遊びたい」といった気持ちが育っていく。このように、子どもの心が落ち着いた状態で安心して遊んだり、活動していくことが、まさに子どもにとっての「生」である。これとは逆に、もしも子どもが「お腹がすいた」「眠れない」「遊べない」「つらいな」「悲しいな」「怖いな」などの感情を抱き、安全基地と呼べる場がなく、基本的欲求が満たされず、自己否定感情を抱いてしまうようなとき、それは子どもにとっての「死」を意味する。

しかし、療養下にいる子どもたちの中には、このような基本的な生理的・安全欲求さえも満たされずに治療を受けている子どもたちがいる。たとえば、治療上ミルクの量を制限しなくてはいけなかったり、食事の制限をしなくてはいけない場合がある。また、病気によって身体的痛みを伴ったり、検査や処置で毎回採血をしなくてはいけない場合もある。それらはどれも日常的に子どもたちをストレスフルな状況に追いやってしまうのである。このような状況下で子どもが主体的に遊ぶ（＝生きる）ことは難しいと考えられがちであるが、このような状況だからこそ、「遊び」が必要になってくる。

入院中は病気を治すことが第一である。しかし、だからといって、子どもたちの身体のすべてが病気であるわけではなく、入院中も病気の部分以外の身体的、精神的な成長発達を遂げていくのである。医療と同時に子どもの成長発達を支援することによって、子どもが主体的に「生きる」ことをサポートできるのである。

(2) 入院している子どもにとっての「死」の意味

入院している子どもは、長く苦しい闘病生活にもかかわらず、病気が治癒せず死にいたる場合もある。「死をどのようにとらえるか」について、アルフォンス・デーケンは、「死」には四つの側面、「心理的な死」「文化的な死」「社会的な死」そしていわゆる「肉体的な死」があると述べている。(2) たとえ肉体的な死にいたらなくても、病院の中に隔離され、同じ世代の友達と一緒に活動できない場合もある。そのような場合は、「文化的な死」あるいは「社会的な死」に直面しているといえるだろう。両親や兄弟に会いたいという願いが絶えず無視されていれば、「心理的な死」を招くであろう。こうした側面で死んでしまっているのでは、その子どもらしい生き方ができない。これは病院において治療することが最優先となっている現代の小児医療の現状を示している。まさに、入院している子どもたちは肉体的な死にいたらなくてもこうした意味での死に直面しているといえるのである。

(3) 入院している子どものQOLと子どもの人権

子どもたちが先に記したような状況に置かれているからこそQOLの向上が求められる。入院している子どものQOLを考えることは、子どものトータルケアについて理解するために必要である。QOLという言葉は、①「生命の質」、②「生活の質」、③「人生の質」などと表現されることが多い。その意味するところは日常生活にとどまらず、その人らしい生活、その人が満足のいく生活の向上までも意味する。入院している子どもの場合、それぞれの発達段階に応じた「質」を継続できない状況に置かれている。

また、このQOLの向上という観点を保育の視点で取り入れるとき、「子どもの人権」が保障されていることが前提となってくる。とくに入院している子どものQOLの向上を考える場合、ユニセフの「子どもの権利条約」[3]と病院のこどもヨーロッパ協会(EACH)の「病院のこども憲章」[4]が掲げている理念が重要になってくる。

「子どもの権利条約」では、「生きる権利」「守られる権利」「育つ権利」「参加する権利」の四つの柱があり、それらは子どもが成長し、自由に活動する権利を保護している。また「病院のこども憲章」では、病気の子どもが最善のケアを受けることができる環境を整備することが掲げられている。このようにそれぞれの条約や理念をみていくと、入院している子どものQOLがみえてくる。つまり、地域・家庭で生活している子どもがもっている当たり前の権利を保障することが必要なのである。また、遊びをとおした支援は、子どもが生きるための権利を保護することである。そのために療養環境を整備することは欠かせない。保育士等子どもをサポートする専門職が、医療スタッフのチームの一員として、病気や治療に関する説明を子どもにわかりやすい方法を用いて行うことで、子どもは自分の病気と向き合い、治療を主体的に受けていくことができるようになる。

入院している子どもであっても、入院前よりもＱＯＬを上げることはできるのではないだろうか。それは、「真に生きる」ことに対する気づきをその子どもにもたらすことである。たとえ病気や障害があろうと、また、あるからこそ気づくことができるＱＯＬがあるように思われる。そこに気づくきっかけとなる働きかけを、医療チームで共に取り組んでいくことが、子どもの本来もっている力を引き出し、そして、子どもが自分自身で歩んでいける本来の支援となるのではないか。

どのような状況下にいる子どもであっても、その子どものＱＯＬ向上を目指す支援方法を、トータルケア、子どもの人権、ノーマライゼーションという視点のもとにチームで考えていくことができれば、その子どもが生きる力を育み、退院後も生きる上でのプラスの活力に変えていくことができる機会を提供できると考える。

三　子どもにとっての遊びとその意味

病院では、手術や治療をして元気に回復して退院していく子どももいれば、長い闘病生活の末に亡くなる子どももいる。病院は、まさに生と死が隣り合わせになっている場である。しかし、死と隣り合わせの状況下であっても、子どもたちがその子らしく生き生きと過ごしている時がある。それこそが遊んでいる時である。遊びとは、子どもにとって楽しいものであり、外的目標をもった行動ではないが、自発的なものである。また、遊びをとおして心も身体も成長発達していく。(5)

遊びは子どもの身体的・心理的・社会的発達にきわめて重要な役割を果たしている。

身体的発達という点では、子どもは遊びの中で物をつかむ、投げるなどの動作を獲得していくことができる。遊びたいという思いが、子どもの好奇心を引き出し、身体を進んで動かすようになる。入院中はとくに活動制限がある子どもが多いが、活動制限が医師から解除された子も、久しぶりに身体を動かすことに不安を抱えることがある。そのような時に子どもたちが、最初に動き出すきっかけとなるのが、プレイルームへ遊びに行くなどの楽しみの目的があることである。身体を動かす恐怖心よりも、遊ぶ楽しみのほうが勝り、自然と身体を動かしていくことができる。またとくにリハビリが必要な子どもにも、単に身体を動かすのではなく、遊びを取り入れることで、リハビリが促進されることも多い。

心理的発達という点では、子どもは遊びによって自信と、自立や自己尊重の感情を獲得することができる。遊びは想像力に富んでいて、創造性があり、子どもたちが自分の感情を表出する機会を与える。とくに、病院という慣れない不安な環境の中で自己を回復する手助けとなり、時に怒りや悲しみといった感情のはけ口となる。

社会的発達という点では、遊びをとおして子どもは関係性の構築の仕方を学び、友達をつくり、お互いに気持を共有するようになる。

また、遊びは、入院に慣れるように子どもたちをリラックスさせるのに役立つ。たとえば、注射器を使った水遊び、絵の具を使った描画、粘土・小麦粉粘土を使った造形、シャボン玉遊びなどは子どもが熱中し楽しむことで不安の軽減やストレスの発散となる。また、光ファイバーやバブルチューブ、癒やしの音楽などで環境を整備することは、子どもの心を落ち着かせ、気持ちを安定させるのに役立つ。英国ホスピタル・プレイ・スタッフ協会は遊びについて次のようにまとめている。(6)

①入院中のストレスや不安を軽減する
②子どもが自信、自己尊重を回復する手助けになる
③怒りや欲求不満の感情のはけ口になる
④遊びをとおして子どもたちは病院のさまざまな手順や治療方針を知り、また具体的な情報について効果的に学ぶことができる
⑤治療の評価と診断に役立つ
⑥病気の回復力を高め、リハビリの促進になる

また、イギリスの入院している子どもを支援する協会Action For Sick Children(7)では、遊びの意義について次のように述べている。

〝遊び〟は健康な子ども時代の基本的な部分である。遊びをとおして子どもたちは言葉が発達し、関係性を築き、環境に慣れて、新しい課題を習得する。遊びは感情のはけ口であり、子どもたちがストレスをうまく処理するのを助ける。

このように子どもは遊びをとおして気持ちを表出し、他者との関係性を築き、新しいことにも挑戦しながら、成長していくのである。まさに、子どもにとって遊びは生きることそのものである。しかしながら、入院している子

どもたちにとっては活動範囲や環境など、身体的にも遊ぶ空間にも制限がある。保育のかかわりから考える入院している子どもたちが抱える生と死の問題に、これらがどのように影響するのか、次に取り上げて検討したい。

四　遊びをとおした支援の実際

事例①では、長期入院中の子どもとその親へのかかわりを考える。また事例②では、虐待を受けた子どもに対する遊びをとおしたかかわりを考える。そして事例③では、死と隣り合わせの中で前向きに生きる青年とのかかわりから支援の実際を検討する。

なお、文中に登場する症例は匿名性を守るために、一部に変更を加えてまとめている。

(1)　事例①　子どもと親のかかわり

四歳の男子A君は、冗談を言うことが大好きな明るい男の子。原因不明の発熱で他県から母親と一緒に当病院に入院してきた。検査の結果、膠原《こうげん》病の一種であることが判明。すぐに個室部屋に隔離となり（免疫力低下により感染症にかかりやすいため）、父親と兄、妹と離れてA君と母親の闘病生活が始まった。入院当初は親子で仲良く遊ぶ姿がみられたものの、治療が長期化するにつれて、A君の怒りは傍らに付き添う母親へと向けられるようになった。とくに、食事にも制限がかかり、大好きなお菓子が食べられなくなると、気持ちのイライラが直接母親に向き、「むこう行って！」「お菓子買ってこい！」などと、激しい口調で叫ぶようになっていった。母親もA君のそのような態度に戸惑い、部屋を出ていこうとすると、A君は「出ていくな！」と逆に怒って激しく泣くこともあった。そのような様子から、保育士はあえてA君と母親を離す時間を作るようにし、保育時間中は母親が外に出られるように移行していった。また、母親と話す時間を作り、母の気持ちを傾聴することに努めた。母親は「病気になる前は、あんな言い方をする子じゃなかったのに……」「病気とはわかっているけど、私ももう嫌になってしまう時がある……」と、長期入院に伴う親の気持ちを時に涙を流して話していた。

1 気持ちを満たすための遊びを提案

著者はA君の気持ちの中で、食べたいお菓子を食べられないことが一番のストレスだと考えた。保育ではよく用いている手作りの「魚釣り遊び」を改め「お菓子釣り遊び」をA君に提案した。もちろん釣るものは食べられる本物ではなく、さまざまなお菓子を写真に撮ったものをラミネート加工した手作りのものである。大人の考えでは、「食べられないのに写真だけ見せるなんて……」と思われるかもしれないが、子どもにとっては食べられないから食べ物の写真を見ないかというと、そうではない。食べ物の本や料理のテレビを見ることも、頭の中で食べることをイメージして楽しむことができるのだ。現実では食べられなくても、遊びの中では自由に自分でコントロールして食べることができ、子どもにとっては最高の遊びなのである。

A君のベッドの上にお菓子の切り抜きをラミネート加工したものを敷き詰め、母親と一緒にお菓子釣りを開始した。「見て、大きなケーキが釣れたよ！」「あ、それ僕が食べたかったやつだ！」と入院してから一番の笑顔で楽しんでいるA君の様子がみられた。また、取ったお菓子を医師や看護師に見せてとても得意げな表情をしていた。その日の夜はたくさんのお菓子を両手で抱えて寝ていたと、次の日母親から教えてもらった。

次の日も、また次の日もA君はすすんでお菓子釣りをした。はじめは自分が欲しかったお菓子は母親に取らせないようにしていたA君だが、何度も繰り返すうちに、母親に自分の好きなお菓子を釣ってあげる姿もみられるようになった。

「遊びきる」ことの満足感

事例①のA君は治療上、ベッドの上だけという活動制限があり、かつA君が大好きな食事の制限も加わってしまったことにより、極度のストレス状態に陥っていた。A君の病気を少しでも早く治していくための治療とはいえ、そばに寄り添う母親にとっては、A君のつらさがわかる分、身を引き裂かれる思いであった。それに輪をかけてA君から当たられる母親の思いはとても複雑である。そのため著者のかかわり方として、満たされない思いで過ごしているA君にとって、遊びの中で欲求を満たしてくことが第一であると考えた。遊びの中であれば、A君はたくさんのお菓子を自由に手にすることができ、かつ自分で選択することができるのである。そのことはA君の気持ちを充足し、何度も何度も遊びを繰り返して遊びきったことで、気持ちの満足感から情緒の安定へとつながっていった。

2　空間を超えた遊びへ展開

A君のお菓子釣りの遊びがひと段落したところ、他の隔離の病室でも違う病気で食事制限を受けている女の子がいた。その子は折り紙で立体のケーキを作ることが好きだったため、A君とつながりをもつことができれば互いの励ましになると考えた。しかし、二人とも室内隔離で出られない状況であったため、考案したのが「ケーキ屋さんの宅配便」である。A君に画用紙でお金を作ってもらい、女の子が作った折り紙のケーキを著者がA君のもとへと運ぶ役割をした。A君は宅配されたたくさんのケーキの中から、自分の好きなケーキを選び、紙のお金を出してそのケーキを買った。女の子に残ったケーキとA君からのお金を渡すと、女の子はまた喜んでケーキを作り……と二人の交流が繰り返された。A君の気持ちが外に向いていったことで、母親とA君との関係も少しずつ安定してくるようになっていった。

入院生活の空間を広げる

個室の隔離部屋の子どもの場合、他の子どもや大人との交流が少なく、親子の関係が強固になりすぎて、煮詰まってしまうことが多い。そのため、スタッフや他の子どもとのかかわりを著者が媒介役になってつなげることで、子どもの視点は室内から他の部屋、他の病棟、そして時には病院の外の世界にもつながることができる。そうすることで、親子の会話も弾み、閉鎖された空間に外の世界をもってくることができるのである。これには、イメージする力も必要になってくるが、イメージしにくい場合には写真などを使って視覚で伝えるのも一つである。また、面会ができない兄弟との手紙のやり取りなどをすることによって、家と病院をつなげることにも役立つ。

この事例では、病気とその治療のことだけに関心が向いてしまう子どもに、遊びをとおして心理的な安定を与え、母親との関係性回復のきっかけを作るとともに、社会的関係の拡がりを作り出したといえる。

(2) 事例② 虐待を受けた子どもに対するケア

一二歳の女子B子は、小学校の時に解離性障害と診断され、軽度の知的障害もある。B子が五歳の時に両親は離婚し、父と暮らしていた。小学校三年生の時に父が再婚。しかし、その再婚相手である義母から身体的虐待を受け、小学校五年生の時に児童養護施設に入所していた。入所中に自傷行為を繰り返し、不登校になったため、入院となった。

1　子どもの心に寄り添った遊びの提供

入院当初のB子は事あるごとに、「私なんてバカだし、ダメだし……」と、常に自分を否定する言動を繰り返していた。レクリエーションの活動に誘っても、「行っても無理だし、できないし……」と、活動をする意欲がない状態であった。そんな折、B子の担当医師と看護師から個別保育の依頼を受けた。

発達面で遅れのあるB子は実年齢よりも幼い遊びを好むことが多く、普段は空き箱を使った工作をしたり、お花の飾り作り、絵を描くことが好きであった。その反面、「大人なんて信用できない」「大人って本当に勝手だよ」と医療スタッフに対して敵意を向ける時もあった。しかし同時に、「なんで私にはかまってくれないの？」と甘える部分もみられた。

そんなB子に、著者は「お願いしたいことがあるのだけど」と病棟内の壁の装飾の手伝いを依頼した。B子は「いいけど……」と照れながらも早速、個別保育の時間や自分の空いている時間を使って、飾り作りに取り組んでいった。

2　目に見えるかたちでの自己肯定感の体験

B子が折り紙と画用紙を使って作った花の飾りを、病棟のガラス扉に飾っていった。B子が飾りを作り、病棟内の飾りが増えていくたびに、病院のスタッフや他の入院児から「すごいね！」「季節感が出ていいよ」「きれい！どうやって作ったの？」とB子は声をかけられ、褒められることが多くなっていった。

はじめは照れていたB子であったが、次第に自分から「ねえ見て、作ったんだよ」とスタッフに自分が作ったことを話すようになっていった。それと同時に、グループでのレクリエーション活動にも参加するようになっていった。

自己肯定感情を高める

事例②のように、虐待を受けた子どもたちにとって、「自己肯定感」をもつことはとても難しいことである。ケアをする者の役割として、まずは、子どもたちが自ら好きなことを楽しめるように遊びを支援することが第一である。B子のように傷ついて複雑化した思いをもつ子どもに対しては、自分ができたことを視覚で理解させ、周囲の人から褒めてもらうことで、「こんなにできたんだ」という自信と自己肯定感が得られるように配慮した。また、B子だからこそできる役割を与えることで、B子が輝く場ができ、それは、自分の居場所があるというB子の安心感へとつながる。

(3)　事例③　死と向き合う青年の例

一六歳の男子C君は、重度の心臓病のため、幼いころから何度も入退院を繰り返していた。半年前にひどく調子が悪くなり、通っていた調理専門学校の欠席が続き、やむを得ず退学となった。今回も調子を崩し、入院となった。C君は照れながらも、カードゲームをしながらぽつりぽつりと話をした。話していく中で、数年前に当センターに入院した時に保育士や医師、看護師らと一緒にした調理実習が楽しかったこと、またそれがきっかけで、調理の道に進みたいと思うようになったことなどを話してくれた。

再び調理の道に進むつもりかという問いかけに、「そうっすね、どこかお店でバイトしたいかな。お店で何年か頑張って、いつか自分の店を持ちたいんだ」、「まずは退院したら、日本中をまわって、美味しいお店の食べ歩きも友達としたいんだよね」と、笑顔で話してくれていた。

将来の夢を聞いていた筆者ははじめ、調理の専門学校を辞めなくてはいけなかったことで、きっとC君は悲しみに暮れているだろうと思っていた。しかし、そんな保育士の気持ちを見透かしているように、しっかりとしたC君は、「でも、今はまず病気を治すのが次に進むために必要なことだから、別に焦ってはいないよ。今やるべきことをやるだけだよ」と、とても落ち着いた口調で話してくれた。はっとしたのは、筆者のほうであった。

その後、退院をし、一度外来で顔を合わせた。冗談話をし、またねと挨拶したのを最後に、その三日後、C君は家の近くの病院に緊急搬送され、天国へと旅立った。

心を開放し、気持ちを表出する

事例③のC君は一六歳ということもあり、病棟スタッフとのかかわりは主にカードゲームやマッサージをしながら話をすることであった。C君は以前、同じ病院に入院していた友達を亡くしていた。しかも、彼はC君と同じ病気であった。C君は自分の病状、現状をよく理解していたのだ。C君から現状への不平や不満ということは聞いたことがなかった。いつどうなるかわからないからこそ、焦ったり、悲しみに暮れるのではなく、今できることを精いっぱいする、ということを胸に毎日を大切に生きていたことを教えてもらった。今回の事例では気持ちを言葉にできる一六歳のC君の言葉を借りたが、このことはC君に限らず、どの年齢の子どもにもあてはまる。子どもたちにとって、どんなにつらい治療や検査のある生活であっても、それは仮の生活でもなんでもなく、入院生活を過ごしている今が一番輝いて生きている瞬間なのである。「別に焦ってないよ。今やるべきことをやるだけだよ」と言ったC君のように、毎日を精いっぱい生きることが、明日への希望へとつながる。「今日一日を充実して生きることが大切である」とC君から教わった。そのために、遊びを介することで、子どもが思っている気持ちを表出しやすくさせ、自分に正直に生きることができるよう、医療スタッフがサポートしていくことが重要である。

五　まとめ――トータルケアを目指して

子どもは健康であろうと、病気であろうと、障害をもっていようと、たとえどんなに限られた環境の中にあっても、最善に安寧に生きる権利があり、それが保障されなければならない。そのためには、社会全体に子どもをサポートする体制がなくてはならず、それぞれの社会資源がトータルケアの意識で足並みを揃えていく必要がある。しかし、実際の医療現場ではその道のりの一つ一つが険しく、目の前の日々の仕事に取り組むことだけでなかなか全体がみえてこないのが現状である。スタッフの一人一人は目の前の子どもを精いっぱい支援しているにもかかわらず、その支援は断続的であり、一人の子どもに対して継続的な支援がされているとはいえないことが多い。

子どものトータルケアとは、家庭、保健、医療、福祉、教育などが連携を取り合い、さらには社会全体で子どもの育ちを支援することである。子どもと家族を中心として、子どもが疾病や障害をもったことによって引き起こされるあらゆる問題に対し、子どものみならず子どもを養育する親や家族も含めて、可能な限りの支援を継続することが必要である。そのためには、①子どもをトータルにとらえること、②親や家族全体に目を向けること、③チーム医療と退院後のサポートが必要であるといわれている。[8] ここで、それらを一つずつ解決していく糸口を探っていきたい。

（1）子どもをトータルにとらえること

トータルケアとは、医療の場において疾病の身体的な側面に傾きがちな見方を改め、心理的、社会的側面を含めた総合的、統合的な視点でとらえることである。[9] この視点をまず子どもを支援する医療者の意識に共通認識として取り入れていくことが大切である。そのためには、大学の教育課程の中で、この基本的な考えを将来の保育者はもちろん、医療に携わっていく学生に教育していく必要がある。このように、基本的な目標がスタッフ同士の共通認識としてなければ、支援を連携していくことが難しいため、とても大事な部分である。

（2）親や家族全体に目を向けること

子どもをトータルに支援していく際、欠かすことのできないのが家族の存在である。なぜなら、子どもは家族、とくに親の影響をじかに受けるからである。家族をサポートしていくことが、子どものサポートにつながるのである。病気の子どもをもつ親が安心して話ができる場や、困ったときに利用できる社会資源の提供が重要である。また、兄弟支援のための託児や心理的ケアも必要である。そして、家族も子どもを支えていくスタッフの一員であるという認識を医療スタッフがもっていなくてはいけない。

(3) チーム医療と退院後のサポート

子どものトータルなサポートをしていくという目標のもと、チームで連携を取っていくために、保健、医療、福祉、教育というそれぞれの職種の立場から意見を述べ、また情報交換ができる場が必要である。もちろん、カンファレンスの場を少しでも多くとっていくことが必要であるが、これまで情報共有ができたとしてもその場かぎりの話し合いで終わってしまい、その後の情報共有が難しいように思う。とくに退院後のサポートが途切れてしまうことが多いため、外来支援や在宅訪問といった地域とのつながりをもつスタッフの存在が必要となってくる。

入院している子どものトータルサポートは、それを支援する者が一人の子どもを全体としてとらえる全人的支援の視点をまずもつことから始まる。そして、子どもをサポートする家族を含めた支援体制を整え、それを支えていくスタッフが継続的な支援が可能なように連携をとる必要がある。スタッフは忙しい目の前の事象にとらわれがちであるが、全体をとらえて整理していくことが重要である。

一人の子どもが生まれてから大人になっていく過程では、大人とのかかわりや子ども同士のかかわりなど、多くの人との関係があって成長していく。そうした自然なかかわりがとても大切である。もしもそれが病気などで侵害されるときには、その環境を整え、子どもにとって一番安心できる遊びを使ってコミュニケーションを図っていくことが目指されるべきである。遊びによって本来の子どもの力が発揮され、育ちをサポートしていくことができるのではないか。子どもにかかわるすべての大人が協力していくべきことは、子どもが健康であっても病気があっても変わらない。今を精いっぱいに生きている可能性に満ちた子どもたちの心の声を聞いて、最大限に支援していくことである。それによって、デーケンがいう「文化的な死」や「社会的な死」、そして「心理的な死」から子どもを守ることができると考えられる。

一人でも多くの子どもとその家族の笑顔が増えるように、今後も療養環境の改善が必要である。

（1）病気の子どもを支援する専門職の現状は次のようになっている。

注

① イギリスでは、遊びをとおして入院している子どもとかかわる職種Hospital Play Specialist（略してＨＰＳ）が国家資格に認定され、活躍している。また、アメリカではChild Life Specialist（略してＣＬＳ）という専門職がチャイルド・ライフ・カウンシルという学会が認定している学会認定資格としてある。これらの資格を外国で取得した日本人で日本に戻って活動されている方は、現在二十数名いる。しかし、日本の国家資格ではないため、現在、外国での資格取得者を中心に、「子ども療養支援協会」を立ち上げて、本年度から協会認定の「子ども療養支援士」を養成している。

② 日本では一九五四年に東京聖路加病院にはじめて病棟保育士が導入され、その後、各小児病院や総合病院の中の小児科に保育士が導入されて活動してきた。現在数は一四〇〇名程度に及ぶ（子ども未来財団の平成十八年度調査では一三六三名）が、これまで専門的な教育機関があったわけではなく、保育士資格を取得した者であれば、活動できている。保育士資格は国家資格であり、厚生労働省は平成十四（二〇〇二）年四月に保育士プレイルーム加算（正式名称は小児入院医療管理料）をはじめて導入した。これは入院中の小児の成長発達を支援し、適切な療養環境の整備を評価する観点から、プレイルームを有し、保育士が一名以上常勤していること等を届け出ている病院に限って、本管理料の加算が新設された。さらに平成十八（二〇〇六）年四月には所定点数が八〇点から一〇〇点に引き上げられた。
しかし、全国の病院数に比して人数が多いわけでは決してなく、二〇〇六年の調査においても病棟保育士が

いる小児科を標榜する病院は、全国でも一〇・二%にすぎない。(長嶋正實「医療施設における病児の心身発達を支援する保育環境に関する調査研究」二〇〇六年)

③ 日本医療保育学会は学会独自に「医療保育専門士」を学会認定資格として二〇〇七年から認定している。

二〇〇七年度より静岡県立短期大学部は文部科学省委託事業として日本においてHPSの養成教育事業を開始している。この事業はイギリスのHPS協会と連携して行われており、講義や実習指導はイギリスのHPSにも要請している。主な受講者は病院で働く保育士や看護師が多く、現在までに七〇名余りの修了生を輩出している。

このように、現段階では日本において、病院で働く子どもの遊びを支援する国家資格はなく、それぞれの協会、学会、大学などが日本における資格化を目指して独自に認定資格の制度を作り出しているところである。

(2) 平山正実、河野友信編著『臨床死生学事典』、日本評論社、二〇〇〇年、五七—五八頁。

(3) ユニセフ「子どもの権利条約」〈http://www.unicef.or.jp/about_unicef/about_rig_all.html〉(2011/06/24)。

(4) 病院のこどもヨーロッパ協会(EACH)「病院のこども憲章」〈http://www.nphc.jp/each.jp.pdf#search〉(2011/06/24)。条項は以下のとおり。

第1条　必要なケアが通院やデイケアでは提供できない場合に限って、こどもたちは入院すべきである。

第2条　病院におけるこどもたちは、いつでも親または親替わりの人が付きそう権利を有する。

第3条 (1) すべての親に宿泊施設は提供されるべきであり、付き添えるように援助されたり奨励されるべきである。

(2) 親には、負担増または収入減がおこらないようにすべきである。

(3) こどものケアを一緒に行うために、親は病棟の日課を知らされて、積極的に参加するように奨励されるべきである。

第4条 (1) こどもたちや親たちは、年齢や理解度に応じた方法で、説明をうける権利を有する。

（2）身体的、精神的ストレスを軽減するような方策が講じられるべきである。
第5条（1）こどもたちや親たちは、自らのヘルスケアに関わるすべての決定において説明を受けて参加する権利を有する。
（2）全てのこどもは、不必要な医療的処置や検査から守られるべきである。
第6条（1）こどもたちは、同様の発達的ニーズをもつこどもたちと共にケアされるべきであり、成人病棟には入院させられるべきでない。
（2）病院におけるこどもたちのための見舞い客の年齢制限はなくすべきである。
第7条　こどもたちは、年齢や症状にあったあそび、レクリエーション、及び、教育に完全参加すると共に、ニーズにあうように設計され、しつらえられ、スタッフが配属され、設備が施された環境におかれるべきである。
第8条　こどもたちは、こどもたちや家族の身体的、精神的、発達的なニーズに応えられる訓練を受け、技術を身につけたスタッフによってケアされるべきである。
第9条　こどもたちのケアチームによるケアの継続性が保障されるべきである。
第10条　こどもたちは、気配りと共感をもって治療され、プライバシーはいつでもまもられるべきである。

二〇〇一年十二月、ブリュッセルで開かれたヨーロッパ会議で会員協会によって議論され、採択された「病院のこども憲章」の注釈は、今日のこどものヘルスケアをめぐる状況に対して、憲章の条項の関連性、解釈および理解のし方を詳しく説明しているので、是非読んでいただきたい。

（5）リチャード・H・トムソン、ジーン・スタンフォード『病院におけるチャイルドライフ』小林登監修、野村みどり監訳、掘正訳、中央法規、二〇〇〇年、八六―八九頁。
（6）National Association of Hospital Play Staff 〈http://www.nahps.org.uk/Hospplay.htm〉(2011/06/24)

（7） Action For Sick Children 〈http://www.actionforsickchildren.org/〉（2011/06/24）。
（8） 及川郁子『医療保育テキスト』日本医療保育学会、二〇〇九年。
（9） 同上。

参考文献

・平山正実、朝倉輝一編著『ケアの生命倫理』、日本評論社、二〇〇四年
・坂上和子『病気になってもいっぱい遊びたい――小児病棟に新しい風を！ 遊びのボランティア17年』、あけび書房、二〇〇八年
・杉山登志郎『発達障害の子どもたち』、講談社、二〇〇七年
・松平千佳編著、ノーマ・ジュン‐タイ、藤中隆久、ブロンディ・クーロウ『ホスピタル・プレイ入門――hospital play specialistという仕事』松平千佳、中村仁美訳、建帛社、二〇一〇年

子どもの病と死をめぐる親の経験
——小児がんで子どもを亡くした親の語りから——

三輪久美子

一　はじめに

人生において最大のストレスをもたらす出来事は死別であるとされるが、[1]死別の中でも子どもの死は、その親にもっとも大きなストレスをもたらすライフイベントとして位置づけられている。[2]とくに衛生状態や栄養状態が向上し、医療技術が進歩した現代社会では、子どもが亡くなるということ自体が非常にまれであり、死というものから縁遠い存在であるはずの子どもが突然亡くなることは、親に非常に大きな混乱を生じさせる。

また、核家族化と都市化が進み、家族のつながりや地域社会における社会的紐帯が弱体化した社会においては、子どもの死後、親たちはさまざまな苦悩や困難を抱えながらも、それらに対処する上での必要な援助を得ることができず、社会的に孤立した状態でわが子の死と向き合っていかなければならないことが多い。こうした状況においては、子どもを亡くした親を支えるための援助体制を整備することが非常に重要な課題となっている。しかし、親が必要とする、実態に即した援助を構築するためには、まず、親自身の経験を明らかにし、それを十分に理解することから始めなければならない。

子どもを亡くした親の苦しみや悲しみについては、多くの人々が「わが子を亡くした親の悲しみは計り知れないだろう」と、その悲しみや苦しみについては漠然とは想像するものの、実際に親が子どもの死をどのように受け止め、対処しようとし、その過程でどのような内的変化を経験してきたのかという、親の内面のリアルな経験についてはよく理解していないのが実情である。そこで、本論では、そうした親の内的な経験を親自身の語りから明らかにすることを試みる。とくに本論では、小児がんで子どもを亡くした親の経験に焦点をあてることにする。今や国民の三人に一人ががんで死亡する時代となったが、一般的にがん患者というと成人を想定して語られることが多く、懸命な闘病にもかかわらず亡くならねばならなかった小児がん患児やその家族について語られることは少なく、その社会的理解はまだまだ進んでいない。

二　研究の背景

(1) 小児がんで子どもを亡くすということ

ここでは、まず、小児がんという病気について若干の説明をしておきたい。「小児がん」とは、一五歳以下の子どもに発生する悪性腫瘍のことである。年間約三千人が発症し、ゼロ歳から一九歳までの子どもの病死による死因の第一位を占め、現在、約一万六五〇〇人の子どもが闘病を続けている。基本的に、「がん」は成人に多い病気であり、一五歳以下に発生する「小児がん」は「がん」全体の一%にも満たない。(3)

こうした小児がんには、成人のがんと異なるいくつかの特徴がある。第一は、病理学的な特徴である。悪性腫瘍は、病理学的にいうと、大きく「癌」と「肉腫」の二つに分けられる。身体の表面の部位である上皮から発生するのが「癌」であり、少し深い部位から発生するのが「肉腫」であり、それらすべての悪性腫瘍を総称して「がん」という。成人の悪性腫瘍は、その八割以上が上皮から発生する上皮がんであるのに対し、子どもの悪性腫瘍は、白血病、神経芽腫、脳腫瘍、悪性リンパ腫、ウィルムス腫瘍など、骨、軟骨、筋や神経などに発生する肉腫が多く、上皮がんは全体の一割にも満たない。したがって、比較的表面の見やすいところから発生する成人の上皮がんに比べて、肉腫が多い小児がんは身体の深いところから発生するため早期発見が難しく、発見された時には全身に広がっている可能性が約八割にのぼる(4)など、進行した状態で見つかることが多い。

第二の特徴は、小児がんは化学療法と放射線治療に非常によく反応することである。化学療法とは抗がん剤を用いた薬物療法のことであるが、成人に比べると、子どもは抗がん剤の副作用が比較的出にくいとされる。そのため、小児がんは、進行した状態で発見された場合でも、外科的治療、化学療法、放射線治療を組み合わせた集学的治療の効果が大きく、治癒率は比較的高い。

このような特徴をもつ小児がんであるが、その治療においては、過去三十年間に集学的治療が著しく進歩し、現在では、小児がんであると診断された子どもの約七割が治癒するまでになっている。しかし、逆からいえば、これは、依然として、約三割の小児がん患児が闘病の末に亡くなっていることをも意味する。多くの患児が治癒する一方で、懸命な闘病にもかかわらず亡くならねばならなかった子どもたちとその親たちが少なからず存在することもまた厳然たる事実なのである。

(2) 先行研究の成果と残された課題

海外における子どもを亡くした親の悲嘆に関する研究の代表的なものとしては、まず、ランドーの研究があげられる。ランドー[5]は、子どもを亡くした親の悲嘆プロセスとして、①回避の段階、②現実に向き合う段階（怒りと悲しみの段階）、③再構築の段階、という三段階モデルを提示した。また、ランドー[6]は、親が悲嘆を解決するためには、①喪失を認める、②喪失に反応する、③故人との関係を回想する、④故人への愛着を捨て去る、⑤故人を忘れないで新しい世界に適応する、⑥再生、という六つの課題を達成する必要があると説明している。さらに、ランドーは、小児がんで子どもを亡くした親に対して行った調査結果について、悲嘆尺度を用いて分析を行い、死別後の親の悲嘆プロセスには、子どもの死を前にした予期悲嘆、闘病への参加、闘病期間が影響を及ぼすことを明らかにしている。

また、子どもを亡くした親の悲嘆研究においては、他の対象を亡くした場合とは異なる子どもを亡くした親に特有の悲嘆の特徴も明らかにされてきた。たとえば、ギリスやマーティンソン[7]は、小児がんで子どもを亡くした親九七名を対象にした調査結果について、うつ尺度を用いて分析を行い、子どもを亡くした親は、子ども以外の対象を亡くした場合とは異なり、感情麻痺、心身の苦痛、身震い、抑うつ状態、恐怖心、幻覚などを経験することを明らかにしている。

一方、日本における子どもを亡くした親の悲嘆研究については、収集したデータに既存の悲嘆プロセスモデルをあてはめて分析を行う研究が中心に行われてきた。たとえば、小島ら[8]は、小児がんで子どもを亡くした母親一〇名を対象に調査を行い、母親たちの悲嘆プロセスをパークス[9]のプロセスモデルをもとに三段階で説明している。また、鈴木ら[10]や石原ら[11]は、小児がんで子どもを亡くした母親を対象に調査を行い、デーケン[12]が提示した十二段階の悲嘆プロセスモデルにあてはめて、これらの各段階が対象者に認められるかどうかについて検討している。こうした日本の研究は、収集したデータをもとに、既存の悲嘆プロセスモデルを用いて、死別からどのくらいの時間が経過すれば、どの段階に達するのかを明らかにしようとするものである。もっとも、近年になり、日本においても、既存のプロセスモデルを用いるのではなく、語りをもとにして独自の悲嘆プロセスを提示しようとする研究（弋木《さいき》）[13]などもみられるようになってきたが、その数はまだまだ非常に少ない。

このように、海外と日本のどちらにおいても、子どもを亡くした親の悲嘆に関する研究は、既存の尺度や概念、プロセスモデルなどによって親の経験を説明しようとする演繹《えんえき》的手法による研究が非常に多い。確かに、何らかの現象をより普遍的に理解するためには、こうした演繹的手法は有効であろう。しかし、こうした手法では、複雑に絡み合った人間のさまざまな感情や個別の対処法など、親のリアルな経験を十分に描き出すことは難しい。実態に即した具体的な援助を構築するためには、親自身が子どもの闘病と死という現実をどのように受け止め、どのようなことに困難を感じ、どのように対処し、その結果としてどのような内的変化があったのかという、当事者の視点による主観的経験をとらえる必要がある。

また、ブラウンとバーバリン[14]が患児の「〝親〟というのはしばしば〝母親〟と同義語である」と述べているように、国内外ともに、小児がんで亡くした場合に限らず、子どもを亡くした親の悲嘆に関する先行研究については、ほとんどの場合、その対象は母親であり、父親を対象とした研究は非常に少ない。その意味では、父親が援助の対象になるということ自体、最初からほとんど念頭に置かれていないといえる。

三　研究の概要

(1) 研究の目的

上記を踏まえ、本論では、子どものがん闘病と死をめぐる母親および父親の主観的経験における内的変容プロセスを明らかにすることを目的とする。あわせて、母親と父親の違いについても検討することにする。

(2) 調査の概要

本論における調査は、小児がん患児とその家族のための支援団体である財団法人「がんの子供を守る会」の協力を得て行った。

調査対象者は、小児がんの子どもの看病を主として自分自身が、あるいは配偶者と同等程度に担った親二五名である。これら二五名の親は、いずれも懸命な看病にもかかわらず、子どもを亡くした親である。調査対象者の男女別構成は、母親が一三名、父親が一二名である。

調査対象者に対しては、事前に、インタビューの目的、個人や機関が特定されないためのプライバシー保護に関する倫理的配慮、データは研究発表の目的以外では使用しないこと、インタビューへの同意後でも随時撤回が可能であること、フィードバックの仕方等について明記した調査依頼書を送付し、了承を得た上で、半構造化面接の形式による個別インタビューを行った。

(3) データの分析方法

本論では、既存の尺度や概念を用いるのではなく、当事者の語りをとおして、質的・帰納的な手法によって当事者の視点からその主観的経験のプロセスを明らかにすることを試みる。そこで、本論では、質的研究法の一つであるグラウンデッド・セオリー・アプローチ(15)をより理解しやすく、活用しやすいように開発された修正版グラウンデッド・セオリー・アプローチ(16)を採用した。

修正版グラウンデッド・セオリー・アプローチによる分析は、逐語データを丹念に読み込み、調査対象者の行為や認識に照らし合わせて解釈をしながら概念を生成し、さらに、出来上がった概念間の関係の検討を行うことによって複数の概念を包含するカテゴリーを生成し、それらのカテゴリーと概念によって現象の全体像を説明するものである。

四　結果と考察

(1) 子どもの闘病と死をめぐる親の内的変容プロセス

分析の結果、本論では、一体化、混沌、諦念、内在化という四個のカテゴリーと、それらに包含される一八個の概念が見いだされた。換言すれば、子どもの闘病と死をめぐる親の主観的経験における内的変容プロセスの全体像は、四個のカテゴリーと、それらに包含される一八個の概念によって説明しうるということになる(図1参照)。

以下、カテゴリーごとに、それらに包含される各概念をもとにプロセス全体を説明していきたい。なお、カテゴリーは〈 〉、概念は【 】で記している。

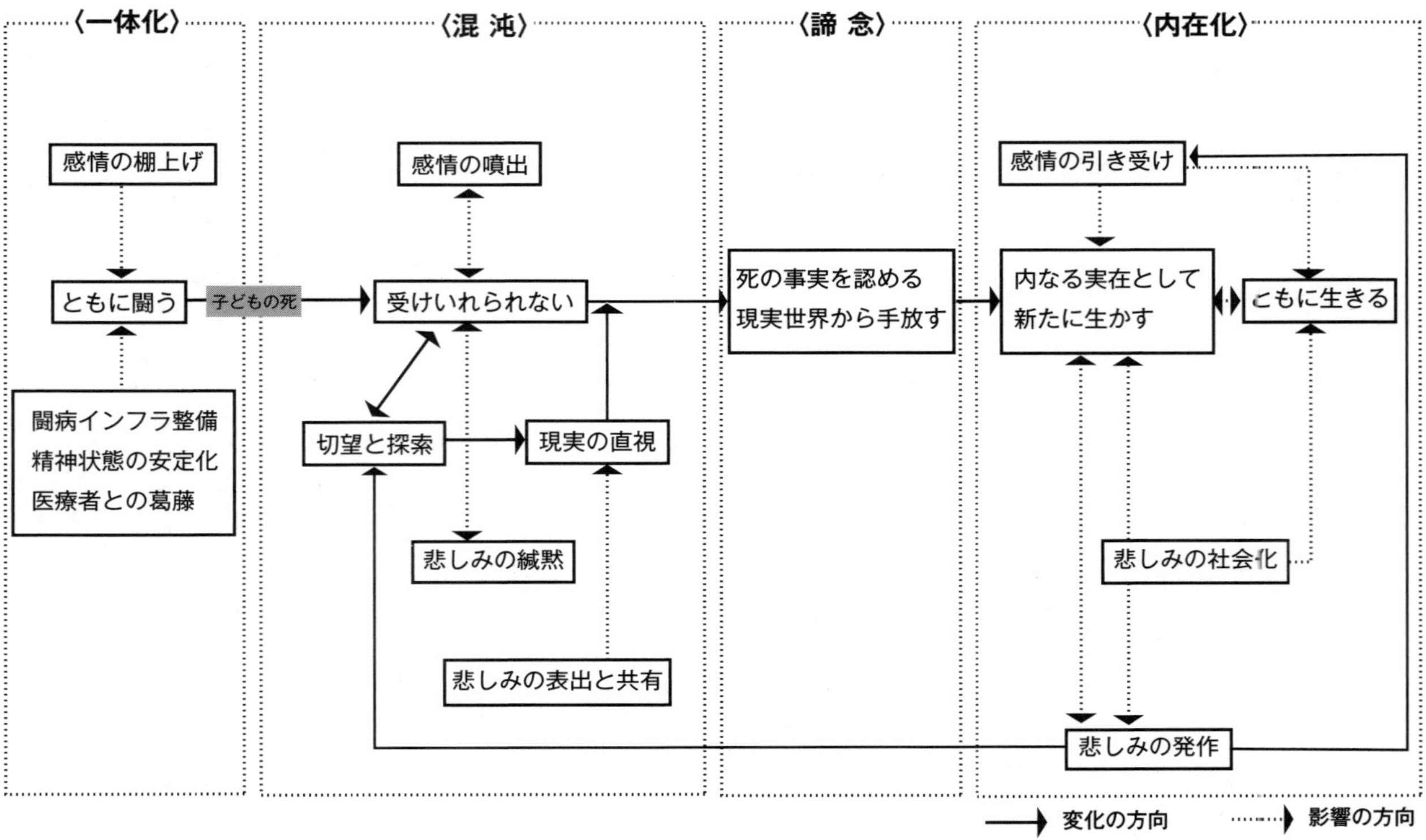

図１　カテゴリーと概念による結果図

1 〈一体化〉

子どものがん告知から亡くなるまでの闘病期間における親と子どもの関係は、〈一体化〉というカテゴリーで説明することができる。これは、子どもの生命の危機を感じながらも濃密な時間を共有し、一緒になって病気と闘っていくことによって、親が子どもとの一体感を非常に強く意識していくことである。ここでの中心概念は【ともに闘う】である。

(1) 【ともに闘う】

【ともに闘う】とは、親が子どもの看病を積極的に担い、子どもと一緒になって主体的に病気と闘っていくことである。

医師からの突然の子どものがん告知は、多くの親たちが「頭が真っ白に」「ドラマのような」と語ったように、親に非常に大きなショックを与えていた。しかし、親は子どもの生命を救うためには落ち込んでいる暇はなく、すぐに現実に対処していかなければならないことを自覚し、告知後数日の間には自らの精神状態を建て直し、入院加療が始まる時点では、「子どもを殺してなるものか」と病気克服への決意を固めていた。

ただし、闘病の途中で医師からがんの再発やターミナルを告げられた時には、親は最初の告知時よりも大きなショックを受けていた。ある母親が、「最初の時には、ショックの半面、その治療に賭ける期待っていうのももってたんですよね。でも、再発してからは、やっぱり今までの治療が結局は意味のないものだった。効果が、病気を完全になくす効果はなかったっていうことを考えると、もう、これから先の治療に対する期待が何も見えなくなってしまうんですよね」と語った。病気の進行と治療の限界は回復への期待を打ち砕き、親に絶望感と制御不能感をもたらしていた。

しかし、その一方で、つらい治療に耐えて頑張っている子どもを目の当たりにすると、親は、「そんなこと、考えちゃいけないんだ」と、再度、病気克服への決意を新たにし、どれほど子どもの容体が悪化しようとも、最後まで決して希望を捨てることはなく、絶望と希望が交錯しながらも子どもとともに闘っていく中で、かつて経験したことがないほど子どもとの一体感を感じるようになっていた。

(2)【感情の棚上げ】

親が子どもと【ともに闘う】ためには、まず【感情を棚上げ】する必要があった。【感情の棚上げ】とは、さまざまな感情を抱きながらも、いったん自分の感情を棚上げ状態にして、眼前の子どもの生命を救うことに全力を傾け、看病に専念することである。

親たちは皆、突然子どものがんを告知された時から、「どうしてうちの子が」という誰にも向けようのない怒り、つらい治療に耐える子どもに対して感じる不憫さ、「病気にしてしまった」という自責の念、子どもの死に対する恐怖などといったさまざまな感情を抱いていた。

しかし、ある母親が、「泣いてる場合じゃないでしょうみたいな感じで。だから、泣く作業はないっていうか、泣くことが。まず、『泣いてられないじゃない』っていうのが先にたって」と語ったように、子どもと【ともに闘う】決意を維持していくためには、そうしたさまざまな感情をいったん棚上げする必要があった。

(3)【闘病インフラ整備】

精神状態を建て直し、病気克服への決意を固めた後に親が最初に行うことは【闘病インフラ整備】であった。こうした【闘病インフラ整備】には、看病体制の整備というハード面の整備と、知識の獲得というソフト面の整備という二つの側面があり、これら二つは同時並行的に行われていた。

まず、看病体制の整備について具体的にいうと、これは仕事や他の子どもの世話などを調整して、毎日病院へ通える体制を作ることである。実際、子どもの発病時に就業していた四名の母親は、退職あるいは休職のどちらかを決断し、子どもの看病に専念できるようにしていた。また、父親たちは全員が就業者であったが、会社に事情を話して、自ら閑職への配置転換を願い出たり、転職するなどして、毎日、病院へ通える体制を整えていた。また、対象者の中には、子どもの看病をしやすくするために、子どもが入院した後すぐに、病院の近くに転居した親もいた。

一方、知識の獲得については、親たちは、自分にとっては未知なる小児がんという病気そのものについてだけではなく、本当にこの病院でいいのか、あるいは医師から提示された治療法でいいのかなどといったことについて、本やインターネットを通して可能な限り情報を収集していた。そして、そうした行動を通じて、子どもの闘病に主体的にかかわるようになっていた。ただし、このような知識の獲得は、親に子どもの病状の厳しさをあらためて認識させる契機ともなっていたことも事実である。

(4) 【精神状態の安定化】

親が子どもと【ともに闘っていく】ためには、自分自身の精神状態を安定させておくことも不可欠であった。【精神状態の安定化】は、親自身が子どもの病気とともに闘っていくために不可欠であるが、それと同時に、子どもを不安にさせないためにも必要であることを親は認識していた。そこで、親たちは、他者とのかかわりをできる限り少なくし、自分と子どもとの闘病世界を一般他者の世界から切り離すことによって、看病に専念できる精神状態を保とうとしていた。

(5) 【医療者との葛藤】

発病以降、親にとって医師や看護師といった医療者との関係は切り離せないものとなっていた。闘病中、親は医療者に対して大小さまざまな不満や不信感を抱くようになっていたが、子どもの生命を守るためには，どれほど不満や不信感が大きくなっても医療者から離れることはできず、不信と依存が共存した状態で常に【医療者との葛藤】を抱えていた。

医療者が決めた治療方針に納得がいかず、最終的に抗がん剤治療の中止を自ら申し出て、代替療法へ切り換えることを決断したある父親は、その時の胸の内を次のように語っている。

「向こうとしては四クールとか三クールとかやりたいわけなんだけども、もう、こちらから遠慮したと。その後、何ていうかな、民間療法っていうか、あの、それ以外の代替療法ね、そちらのほうにこう、どんどんどんシフトしていったわけですね。だけども、やっぱり病院のお医者さんから離れるっていうのは非常に怖いわけですね。やっぱりすがっていたい」。

また、ターミナル期に入った途端、医療者が子どもと自分たち家族から急に離れていくように感じた親は多く、ターミナル期には、親はより大きな葛藤を経験するようになっていた。子どもの状態が悪くなればなるほど医療者に依存する気持ちはより強くなるが、その一方で、医療者は子どもと自分から離れていくため、親の医療者に対する不信感は非常に大きなものとなっていた。

2 〈混沌〉

懸命な闘病の甲斐なく子どもが亡くなった時には、親は子どもとの絆が突然引き裂かれたと感じていた。親は子どもの死を現実のこととして受けいれられない一方で、日常生活においては、物理的に子どもの不在を痛感させられることが多く、〈混沌〉とした状態に陥っていた。

(1)【受けいれられない】

子どもの死直後の中心的な概念は【受けいれられない】である。ともに闘ってきた子どもの死を親は現実のものとして受けいれることができないのである。

親が子どもの死を【受けいれられない】理由の一つには、逆縁ということがある。子どもが親よりも先に逝くのは順番が逆であり、自然の摂理に反するとして【受けいれられない】のである。

また、子どもの死を【受けいれられない】もう一つの理由には、あまりにも短すぎる子どもの人生に対する無念さがある。「やりたいことが山ほどあっただろう。ねえ、十一歳で死んでいかなきゃいかんということは」という語りに代表される、生まれてきて数年、あるいは十数年しか生きられなかった子どもの無念さである。また、ある父親が、「やっぱり、その、子どもに期待するっていうところも。その、何ていったらいいか、自分ができなかったことを子どもにやらせてやりたい、やらせたい、みたいなね、そういうのもあったんですよ」と語ったように、子どもの将来に期待を寄せていた自分の人生が突然途切れてしまったという親自身の無念さもあった。

これら以外にも、子どもの死を【受けいれられない】理由として、なぜ他の子どもではなく、自分の子どもの身に起きたのかという不条理感がある。ある母親は、「住職さんが言うには、やはり、中には寿命っていうのが決まってて、その、生きた時からその運命を背負って出てきたっていう人もいるんですけど。私はやっぱり母親なんで、『じゃあ、何でうちのKがそれにあたったの?』って思うんですよね」と語ったが、親たちは皆、「どうしてうちの子が」という疑問と怒りを抱いていた。そして、自分のそれまでの人生における経験や知識の枠組みの中で、どうにかしてその答えを見つけ出そうとしていた。しかし、何をもってしても納得のいく答えを見いだすことができず、子どもの死を理解するには、それまでの自分の知識、経験、信条一切が役に立たないことを感じていた。

(2)【切望と探索】

このように、子どもの死を現実のものとして受けいれることができない親たちは、子どもがまだどこかにいるのではないかと、現実世界の中に探し求めていた。

「今どこに」「会いたい」という一心で、同年代の子どもを見かけると、自分の子どもではないかと後を追いかけたり、子どもが入院していた病院へ探しに行ったり、子どもに会えるのではないかと青森県の恐山まで行ったりするなど、子どもの姿かたちを現実世界の中に必死になって探し求めていた。

(3)【感情の噴出】

こうして、親は必死になって子どもを探し求めていたのであるが、そのような親の心の中では、子どもに対するさまざまな感情が一気に噴き出していた。闘病中はいったん感情を棚上げ状態にして子どもの看病に専念してきたものの、子どもが亡くなった後は、その棚上げしていた感情も含め、あらゆる感情が一気に噴き出してきたのである。

親が抱くさまざまな感情の中には、まず「悲しい」という感情がある。ある親が、「悲しくて悲しくて、もう、どうしようもなくなる」と語ったように、子どもが亡くなった後、親たちは皆、きわめて大きな悲しみに押しつぶされていた。そして、その悲しみには、無力感、謝罪の気持ち、自責の念、怒り、後悔、恐怖など、さまざまな気持ちが内包されており、それらが複雑に絡み合った感情が親を圧倒していた。

(4)【悲しみの緘黙《かんもく》】

親たちはこうしたさまざまな感情が内包された悲しみを抱えていたものの、自分の悲しみは誰にもわかってもらえないと感じ、悲しみを自分の内に閉じ込めるようになっていた。

また、自分の悲しみを誰かに話そうとしても、相手の対応によって傷つき、そうした傷つきの経験から、それ以降は悲しみを押し黙ってしまう場合もあった。悲しみの渦中にある親に対しては、周囲の人々は善意の気持ちから、「がんばって」「しっかりして」などといった励ましの言葉をかけようとする。しかし、ほとんどの場合、それらの言葉は、親にとっては悲しみを内に押し込めてしまうことになる善意の圧力でしかなかった。

(5)【悲しみの表出と共有】

前述のとおり、子どもの死後、親たちは自分の悲しみを自分の内に閉じ込めていたが、閉じ込めた悲しみは大きくなる一方であり、それに翻弄されるかたちで、次第に悲しみへの対処法を模索しはじめるようになっていた。

悲しみへの対処法については、それを書物に求める親が多かった。死別体験者が書いた手記や小児がん闘病記、あるいはスピリチュアルな題材を扱うものなど、あらゆる種類の書物を読みあさっていた。また、教会に救いを求める親もいた。さらには、インターネットをとおして、自分と同じような体験をした人がいないか探し求める親もいた。

本論の調査対象者たちについていえば、このように悲しみへの対処法を模索する中で、小児がん患児・家族のための支援団体である財団法人「がんの子供を守る会」にたどりついていた。親の中には、闘病中から会とのかかわりを有し、闘病中に病気や治療のことについて相談をしていた者もいたが、亡くした直後は、そうした親たちも会のことに考えが及ぶことはほとんどなかった。しかし、その後、誰にも言えない悲しみに耐えきれなくなり、対処法を模索する中で会の存在を思い出し、連絡をとるようになっていた。

このようにして会とのかかわりができた親たちは、会に設置されている子どもを亡くした親のための交流会を紹介され、それらに参加するようになっていた。その交流会に初めて参加した時のことを、ある母親は次のように語った。

「何かあんまり、こう、うちでも泣かなかったのが、すごい人前であんなに泣いちゃって。すごく、こう。それがよかったのかなって思うんですけど。みんなで泣いて、『みんな同じ気持ちでいるんだ』っていうのがすごく力になったっていうか」。

こうした子どもを亡くした親の集いは、自分ほど悲しくつらい体験をした者はいないと感じていた親たちの体験の持ち寄りの場である。そのような場に参加してはじめて、親は自分と同じ体験をし、同じ思いをしている人がほかにもいることを知り、自分の内に閉じ込めていた悲しみを表出できるようになると同時に、自分の体験を言語化することによって、子どもの闘病と死を客観的に振り返る視点を得られるようになっていった。

(6)【現実の直視】

先述のとおり、親は子どもの死をなかなか受けいれられないのであるが、その一方で、日常生活においては、否が応でも子どもが亡くなったという【現実の直視】を迫られていた。

生前子どもが座っていた椅子、使っていた食器、着ていた洋服など、家の中にあるあらゆる子どもの痕跡は親に子どもの不在を突きつけた。また、子どもが亡くなったことを知らずに送られてきたダイレクトメールなどのように、不意に他者から子どもの不在を突きつけられることもあった。さらに、闘病中は、子どもが入院している病院へ通うことが生活の中心となっていたが、そうしたルーティン化した生活が突然途切れ、子どものために費やしていた時間に何もすることがなくなることも親に子どもの不在を突きつけた。親は、子どもの肌のぬくもりや腕に抱いた時の重さなど、自分の感覚には子どもが残っているにもかかわらず、もはや、それを実存として感じることができず、見る、聴く、触れるなど、五感全体をとおして子どもの不在を思い知らされていた。

3 〈諦念〉

こうして、親たちは子どもの死の【現実の直視】を迫られ、もがき苦しみながらも、ついには子どもの死を事実として認めるようになっていた。その状態が〈諦念〉というカテゴリーである。

(1) 【死の事実を認める】

〈諦念〉というカテゴリーは二つの概念によって構成される。その一つが【死の事実を認める】である。現実世界の中にどんなに探し求めても、子どもはもう二度と戻ってこないという事実、また、子どもが亡くなる前の状態にはどうやっても戻れないという事実を認めることである。

ある親が、『『これはもうどうしようもないんだ』って。『どうしたら解決できるんだろう』って言って、『解決策がないんだ』っていうところに行きついたっていう」と語ったが、親たちは苦悶《くもん》の末に、ついに子どもの死の事実を認めるようになっていた。

しかし、ここで重要なのは、親は子どもが亡くなったという死の事実を〝認める〟だけであって、決して〝納得する〟わけではないということである。子どもの死を〝納得する〟ことはできないが、二度と戻ってこないという事実を「しょうがない」と認めるということである。この「しょうがない」という言葉を用いて語った親は多かった。

(2) 【現実世界から手放す】

〈諦念〉カテゴリーを構成するもう一つの概念は、【現実世界から手放す】である。これは、死の事実を認めた後、現実世界の中に子どもを探し求めることを諦《あきら》めることである。

子どもが亡くなった後、まだどこかにいるのではないかと、毎週、休日になるとさまざまな場所に出かけては子どもを探したという父親は、「何か、『まだいるんじゃないか』っていう……Mのかたちとして現れてくるんじゃないかって探してたんですね。ちょっとそこらへんから顔出すんじゃないかとかっていう気持ちが」と、子どもを現実世界に追い求めていた時のことを語った。

しかし、この父親は、「一年ぐらい経ってですね、Mの存在っていうものが頭から離れたんですね。あの、そこから出てくるっていう気持ちっていうのは、それ自体は頭から消えてるんですね」と、その後、現実世界の中に子どもを探し求めなくなった時のことを語った。

さらに、親たちは現実世界から手放した子どもを、天国などの死後世界、自分のそば、お墓など、自分の納得がいく場所にポジショニング（定位）するようになっていた。親たちは子どもをどこか決まった場所にポジショニングすることによって、もはや【切望と探索】を繰り返していた時のように子どもを見失うことはなく、いつでも自分の納得がいく場所で子どもを思い浮かべることができるようになっていた。

4 〈内在化〉

子どもの死の事実を認めた後、親は自分の中と社会の中に子どもを新たに生かし、子どもとの新たな絆を結び直そうとした。その状態が〈内在化〉というカテゴリーである。ここで中心概念となるのは、【内なる実在として新たに生かす】と【ともに生きる】である。

(1) 【内なる実在として新たに生かす】

親たちはどこかにポジショニングした子どもを明るく元気な姿として思い浮かべるようになっていた。ある親が、「きっとあの子は向こうで元気に遊んでる。足も治って」と語ったように、子どもは元気な姿で新たに親の中で存在するようになっていた。親は〝今〟の元気な子どもを思い浮かべ、会話をするようになり、子どもが常に自分の中や近くにいると感じるようになっていた。親たちは、子どもを想うこと、子どもを語ること、子どもを記すことなどをとおして、子どもを【内なる実在として新たに生かそう】としていた。

また、親たちは新たに生かした子どもからさまざまなメッセージを受け取るようにもなっていた。たとえば、ある母親は、「『ママ、馬鹿じゃないの』って。『もっと頑張って前向きにね、命ある限り一生懸命生きなきゃ駄目だ』って」という子どもからのメッセージについて語った。

(2)【感情の引き受け】

以上みてきたとおり、親たちは子どもを想うことによって、子どもを新たに生かそうとしていた。しかし、子どもを想う時に感じる悲しみ、自責の念、無念さ、あるいは怒りなどの感情は決してなくなるわけではなかった。もっとも、苦しんでいる子どもの姿しか思い浮かべることができず、自分自身に対する否定的感情しかもてなかった死別直後とは異なり、元気な子どもを思い浮かべることができるようになってからは、「やれるだけのことはやったんだ」と、自分自身を肯定する気持ちも抱くことができるようになっていた。それでも、否定的感情が完全になくなるわけではなく、子どもを新たに生かしはじめた後も、親は悲しみをはじめとするさまざまな感情を抱いていた。

ただ、死別当初は、こうした否定的な感情を何とか排除しようと試みていたのに対し、子どもを【内なる実在として新たに生かし】はじめた後は、親は否定的な感情をも含めたすべての感情を自分自身の一部として引き受けられるようになっていった。たとえば、次のようなある父親の語りである。

「でも、不思議なんですよ。(小児がんで亡くなるのは)三割っていうじゃないですか。あの、昔は、もう、がんを全滅してほしいっていうように思ってたんですけどね。やっぱり、今、そういう方がいて、逆に、あの、『同じ境遇なんだ』って思う失礼な自分もいるんですね。だから、うん。『ほんとになくなってほしい』って、当時、思ってたんですよ。『もう、こんな苦しみを他の人に味わせたくない』って思ってたんですけど、じゃあ、それが全滅されて。あの、たぶん、被害者っていうのは他のもっとつらい被害者見ると、少し気持ちが落ち着くってあるじゃないですか。そういう気持ちっていうのも出てきちゃうんですよね。きれいごとではいかないのかもしれないです」。

この父親は自分の中に「きれいごとではいかない」感情があることを吐露している。しかし、そうした感情を排除したり隠したりせず、あるがままに自分のものとして引き受けていたのである。

(3)【悲しみの社会化】

親たちが子どもを想い、会話をする中で、子どもからさまざまなメッセージを受け取るようになっていたことはすでに述べたが、そうしたメッセージには、親に対するメッセージと社会に対するメッセージの二つがあった。親自身に対するメッセージは、親の価値観や人間性に変化をもたらし、子どもに恥じない生き方の決意と人間的成長を促すものとなっていた。たとえば、次の語りである。

「今までは、食べて寝て、あたりまえ。やることやらなきゃ、つまんないみたいな、何かこう、我儘だったような。家族がこうやって、普段どこも楽しい所に出かけなくても、家で食事をして、お風呂に入って、テレビを観て、『あはは』とか、『何やってんの、ばか』とか叩いたり、怒ったり、そういう普段の生活の流れが、いかに、その一日一日が越せるっていうことが幸せだって、その命の大きさ、尊さっていうのを初めて教えられましたね」。

一方、社会に対するメッセージについては、親はそれを、「子どもには自分の闘病と死をもって社会に伝えたいことがあったのだ」と解釈し、自分にはそうした子どものメッセージを社会に伝えていく使命があると感じるようになっていた。そして、より利他的なものへ変化した自身の価値観にも影響されて、同じような体験をする人たちへの支援活動へと駆り立てられていった。

このような心理的構造を平山[17]は「悲しみの社会化」と呼んでいるが、ここでは、この【悲しみの社会化】を概念として使用した。ある母親が、「娘のことを忘れたくないし。その、娘の闘病っていうのを無駄なものにしたくないし、何か私にできるものはないだろうかって」と語ったが、親たちは自分の子どもの闘病体験をもとに、自分と同じような経験をする人たちに対する支援活動を始めるようになっていた。

(4)【悲しみの発作】

このようにして、親たちは子どもを【内なる実在として新たに生かし】はじめるのであるが、子どもの誕生日や命日、卒業や入学の時期、あるいは、支援活動によるフラッシュバックなど、日常生活の中には子どもの死の現実をあらためて親に突きつける出来事がいくつも潜んでいた。そして、そうした日常生活における思いがけない出来事が引き金となって、突然悲しみに襲われ、子どもを亡くした当初の【切望と探索】に引き戻されることがあった。たとえば、ある母親の、「誕生日の時とか、世間一般、入学式の時、運動会の時。『生きてたらね、お弁当いっぱいこさえて行ったのにね』とかって」という語りである。

こうした【悲しみの発作】に襲われた時には、親たちは【切望と探索】の状態に引き戻され、新たに結び直した子どもとの絆が不安定になっていた。しかしながら、子どもを想うことだけではなく、子どものことを語ること、子どものことを記すこと、支援活動などといった他者とのつながりの中に子どもの存在を確認していくことによって、子どもとの絆は次第に安定化していった。

(5)【ともに生きる】

子どもを自分の中や社会の中に新たに生かしはじめた親たちは、子どもが常に自分のそばにいて、〝今〟という時間を共有しながら生きていることを実感するようになっていた。ある母親が、「日常の中で、いろいろ思い出しながら。会話しながら。だから、まったく存在がなくなったっていうんじゃなくって、やっぱり、この頭の中にいつもいるのかなって。『そういえば、あなた、こういう時、こういうこと言ったよね』とかね、何かそういうのがいっつも出てくるみたいな」と語ったように、親たちは再び子どもとともに生きはじめていく中で、新たな一体感を獲得するようになっていたのである。

(2) 母親と父親の違い

前記では、語りを分析することによって得られた概念をもとに、子どもの闘病と死をめぐる親の主観的経験における内的変容プロセスについて述べた。調査対象者二五名のうち母親は一三名、父親は一二名であったが、前述した各概念は二五名に共通して見いだされたものである。その意味では、親の内的な経験のプロセスそのものについては、母親と父親では違いがみられなかったということができる。

しかしながら、プロセスを構成する各概念を詳しくみてみると、とくに母親に顕著に認められた概念もあれば、父親に顕著に認められた概念もあるだけでなく、病気と治療に関する知識の獲得方法に違いもあるなど、母親と父親でいくつかの異なる点もみられた。ここでは、そうした母親と父親の違いに焦点をあてて論じる。

1　闘病中

まず、子どもの闘病中における母親と父親の違いとしては、子どもの病気と治療に関する知識の獲得方法の違いがある。

具体的には、母親たちは本やインターネットで情報収集することもあったが、主たる情報源は同じ病室の他の患児の親であったのに対して、父親たちは、母親のように他の患児の親を情報源とすることはなく、本やインターネットを主たる情報源としていた。また、父親たちの中には、インターネット上の医療相談を活用していた者もいたが、特徴的だったのは、父親が他者から情報を得る場合には、子どもの主治医や他の病院の医師など、医療専門家からしか情報を得ようとしなかったことである。

なお、母親たちにとっては、他の患児の親は情報源としてだけではなく、【精神状態の安定化】においても大きな役割を果たしていた。同じ状況に置かれた者同士で気持ちを理解し合うことによって、互いに支え合うという状況が生じていたのである。こうしたことは母親だけに認められたことである。

次に、子どもの闘病中における母親と父親の違いには、子どもがターミナル期に入ってからの治療法の選択の仕方もあった。子どもと【ともに闘い】、ターミナルを宣告された後も最期まで希望を維持していくことについては、母親も父親も同じであったが、子どもの容体が非常に悪くなってくると、母親の中には、希望を維持しつづけながらも、心のどこかで、「これ以上、子どもを苦しめたくない」という気持ちを抱きはじめる者もいた。

しかし、一部の父親たちは、希望を維持しつづけるだけではなく、子ども以上に自分自身が主体となって闘う気持ちが強くなり、どれほど子どもの病状が悪化しようとも決して諦めようとはしなかった。子どもが体力的に非常に弱っていても、助かる可能性が一％でもあるのならばと、副作用が大きくても治療に効果があると思われる強い抗がん剤を投与しつづけることを望んだ父親もいた。実際、ある父親は、子どもの容体が非常に悪くなった時、妻がそれ以上の積極的治療を中止することを懇願しても、「やっぱり、頑張ってほしいと。僕は最期まで諦めないんで。しつこいんで。うちの嫁さんとは対照的ですから」と、闘う気持ちをいっそう奮い立たせ、子どもが亡くなる寸前まで積極的治療を続けさせたことを語った。

また、子どもの闘病中における母親と父親の違いには、医療者との対応の仕方もあった。子どもの闘病中を通じて医療者との葛藤を抱いていたのは、母親も父親も同じであったが、ある母親が、「結局、変な言い方、人質っていうんじゃないんだけど。だから、いない時に何か意地悪されると」と語ったように、母親たちは、医療者に対して言いたいことがあった場合でも、あえて直言しないことで子どもを守ろうとすることが多かった。

それに対して、父親たちは、子どもが不利益を被ると判断した場合には、医療者に対して積極的に直言することをためらわなかった。言うべきことは主張し、それによって子どもを守ろうとした。医師が検査結果の説明を十分に行わないばかりではなく、担当医が何度も替わることに苛立ちを隠せなくなった父親は、その時のことを次のように語っている。

「MRI撮ってるにもかかわらず、それの説明もしてこない。病状説明もなくて。毎日毎日、立ち替わり、先生来るんだけども、前日に聞かれて答えたことを、また、違う人が聞いて。三日ぐらいずっと。要するにコンセンサスがとれてないんですね、社内でいうとね。だから、やっぱりすごく不安を感じさせるような状況になってたんですね……だから、ちょっと、そこは、あの、ポーズでも怒鳴っておかないとこっち向かないなと思って。それからは、かなり、ええ。病院に向かっては、かなりそういう態度をとりながら。緊張をもってもらいながら」。

2　死別後

次に、子どもが亡くなってからの父親と母親の違いとしてまずあげられることは、母親、父親どちらも悲しみを自分の内に閉じ込めるという点については同じであったが、悲しみを黙す理由には違いがあったことである。

父親に比べると母親は、周囲の人々から、より多くの慰めや励ましを受けていた。自分のお腹を痛めて産み、大事に育ててきた子どもの命を突然奪われた母親を前にすると、周囲の人々は慰めや励ましの声をかけずにはいられないのであろう。しかし、先述したように、「頑張って」「しっかりして」などという他者からの安易な慰めや励ましの言葉は、「この悲しみは誰にもわかってもらえない」という母親の思いを一層強めることにしかならなかった。そのため、母親たちは自分の悲しみを内へ押し込めてしまうだけではなく、他者との接触を一切絶ち、しばらく家に引きこもることもあった。

一方、父親たちは、母親ほど周囲の人々から慰めや励ましを受けることはなかった。たとえば、子どもの通夜や葬儀においても、参列者の気遣いは、どちらかというと父親よりも母親に対してより多く向けられた。もちろん、参列者は父親に対しても気遣いの言葉はかけるものの、「奥さんをしっかり支えてあげて」といった言葉を加えることが多かった。これは、周囲の人々が父親のことを子どもを亡くした当事者であると同時に、遺された家族の保護者でもあると考えるからであり、実際、他者にはそうした傾向があることを父親自身も十分に認識していた。このように、父親たちは、自分自身が子どもを亡くした親としての悲しみを抱えていても、自分が気丈に家族を支え守らなければならないという家族の保護者としての責任を感じ、自分の悲しみを内に閉じ込めるようになっていることが多かったのである。
また、子どもの死後における父親と母親の違いとしては、自分の内に閉じ込めた悲しみへの対処の仕方の違いもあった。

悲しみへの対処の仕方としては、母親、父親ともそれを書物に求める者が多かった。ただし、母親は自分の気持ちを代弁し、解説してくれる書物だけを取捨選択して読みあさるという傾向がみられる一方、父親については、死に関する本を読み、その内容を自分なりに理解した上で、理論や理屈によって自分の悲しみをコントロールしようとする傾向がみられた。

また、こうしたこと以外にも、悲しみへの対処の仕方において、母親と父親で大きく異なることがあった。それは、母親たちが自分の悲しみと苦しみを理解し、自分を悲しみから救ってくれる「特別な他者」を必死になって探し求めたことである。ある母親が、「とにかくこのままじっとしてられないと思って。誰か私の言ってることを理解してくれる人、いるだろうかって思って」と語ったように、母親たちは周囲の人々の中では悲しみを押し黙る一方で、自分の悲しみや苦しみを心から理解してくれる「特別な他者」を必死になって探し求めていた。自分自身の力で危機的状況に対処しようとする父親たちとは異なり、母親たちは、教会に行ったり、病院に所属しているチャプレンに会いに行ったり、あるいは自ら息子を亡くした体験をもつ作家に面会を求めたりするなど、積極的に「特別な他者」を探し求め、そうした人とつながろうとしていた。

さらに、子どもの死後における父親と母親の違いとしては、子どもを【内なる実在として新たに生かそう】とした時の他者とのかかわり方の違いがあった。親たちは子どもを想うことで自分の中に、また、子どものことを語ることによって他者とのつながりの中にも子どもを新たに生かそうとしていたのであるが、父親に比べると母親は子どものことを語る機会を多くもっていたということがある。より正確にいうと、母親たちは、苦痛を伴わずに子どもを思い浮かべることができるようになると、「子どものことを語りたい」「子どものことを覚えていてほしい」「子どものことを知ってほしい」という想いを強くもち、子どものことを語る機会を父親に比べてより積極的に求めたということである。加えて、母親たちは父親たちに比べるとより積極的に【悲しみの社会化】である支援活動に参加しはじめるという傾向もみられた。

子どもの死後における父親と母親の違いは、【悲しみの発作】についてもみられた。母親も父親も、子どもを【内なる実在として新たに生かし】はじめた後であっても、日常生活の中の何気ない出来事が引き金となって、【悲しみの発作】を経験することは同じであった。ただし、母親たちにとっては、子どもの誕生日と命日の両方が同程度の【悲しみの発作】の誘発要因となっていたのに対し、父親たちにとっては、どちらかというと、誕生日よりも命日のほうが誘発要因になることが多いようであった。以下は、命日になると、無意識のうちに子どもを探しに病院へ向かっていたという、ある父親の語りである。

「命日が近づいてくると、私は○○病院によく行くんです。で、だんだん、だんだん、（病院に）近づきましてね。最初は道路の反対側から十階の病室を見てるだけだったんですけども。次の年には病院に入ってみて。いつも何か、あの子に頼まれたものを買いに行っていた一階の売店に行ってみたり。とうとう今年は十階まで思い切ってエレベーターで上がって行って。でも、ナースセンターっていうんですか、あちらまでは行けませんでしたですね。エレベーター降りたところで、すぐ下りてきましたけれどもね。できることなら、あの病室に行ってみたい気がしますけれどね。そんな馬鹿な話はないんでしょうけれど、やっぱり、あの病室にいてくれてるんじゃないかなという気持ちは。行ってみたいけれども、行っていなかったら怖いっていう気持ちも」。

この父親は、子どもが亡くなった翌年、病院までは行ったものの、道路を挟んで病院の建物を見上げただけで、その場に立ちすくんで帰ってきていた。そして、その翌年には、思い切って病院の中まで入っていき、一階のロビーまでは行ったものの、それ以上奥へ進むことができなかった。さらに、その翌年には、子どもが入院していた病棟階までエレベーターで行ったものの、そのまま階下に戻ってきていた。このように、この父親は、毎年、子どもの命日になると、子どもに会いたいという気持ちを抑えきれず、病院へ行けば会えるような気がして、無意識のうちに子どもを探しに病院へ行っていたのである。

この父親のように、父親たちは子どもが亡くなってから何年経過していても、【悲しみの発作】が起こると、子どもを現実世界の中に探し求め、新たに生かしはじめた子どもとの絆が不安定になることが多かった。もちろん、母親たちも、子どもが亡くなってから年数が浅い間は、【悲しみの発作】に頻繁に襲われ、そのたびに子どもを現実世界の中に探し求めていた。しかしながら、母親たちは、他者に子どものことを語ったり、支援活動を続けていく中で、年数の経過に伴って、【悲しみの発作】が起こっても徐々に悲しみを引き受けられるようになっていた。その意味では、より多くの他者とのかかわりの中で子どもとともに生きはじめるようになる母親たちに比べると、父親のほうが子どもとの新たな絆が安定化するまでにはより多くの時間を要したといえるだろう。

五　援助への示唆

これまで、子どもの闘病と死をめぐる母親および父親の主観的経験における内的変容プロセスについて述べた。こうしたプロセスは決して直線的なものではなく、さまざまな要因や親を取り巻く他者との相互作用によって、停滞したり逆行したり、あるいは促されたりしながら進んでいくダイナミックなプロセスであった。

それでは、そうしたプロセスを支えるためには、どのような援助が必要とされるのだろうか。明らかになった親の内的経験のプロセスからは、以下のことが示唆された。

まず、親の闘病中におけるもっとも重要な援助は、親が子どもと【ともに闘う】ことを支えるということである。すなわち、親自らが積極的に看病を担い、子どもの闘病に主体的にかかわっていくことができるように支えることである。そして、そのためには、親が子どもの病気と治療に関する知識を身につけられるように支えることが非常に重要である。なぜならば、告知された直後の親たちは、小児がんという病気やその治療についてほとんど知識を有していないため、医療者に言われるままに、完全に受け身の状態で子どもの闘病にかかわりはじめていたが、病気とその治療に関する知識を徐々に獲得していく中で、親は子どもの看病と治療法の決定に、より積極的にかかわるようになり、自分自身が病気と闘う主体へと変化していたからである。もちろん、親たちは自ら本やインターネットなどによって可能な限り情報収集していくのであるが、本やインターネット上の情報や解説には専門的な医学用語が使用されていることが多く、親には難解な場合が多い。その意味でも、専門家が親に対して、病気やその治療に関する正確でわかりやすい情報を提供することは非常に重要な援助となる。

また、親が子どもとともに闘うことを支えるためには、親と医療者との間に入って調整を行い、医療者との葛藤を軽減することも重要である。親が子どもとともに闘うためには精神状態の安定化が不可欠であったが、そうした親の精神状態には医療者との葛藤が大きな影響を及ぼしていたからである。そこで、そうした医療者との葛藤を軽減させるためには、親が医療者に対して抱いている不満や不信感、あるいは医療者が理解できない親の言動などについて、それぞれの立場を正確に理解し、必要に応じて両者の仲介役を果たすことが重要になる。そのためには、医療機関に属していながらも、医療者ではない医療ソーシャルワーカーの果たす役割が大きいといえる。

一方、子どもの死後における援助としては、親が混沌とした現実を秩序立て、現実を直視していけるように、親の感情や語りの直接的な受け手となって、感情の表出と体験の言語化を助けるということがある。子どもの死後、多くの親たちは他者からの安易な慰めや励ましによって傷つく経験をしていたことを考えると、親たちが安心して自分の感情を表出できる相手としては、同じ経験をした人たちであることが望ましいといえる。ただし、子どもを亡くした親たちは他の親に自らつながっていくだけのエネルギーや気力をもちあわせていないことが多い(18)ため、親たちが共有体験者とつながっていけるような環境を整えることが非常に重要となる。そのためには、子どもが亡くなった直後に、子どもの治療にかかわってきた医師、看護師、医療ソーシャルワーカーなどの医療機関スタッフが親に子どもを亡くした親の自助グループなどを紹介し、共有体験者との出会いの場に親をつなぐことが非常に重要である。

死別後の援助に関してもう一つあげられることは、父親に対する援助の必要性である。本論の調査結果では、父親は母親に比べると、闘病中も死別後も他者からの援助を求めることが少なく、自らが抱える困難に対して自分自身の力だけで対処しようとする傾向がより強くみられた。しかし、そのことは必ずしも父親が他者からの援助を必要としていないことを意味するわけではない。それは、近年になって、子どもを亡くした父親の自助グループへの参加が増加している(19)という事実があることからも明らかである。父親には自ら進んで他者に援助を求めようとする姿勢はあまりみられないが、父親が子どもとの新たな絆を安定化させるまでには、母親よりもより多くの時間を要するという本論の調査結果からも、援助を必要としながらも自ら求めることが少ない父親に対しても、母親に対するのと同様に、子どもの発病時から死別後にいたるまで、目配りのきいたアウトリーチ（援助者のほうから積極的に働きかけること）による援助を展開していく必要がある。

六　おわりに

本論の調査結果からは、子どもの死という自身の存在をも揺るがすような経験をした親たちが、苦悶の末に子どもを現実世界から手放した後、子どもとの絆を新たに結び直し、ともに生き始めようとする姿が浮かび上がってきた。また、そこからは、深い悲しみを抱きながらも、子どもの死から多くの洞察を得て、子どもとの新たな絆を結び直していく親たちの力強さも浮かび上がってきた。ただし、子どもとの絆の再構築は、親自身の中だけで成し遂げられるものではなく、他者との関係が再構築されたり、新たに構築されていく中で成し遂げられていくものであった。つまり、子どもとの絆の再構築は、子どもとの関係と他者との関係がその両輪となって成し遂げられていくということである。こうしたことからいえることは、死別に伴う悲嘆は単に個人や家族の問題としてではなく、他者とのつながりの中で、すなわちコミュニティや社会全体の問題としてとらえられるべきものであるということである。

日本の平和な戦後社会においては、「より長く」「より良く」「より楽しく」生きることが強く志向され、そのため、死や悲しみは日常生活の中では覆い隠すことを余儀なくされてきた。しかし、死はすべての人々に平等に訪れ、誰も免れることができないものであるということは、すべての人々が死別に伴う悲しみを抱える当事者になりうるということを意味する。本論で示したように、共有体験者は最大の援助者にもなりうることを考えれば、人間は、「援助する者」と「援助される者」というような反対の立場に位置する者として分類されるべきではなく、一人の人間が時には援助され、時には援助する者になると考えられるべきである。そういう意味では、子どもを亡くした親に対する援助についても、社会の一人一人がその担い手となりうるということであり、社会全体の中で援助の取り組みを進めていく必要があるだろう。

謝辞

二五名の調査協力者の皆さまに心より感謝申し上げます。

注

（1） Holmes, T.H. & Rahe, R.H., "The Social Readjustment Rating Scale", *Journal of Psychosomatic Research*, 11(2), 1967, pp. 213-218.

（2） Paykel, E.S., Prusoff, B.A. & Uhlenhuth, E.H., "Scaling of life events", *Archives of General Psychiatry*, 25(4), 1971, pp. 340-347.

（3） 財団法人「がんの子供を守る会」ホームページより。〈http://www.ccaj-found.or.jp〉（2010/09/21アクセス）

（4） 細谷亮太、真部淳『小児がん――チーム医療とトータル・ケア』中央公論新社、二〇〇八年。

（5） Rando, T.A., "The Unique Issues and Impact of the Death of a Child", in Rando, T.A.(Ed.) *Parental Loss of a Child*, Research Press Co., Illinois, 1986, pp. 5-43.

（6） Rando, T.A., "The Increasing Prevalence of Complicated Mourning: The Onslaught is just Beginning", *Omega*, 26(1), 1992-93, pp. 43-59.

（7） Gilliss, C.L., Moore, I.M. & Martinson, I.M., "Measuring Parental Grief after Childhood Cancer: Potential Use of the SCL-90R", *Death Studies*, 21(3), 1997, pp. 277-287.
（8） 小島洋子、鈴木恵理子「子どもを亡くした親の悲嘆のプロセスと反応」『静岡県立大学短期大学部研究紀要』四、一九九〇年、一六五―一七一頁。
（9） Parkes, C.M., *Bereavement: Studies of Grief in Adult Life (Third Edition)*, Routledge, New York, 1996.（C・M・パークス『死別――遺された人たちを支えるために』改訂版、桑原治雄、三野善央訳、メディカ出版、二〇〇二年）
（10） 鈴木恵理子、小島洋子「児を亡くした母親の悲嘆反応からの立ち直り状況」『聖隷クリストファー看護大学紀要』二、一九九四年、二七―三六頁。
（11） 石原美恵子、青山めぐみ、田上仁美「子供を失った母親の心理状態の変化とかかわりを考える」『小児看護』一二、一九九一年、九八―一〇一頁。
（12） アルフォンス・デーケン「第九章 悲嘆のプロセス――残された家族へのケア」アルフォンス・デーケン、メヂカルフレンド社編集部編『死を看取る』、叢書 死への準備教育 第二巻、一九八六年、二五五―二七四頁。
（13） 戈木クレイグヒル滋子『闘いの軌跡――小児がんによる子どもの喪失と母親の成長』川島書店、一九九九年。
（14） Brown, K.A. & Barbarin, O.A., "Gender Differences in Parenting a Child with Cancer", *Social Work in Health Care*, 22(4), 1996, pp. 53-71.
（15） Glaser, B.G. & Strauss, A.L., *The Discovery of Grounded Theory: Strategies for Qualitative Research*, Aldine Publishing Company, Chicago, 1967.（B・G・グレイザー、A・L・ストラウス『データ対話型理論の発見――調査からいかに理論をうみだすか』後藤隆、大出春江、水野節夫訳、新曜社、一九九六年）
（16） 木下康仁『グラウンデッド・セオリー・アプローチの実践――質的研究への誘い』弘文堂、二〇〇三年。
（17） 平山正実「死別体験者への精神的ケア」『Pharma Medica』一三（一）、一九九五年、五三―五七頁。
（18） Soricelli, B.A. & Utech, C.L., "Mourning the Death of a Child: the Family and Group Process", *Social Work*, 30(5), 1985, pp. 429-434.

(19) 若林一美『死別の悲しみを超えて』岩波書店、岩波現代文庫、二〇〇〇年。

II

援助者と「生と死の教育」

死の臨床に携わる援助者のための死生観

窪寺　俊之

一　援助者が直面するスピリチュアルな課題

死の臨床にかかわる援助者が直面する問題の一つは、患者やその家族の「死後の生命」・「死後の世界」の問いへの対応である。死に直面した人にとって「死後の生命」・「死後の世界」は不安であり、患者の苦しみをみる家族には心を痛める問題である。死は生を断絶させる不条理である。多くの患者はこの問題の悩みへの解答のないまま死を迎えることが多い。

死の不安にさいなまれる患者に対して援助者はどのような援助を与えることができるのか。この問題への回答は多くの可能性がある。「死後の生命」などないと言い切るのも一つの回答である。しかし、その回答が患者に希望を与えるとは思えない。宗教家は信仰的立場から宗教的死生観を伝えようとするかもしれない。しかし、それが患者を納得させるかどうかはわからない。カウンセラーは宗教的回答を与えるよりも、患者自身と一緒に考えることを重視するだろう。理由は死に怯える「患者自身」を支えることをカウンセリングの役割と考えているからである。患者自身を支えることで患者が自身の回答を見つけることを願っている。

しかし、死の臨床にかかわる場合、援助者自身の死生観も大きな問題になる。援助者が自分自身の死生観をもつことは、援助に安心と確信をもって当たることにつながるからである。自分自身の死生観をもたずには、援助される人の不安や恐れに向き合うことができない。死の臨床に携わる者の死後観が問われる。そこでここでは、最初に死の臨床に携わる人のための死生観を扱うことにする。次に、援助を受ける人にとっての死生観に触れようと思う。

生と死の連続性の問題

一般的には、死後の問題は、死生観（ときには生死観）として扱われてきた。死生観は死後の生命についての理解を示すものである。「死とは何か」「死後の自分自身はどうなるのか」が問われている。このような死生観は、生と死の境を越える人の不安を緩和する助けになる。人はいつまでも生きていたいと願うのが普通である。そこで死生観には生と死の連続性の問題が扱われることになる。

では、人はこの死の苦しみをどのようにして解決してきたか。死がもたらす不安、孤独、寂寥感《せきりょう》の問題に人はさまざまに解決法を探ってきた。高見順（一九〇七―一九六五）の詩の中に「帰る旅」という詩がある。ここには高見の死への思いが記されている。(1)

帰る旅

帰れるから
旅は楽しいのであり
旅の寂しさを楽しめるのも
わが家にいつかは戻れるからである
だから駅前のしょっからいラーメンがうまかったり
どこにもあるコケシの店をのぞいて
おみやげを探したりする

この旅は
自然へ帰る旅である
帰るところのある旅だから
楽しくなくてはならないのだ
もうじき土に戻れるのだ
おみやげを買わなくていいか
埴輪や明器のような副葬品を

大地へ帰る死を悲しんではいけない
肉体とともに精神も
わが家へ帰れるのである
ともすれば悲しみがちだった精神も
おだやかに地下で眠れるのである
ときにセミの幼虫に眠りを破られても
地上のそのはかない生命を思えば許せるのである

古人は人生をうたかたのごとしと言った
川を行く舟がえがくみなわを
人生と見た昔の歌人もいた
はかなさを彼らは悲しみながら
口に出して言う以上同時にそれを楽しんだに違いない
私もこういう詩を書いて
はかない旅を楽しみたいのである

高見順がガンに冒され死の接近を感じていたころの詩である。高見は死の不安や恐れを感じ、悩み苦しみながら死とは何かを考えている。高見は死を「自然へ帰る旅」、「土に戻る」、「大地へ帰る」、「わが家へ帰る」、「おだやかに地下で眠る」ことと例えているが、高見は自然に帰ることが死だと理解した。このような理解が死生観といわれるものである。高見は宗教をもっていないので、天国や極楽浄土があるとはいわなかった。また、死後は無になるともいわなかった。むしろ、「わが家に帰る」と述べている。無になることを恐れたかもしれないが、むしろ「自分の家」に帰ることだと自分に言い聞かせることで慰めを見つけたのではないかと思われる。この詩は「自然に帰る」ということで生と死の間の連続性を保とうとしている。

このように死生観は死に逝く人に慰めを与えるものであり、「生」から「死」に移る不安を解消する働きをする。「わが家に帰る」ともいっているように、死の不安は消えて安心できる場への期待もみえる。高見に限らず死に直面した人は、死後の世界について思い悩むものである。そこで死生観が必要になってくる。

死の臨床に携わる人は、死後の世界についての不安や悩みをもつ患者を援助するために、まず、自分自身の死生観が必要になる。そこで死の臨床に携わる人の死生観をみてみよう。

二　死の臨床に携わる人の死生観

死の臨床に携わる人は、患者を援助するためには自らの死生観を整えなくてはならないことを述べる。まず、どのような死生観があるかをみてみよう。

(1) 死生観の必要性

自らガンと十年間闘った岸本英夫(一九〇三—一九五四)は『死を見つめる心』という書を著しているが、その中で四つの死生観について触れている。[2]

一、肉体的生命の存続を希求するもの
二、死後における生命の永存を信ずるもの
三、自己の生命を、それに代る限りなき生命に托するもの
四、現実の生活の中に永遠の生命を感得するもの

岸本はそれぞれの分類について説明を加えているが、とくに、宗教が強くかかわっているのが、二番目である。岸本は、次のように説明している。少し長いが引用する。

死後の生命の永存の問題として、最も顕著な展開を示したのは、さまざまな理想世界、未来国の信仰である。ユダヤ教やキリスト教の天国、地獄の思想は、それである。後には、煉獄の思想も現われて来る。仏教の西方極楽浄土の思想の如きもこれである。ここでは、ただ単に、生命が存続しているということだけではない。地上では報いられざる生活に沈淪《ちんりん》し、悲惨なる死を遂げた人も、その心の持ち方が正しく、信仰が篤《あつ》ければ、あの世においては、幸福な、永遠の生命が約束される。[3]

岸本はここで生死観がもつ二つの働きについて述べている。一つは、生死観は「理想社会、未来国の信仰である」と述べているように、ユダヤ教、キリスト教、仏教では本来的に理想世界を語っているという。つまり、死後にも生命の存続を信ずる生死観はキリスト教の天国や仏教の極楽浄土の思想に表れている。このような生死観は死による此岸と彼岸の断絶を和らげる働きをすることができる。人間のいのちが肉体的生命から霊的生命に形を変えて存続することで断絶が避けられる。生命の連続性の中に人は安心を得るのである。それだけではない。岸本はもう一つのことを語っている。天国や極楽浄土を語る生死観は、この地上での矛盾の多い生命に一つの公平性を与える役割をしていると述べている。「その心の持ち方が正しく、信仰が篤ければ、あの世においては幸福な永遠の生命が約束される」と述べて、生きている人に対しても宗教的／倫理的役割をもっていることを語っている。このように死生観は、死に逝く人には平安を与え、今生きている人には正しく生きて死の備えを促す機能をもっているのである。

(2) 宗教的死後観の困難性

岸本は、宗教的死後観がもつ有限性に触れつつ、この考え方の困難性についても触れている。岸本は次のようなことも述べている。

しかし、かような形で生死観の解決に到達し得るのは、霊魂の不滅と死後の生命の存在を確信し得るものに限る。それを信じ得ざるものは、そのいっさいの歓びに縁なき衆生である。また、もし、その理想世界の存在に対する確信がゆらいで来れば、その生死観の機構は、全体的にひびが入って来るのである。(4)

岸本は、天国や極楽浄土の恩恵にあずかれるのは、霊魂の不滅や死後の生命の存在を信じることのできる者に限られるという。ここに宗教がもつ困難さが示されている。霊魂の不滅や死後の生命の存続を信じることに困難を感じる近代的合理主義者である現代人には、この宗教的死生観は慰めにならない。近代的合理主義をとる人はこのような宗教的死生観に救いを見いだすことができない。

そこで、岸本は次にもう二つの死生観について述べている。これは宗教的死生観の困難を乗り切る方法であって、一つは、「自己に代わる限りなき生命」という考え方、もう一つは「永遠なる今」という考え方である。第一は、自己に代わる作品や千歳《ちとせ》の知己《ちき》（永遠の親友）をもつことで作品が自分の代わりに後世に残る。また千歳の知己の心に記憶として生き続けることで生命の連続性を保持する方法である。しかし、作品を残す才能もなく、千歳の知己をもたない人には、この考え方は無力である。そこで誰にでも可能なのは「永遠なる今」という考え方である。永遠を時間的なものと理解せず、むしろ、「今」という時に永遠を感得する考え方である。個人が自分の「今」に永遠を感得することで永遠の中に生きるのである。このような方法で、人は自分の生命の断たれる苦悩を解決しようとしたという。この考え方は非常に哲学的思弁的であって、すべての人がそれで満足できるわけではないように思える。

私の考え方では、どの死生観をとるかはそれぞれの人の選択である。そして、必ずしも一つの死生観で完全に納得いくことは難しく、複数の考え方をもつことで、少なくとも自分自身のケアにはなるのである。死後のいのちに不安をもつ患者に向き合うことから生じる援助者自身の不安の緩和には役立つのである。

三　死に逝く人の死生観

次に問題になるのは、患者にとっての死生観である。死後のいのちへの問いをもつ患者に、援助者はどのような死生観をもって向き合えるだろうか。もちろん、すでに述べたような死生観で納得できる患者もいる。しかし、宗教に対して距離感や警戒感をもっている人もいる。そこで非宗教的死生観の可能性を探ることで患者へのケアの幅を広げることが必要になる。宗教的死生観は天国や極楽浄土について語ることで死の恐怖を和らげることにつながる。しかし、それは宗教に親和性をもつ人に限られてしまう。そこで、宗教枠を超えた死生観の可能性を探る必要がある。死生観は本来患者の不安や恐怖の緩和に役立ち、患者のこれからの生命のロードマップになり、死の先への希望を喚起する機能をもっている。死生観を観念として把握するのではなく、むしろ機能として理解することで新たな可能性が見えてくるのではないか。

患者の立場からみると、死生観には次のような機能が求められている。少なくとも次の四つの機能が死生観に求められていると考えている。

① 死の不安や悲しみを和らげる機能
② 生命の行き先を示す機能
③ 死を超えた希望を与える機能

④　現世への執着、後悔の解決の機能

このような視点から死生観を見直すと、患者中心の死生観の可能性が広がっていく。

(1) 患者に役立つ死生観

ここでは患者に役立つ三つの死生観について述べることにしよう。宗教的死生観、自然的死生観、民俗的死生観について触れてみよう。

1　宗教的死生観（天国、浄土、地獄、裁き、審判）

先にも宗教的死生観は天国や極楽浄土について語っていることを述べた。

ここではキリスト教の死生観に絞って述べてみよう。とくに聖書を引用して、そこに表されている死生観をみてみたい。

(1)「今や、義の冠がわたしを待っているばかりである。かの日には、公平な審判者である主が、それを授けて下さるであろう」（口語訳、テモテへの第二の手紙4・8）。

これは初代キリスト教会の宣教者パウロの言葉であるが、ここには死後、パウロの生き方を公平に裁く審判者がいて、義の冠を準備して待っているとある。ここに表された死生観は、死の不安を和らげ、死後の行き先を示すだけではない。むしろ死を越えた希望や現世への執着からの解放という積極的意味をもっている。また、このような

死生観は、この地上で不当に扱われた人、正義のために迫害されて殺された人には公平な審判者がいることで、救いになる教えである。パウロ自身ユダヤ人から不当な迫害を受けたが、最終的審判者がいることで救いになったと考えられる。

(2)「わたしたちは、今は、鏡に映して見るようにおぼろげに見ている。しかしその時には、顔と顔とを合わせて、見るであろう。わたしの知るところは、今は一部分にすぎない。しかしその時には、わたしが完全に知られているように、完全に知るであろう」(口語訳、コリント人への第一の手紙13・12)。

私たちの人生は人から裏切られたりして、怒りに燃えて死を迎えることもある。また人生が謎に満ちていて、五十年、六十年の短い生涯では納得できる解答が見つからないままで人は死んでゆく。パウロは、今、わからなくても、将来、天国ではすべてのことが明らかになると語る。これは現実の苦難を越える希望を与える死生観である。またこの世への執着から解放して、自由に導いてくれるものである。

(3)「わたしはまた、新しい天と新しい地を見た。最初の天と最初の地は去って行き、もはや海もなくなった。更にわたしは、聖なる都、新しいエルサレムが、夫のために着飾った花嫁のように用意を整えて、神のもとを離れ、天から下って来るのを見た。そのとき、わたしは玉座から語りかける大きな声を聞いた。『見よ、神の幕屋が人の間にあって、神が人と共に住み、人は神の民となる。神は自ら人と共にいて、その神となり、彼らの目の涙をことごとくぬぐい取ってくださる。もはや死はなく、もはや悲しみも嘆きも労苦もない。最初のものは過ぎ去ったからである』」(新共同訳、ヨハネの黙示録21・1—4)。

ここには、肉体的消滅の後、新しい天と地が開かれ、人は神の民となる。死後の世界の素晴らしさが語られる。死後、人は「新しい天」に住む場所を得、「神の民」という特権を得ることができる。もはや死はなく、もはや悲しみも嘆きも苦しみもないとあり、この地上での悲しみも苦痛もすべてが消え去って新しい世界が開かれる希望が書かれている。このような希望は死の不安を払拭するものである。

(4)「心を騒がせるな。神を信じなさい。そして、わたしをも信じなさい。わたしの父の家には住む所がたくさんある。もしなければ、あなたがたのために場所を用意しに行くと言ったであろうか。行ってあなたがたのために場所を用意したら、戻って来て、あなたがたをわたしのもとに迎える。こうして、わたしのいる所に、あなたがたもいることになる」(新共同訳、ヨハネによる福音書14・1―3)。

ここにも死後の死者はイエスが備えてくださった場所に住むことができると語られている。私たちの逝く所が用意されていることで、死の不安は消えて希望が湧いてくる。私たちはそこに「迎え」入れられるとある。私たちはイエスに迎えられて一緒に住むことができる幸せにあずかれる。救い主イエスによって備えられる場が死者の永遠の住み処となるとは、イエスを信じる人には特別の歓び、感謝である。このようにキリスト教では死者の住む場所が特別な場所として約束されている。この世での苦しみも悲しみも、あるいは、人間として理解できなかった事柄も、死後、すべてが明らかになるという希望が語られている。

宗教的死生観は死後の世界観がしっかりと理論化されている。不安の緩和、行き先の明確化、死後の希望、現世への執着からの解放など。ここに宗教的死生観の強みがある。

2 自然帰還的死生観（無になる）

人間は生物的存在であるので肉体の消滅した時、人間の存在は終わると考えている人が多い。とくに霊魂を認めない人は、肉体は焼かれて灰になって自然に戻っていくと考える。近代的合理主義では科学的実証主義に立っていることが多いので死後のことは扱いにくい。肉体は科学の対象になるが、心や魂は目に見えないので存在を確認できない。それで死の後のことはわからないと考えてしまう。つまり、議論外のこととなり、死後の生命の存在を諦めることになる。ある者はこの考え方に心から納得はしないが、仕方がないと自分に言い聞かせている。ある者は科学事実がないが死後の世界は見えないかたちであるかもしれないと推測するが、確信はもてずに迷ってしまう。

しかしこの自然帰還的死生観は、肉体が元素で出来上がっているので、肉体は土に戻っていくが、そこからさらに新たな生物が生まれる可能性も認めるのである。永遠に残る元素の存在は、新たな生物の可能性を開き、そこにいのちの連続性を見いだそうとしている。最近多くの人の関心を引いた童話『葉っぱのフレディ――いのちの旅』の世界にも通じるものである。(5)

この童話はアメリカの教育学者レオ・バスカーリア（Leo Buscaglia, 1924-1998）の作品で死や死後について考えるきっかけを与えるものである。物語のあらすじは次のようである。

葉っぱのフレディは春、大きな木の梢に生まれました。夏になると立派な葉っぱになり、仲間の葉っぱと風に吹かれて踊り、太陽の陽を浴びて成長し、夕立に身を洗ってもらいました。フレディの親友のダニエルは物知りで自分たちは木の葉っぱだということや、月や太陽や星が秩序正しく動いていることを教えてくれました。

フレディは夏の間、昼も夜も生きていることを楽しみました。また、暑さを逃げてきた人間に木陰を作って助けました。

しかし、楽しい夏は駆け足で通り過ぎて秋になり、寒さが襲ってきました。霜が降るようになりました。緑色の葉っぱは紅葉し、濃い褐色になり、ついに風に吹き飛ばされる葉っぱもありました。ダニエルがフレディに「みんな　引っこしをする時がきたんだよ。とうとう冬が来たんだ。ぼくたちは　ひとり残らず　ここからいなくなるんだ」と教えてくれました。フレディは「死ぬのがこわい」と言いました。ダニエルは「まだ経験したことがないことは　こわいと思うものだ。でも考えてごらん。世界は変化しつづけているんだ。変化しないものは　ひとつもないんだよ。春が来て夏になり秋になる。葉っぱは緑から紅葉して散る。変化するって自然なことなんだ。きみは春が夏になるとき　こわかったかい？　緑から紅葉するとき　こわくなかったろう？ぼくたちも変化しつづけているんだ。死ぬというのも　変わることの一つなのだよ」と。変化するって自然なことだと聞いて、フレディは少し安心しました。

ダニエルは、生きているものはいつか死ぬけれども「〝いのち〟は永遠に生きているのだよ」と語ります。そしてダニエルも「さよなら　フレディ」と言って枝をはなれました。次の朝は雪でした。フレディも迎えに来た風にのって枝をはなれました。痛くもなく、こわくもありませんでした。空中をしばらく舞って、それからそっと地面におりていきました。そのときフレディはダニエルから聞いた「〝いのち〟は永遠に生きているのだ」という言葉を思い出しました。フレディの引っこし先は雪の上でふわふわした居心地のよい所でした。

フレディは目を閉じてねむりに入りました。

「フレディは知らなかったのですが――

冬が終わると春が来て　雪はとけ水になり　枯れ葉のフレディは　その水にまじり　土に溶け込んで　木を育てる力になるのです。

〝いのち〟は土や根や木の中の　目には見えないところで　新しい葉っぱを生み出そうと　準備をしています。大自然の設計図は　寸分の狂いもなく　〝いのち〟を変化させつづけているのです。」

この童話は葉っぱのフレディの一生を通して人間の死についての深い知恵を語っている。死はすべての人にやってくる出来事であり、それは「変わる」ことで恐れることはないと語る。いのちは永遠に生き続けるので、死は引っ越しにすぎないともいう。フレディの身体は土に戻り、別の木を育てる養分に変わった。それはすべてのものが大自然の中での出来事だったのである。

この童話は老若男女にわかりやすく慰めに満ちている。宗教的言語は出てこない。自然の営みの中に私たちのいのちも組み込まれていて、決して無になるのではないと教えている。また、死ぬことは引っ越しにすぎないと語り、不安や恐怖を払拭してくれる。とくに自然の四季の変化を経験している私たちには、親しみのあるわかりやすい死生観である。

しかし、この死生観では倫理性が問題になっていない。そのため、いのちの連続性は与えられるが、いのちの質についての問題が解決できない。生前に悪行や非倫理的行為を犯していても不問にされている。生前の生き方が問題にされないので、この死生観は生前の生き方に規範を与える働きはしない。善人も悪人も同じように死に、同じように次の生命に移っていく。このような考え方はだれに対しても寛容に聞こえるが、善悪を無視した考え方であって、不条理な人生を誠実に生きてきた人には、受け入れがたい死生観かもしれない。

3 民俗的・民話的死生観

私たちは宗教的死生観と自然帰還的死生観をみてきた。三番目に民話的死生観に触れてみよう。この民話的死生観とは、私たちの生活、風習、文化の中に無意識に入り込んでいて、私たちの生活に深く影響を与えているものである。ここでは平安中期に書かれた『竹取物語』と「千の風になって」を取り上げてみよう。

(1) 『竹取物語』の死生観

『竹取物語』は平安中期にひらがな文字で書かれた日本最古の物語文学である。筆者は以前『竹取物語』を分析して、この物語の中に日本人の死生観の原型が表されていることを論じた(6)。この論文の要旨を述べてみよう。この物語は三つのテーマを扱っており、それは竹の中から生まれたかぐや姫の話、貴人たちが成長したかぐや姫に求婚する話、そして最後にかぐや姫が天上に戻って行く話で構成されている。この三つのテーマのうちの最初と最後のテーマを構成している資料は日本の古い民話であり、日本に仏教が伝来する以前から、日本人が口から口に語り続けてきた民話である。

とくに死生観にかかわる部分は、月を眺めてめそめそ泣いているかぐや姫の姿を見て、竹取の翁がその理由を尋ね、かぐや姫が自分の身分を明かすところである。自分はこの世の者ではなく月の世界から地上に来たので、もうすぐ月に戻らなくてはならないと告白する。翁はかぐや姫をこの世に留めようとするが、どうしても帰らなくてはならないと言う。向こうの世界に戻ることはすでに決定されていることで、どのような方法でも回避できないと言った。かぐや姫が天に戻る日、老夫婦はなんとかかぐや姫をこの地上に留め置きたいと五千人の警備兵で家を囲み、天上からの迎えを阻止しようとするが、天上から御車に迎えられてかぐや姫は天上に帰還してしまう。

この物語の中心テーマはかぐや姫と翁夫婦の別離である。かぐや姫をわが子として大切に育てた老夫婦とも別れなくてはならない。かぐや姫がさめざめと泣く姿に別離の悲しみが表現されている。また五千人の警備隊でも別離を避けられなかったことは、この別離は人間のいかるなる手段でも防ぐことができないことを示している。これらのことから、この別離は「死別」を表していると解釈できるとした。つまりこの民話は死別の悲しみとそれがもつ意味を無意識のうちに語っているのである。そして、この物語は死別の悲しみを語りつつも、それを美化することで悲しみを緩和しようとしている。具体的には天からの御車がやって来てかぐや姫を「迎える」のである。つまり、死を天からの「迎え」として理解している。また、天の国はこの地上よりも良い所だと記している。向こうの国では、人は年をとらず、みな幸福に暮らしているとも記している。死後の世界はこの現世よりももっと素晴らしい所だという。

このように天の国を美化して描くことで死後の世界への期待を与えたり、かつ安心を与える効果をもっている。天からの従者はかぐや姫を温かく迎えると考えた古代の日本人の心の中に、非常に温かい死生観があったことがわかる。

『竹取物語』の死生観は、昔の日本人の心の深層に浸透していたものである。同様に現代の日本人の心の中にも同じような死生観が浸透していると考えられる。だとすれば、このような日本人の心の深層にある死生観は患者にも理解されやすいはずである。もしも、このような死生観が死後への希望となれば死の臨床でも有効な手段となりうると考えられる。臨床現場で「お迎えがくればいい」という高齢者の言葉を聞くが、この民話はそれと重なるものである。

⑵「千の風になって」の死生観

最近、日本でも評判になった歌に「千の風になって」がある。作者については、いろいろの説があって、作者不詳とか、アメリカ・インディアンの作だとか、最近はメアリー・フライ(Mary Frye)の作などといわれているが、決定的結論は出ていない。この歌の原語は英語であるが、いくつかのヴァージョンがあって、テキスト本文が決まっていない。英詩の作者やテキスト本文などいくつかの未解決の問題があるが、この詩は特定の宗教の枠を越えた民話的死生観をもっている。ここでは日本での最初の翻訳をした新井満の自由訳を引用する。(7)「私のお墓の前で泣かないでください」とあるように、この詩のテーマは死後の生命についてである。そして、この歌には明確な死生観が語られている。ではどのような死生観が語られているのかみてみよう。

私のお墓の前で　泣かないでください
そこに私はいません　眠ってなんかいません

千の風に　千の風になって
あの大きな空を　吹きわたっています
秋には光になって　畑にふりそそぐ
冬はダイヤのように　きらめく雪になる
朝は鳥になって　あなたを目覚めさせる
夜は星になって　あなたを見守る
私のお墓の前で　泣かないでください
そこに私はいません　死んでなんかいません
千の風に　千の風になって
あの大きな空を　吹きわたっています
千の風に　千の風になって
あの　大きな空を　吹きわたっています
あの　大きな空を　吹きわたっています

この詩を読んだ人は、死者について非常に明るく描かれていることに驚く。アメリカでも日本でも死者は墓に埋められる。この詩では死者は「千の風になって飛び回る」と歌われている。この詩の特徴をみてみよう。

① 肉体的死後、いのちは形を変えて存続しつづけると歌っている。「私のお墓の前で泣かないでください。そこ

に私はいません。眠ってなんていません」と歌っているように、死後のいのちは、墓に入ってこの世と断絶してしまうのではなく、人間との関係性をもってつながっていると歌うのである。この死後観は生者と死者の連続性がある。また、「夜は星になってあなたを見守る」とあるように死者は家族を見守る役割を果たしている。

② 死者は新しいいのちに形を変えて、生者の中に生きている。死者は風、光、雪、鳥、星となって生者の間にいることで、生者も死者も孤独感から解放される。このような死生観は死を迎える人にも慰めである。

③ 死者は生の苦しみから解放されて自由になる。「千の風になって、あの大きな空を吹きわたっています」と歌っているように、この世のしがらみや争い、不平や不満、怒りや恐れなど、すべてのものから解放された自由を得るという死生観である。

この歌に表されている死生観には、神仏によって天国や極楽浄土に入るという思想はない。ただ、死者は風や光になって残された家族を守る働きをするという。この詩は人の口から口に語りつがれたとき、愛する者を失った遺族を慰める死生観となる。

先に触れたように、この原詩は作者やテキスト本文の問題は多少あるが、日本語に翻訳された詩は日本人が読んで深く共感するものである。それは、この詩が宗教、文化、歴史の枠を超えた普通の日常生活を材料にしているからである。人は太陽が昇るとともに目を覚まし、四季の移り変わりを楽しみ、鳥や草木の声や色彩に感動しながら生きている。このようなどこにでもある体験がこの詩の材料になっているので読む人の心に入ってくるのである。その意味で援助者と患者が共通の感覚をもってこの詩の死生観について話し合えるものといえる。

四　結び（死の臨床に携わる人の死生観）

以上みてきたように、死の臨床に携わる人には、二重の意味で死生観が求められる。一つは援助者自身のために、もう一つは、患者のためである。

援助者自身が安心して、専門職の働きをするためには、援助者自身が自分の死生観をもっていることは不可欠である。臨床現場では、しばしば、医療者が死後の生命について尋ねられることを回避しようとする姿さえ見受けられる。援助者が自分なりの死生観をもつことは、患者の死の不安としっかりと向き合う心の備えをすることである。自分の死の不安を解決できる死生観をもつことは援助者として重要である。

もう一つは患者のために援助者が死生観をもっている必要がある。患者の死の不安や恐怖を緩和するためには、患者の疑問に応える備えが必要である。援助者が自分の死生観を患者に押し付けたり、上から教えることはしてはならない。患者が求めたとき、一緒に考え共有するために、できるだけ患者が受け入れやすい死生観を準備しているべきである。

ここでは援助者のための死生観として岸本のまとめた四分類によった。岸本の四分類は死後のいのちの連続性にのみ焦点をあてた分類である。しかし、死生観の役割はいのちの継続性のほかにも、死の不安の緩和、死後の目的地、死を越える希望、現世執着からの解放などの役割がある。そのような死生観の機能を満たすものとして別の可能性を探ってみた。ここでは宗教的死生観、自然帰還的死生観、民話的死生観に触れた。援助者と患者が共通した理解をもつという点では自然帰還的死生観、民話的死生観は適応性が広いかもしれない。自然帰還的死生観は童話

『葉っぱのフレディ』でみたように合理主義者にも科学主義者にも受け入れやすい死生観である。また、民話的死生観も日本の文化や習慣の中に溶け込んでいる側面がある。実はここで扱った民話的死生観については、宗教民俗学者の宮家準《みやけひとし》の日本の人生儀礼、祭、年中行事、物語などに「見えない宗教」があるとしているところと共通するものがある。(8) 宮家の「見えない宗教」という視点によれば、『竹取物語』や『葉っぱのフレディ』にも「見えない死生観」が潜んでいるとなる。そして、このような死生観は文化や習慣の中に溶け込んでいるので、患者も援助者にも深く影響を与えている。その意味では援助者と患者とは、共通の死生観をもっているので、その共通性が援助をしやすくするかもしれない。

しかし、同時に宮家が述べているように民話的死生観は個人的内面化が少ない。(9) 自然帰還的死生観も同様である。患者が非常に強い罪責感や後悔をもっている場合、創唱者の個人的苦悩や葛藤の中から生まれてきた創唱宗教の助けを得なければならない。宮家によれば創唱宗教の特徴は、創設者たちの個人的葛藤の中から生まれてきた点にあって教理的にも整っている。この点からすれば、患者の強い罪責感は、単なる習慣化、文化化された自然帰還的死生観や民俗的死生観の枠では解決できない。つまり創唱宗教の助けを受けた罪の赦しの救済論が必要になる。

死生観は人間の苦悩や不条理な現実への向き合い方を示すものであろう。キリスト教は個人の罪の問題に深く関心を示した宗教である。パウロはローマの信徒への手紙七章一四―一五節で個人的葛藤を記している。「わたしは肉の人であり、罪に売り渡されています。わたしは、自分のしていることが分かりません。自分が望むことは実行せず、かえって憎んでいることをするからです」(新共同訳)。このような悲痛なまでの葛藤への救いがキリスト教の福音の本質である。

不完全な人間が抱える後悔、悔い、罪責感の問題は臨床の場ではいつもみる問題である。そうであれば自分の問題としっかり向き合い内面化し、人間の存在を突き詰めた宗教的死生観が重要な助けになる。そして、どのような死生観を患者に提供するかは、患者の状態によって異なり、援助者の経験や知恵に委ねられていることになる。援助者自身、自分の足りなさを自覚しつつ、最善の選択ができるようにとの祈りが必要になってくる。

注

（1）高見順『死の淵より』講談社文芸文庫、一九九三年、二四—二六頁。
（2）岸本英夫『死を見つめる心——ガンとたたかった十年間』講談社、一九七三年、一〇一頁。岸本は宗教学者で東京大学教授や宗教学会会長などを経験した。
（3）同上、一〇七頁。
（4）同上、一〇八頁。
（5）Leo Buscaglia, The Fall of Freddie the Leaf, Charles B. Slack, Inc. 1982. 邦訳 レオ・バスカーリア作、みらいなな訳『葉っぱのフレディ——いのちの旅』童話屋、一九九八年。
（6）窪寺俊之、「日本人のスピリチュアリティの古層を求めて——『竹取物語』を題材にして」『神学研究』第54号、関西学院大学神学研究会、二〇〇七年、八一—九六頁。
（7）新井満『自由訳 千の風になって』朝日新聞出版、二〇〇九年。
（8）宮家準『宗教民俗学への招待』丸善ライブラリー、一九九二年、iv—v頁、二六頁。
（9）同上、五頁。

大学生の生と死のとらえ方
――学生相談室で出会う「死」とグリーフカウンセリング、そして「生」へ――

竹渕　香織

僕が死について考えるのは、死ぬためじゃない。
生きるためなのだ。

――アンドレ・マルロー（フランス・作家）(1)

一　はじめに

一般的に現代の若者は「生への意欲と死の実感が乏しい」といわれている。死について語ること自体がネガティブな印象をもち、タブーとして扱われるということも少なくなく、さらには核家族化や医療技術の発展等を背景に、死が身近な出来事ではなくなり、現実感のない遠い未来の出来事となっている傾向がある。(2)このように若者にとって「リアルな死」が日常から切り離される反面、「バーチャルな死」が日常に流れ込んできたという傾向があるとの指摘もある。(3) 病院での死が圧倒的多数を占めるようになり、当然の結果として看護や看取り経験のない青年や成人が増え、日常の中で死が扱われなくなった。しかし、テレビや漫画、ゲーム等で、残酷な死、機械的な死、美化された死といった「バーチャルな死」が浸透し、若者は「リアルな死」を体験することなく、実体験のない「バーチャルな死」に取り囲まれてしまっているのである。

青年期というライフステージにおいては、自分らしく豊かに生きるための思索を行う一方で、限りある生を認識し、死を考えることは非常に重要な課題になる。「自分とは何か」という問いに対し「私はこういう人間だ」という答えを見つけ、自分らしく生きていく道筋を見つけることが必要になる。このアイデンティティの確立は、これまでの自分を踏まえた上で、とくに他者とのかかわりの中から「未来に続く自己のイメージ」を考えていくことからなされる。青年期が「疾風怒濤」と表現されるのは、急激な身体的変化に精神的変化がついていけず、敏感で不安定になりやすいからである。感情の揺れ幅が大きくなり、矛盾する感情や価値観の間で動揺や葛藤を経験する。子どもと大人の両面の特徴をもちながら、そのどちらにも属さない「境界人」であるために矛盾や葛藤をもつのであるが、その葛藤こそが、まさに「自分とは何か」という問いを生むのである。さらにいえば、この時期の若者の死観も、この緊張や不安定さに影響される。たとえば、「きれいに死にたい」、「若いうちに死にたい」というような、極端に美化された死への憧れや、死への敏感さなどである。どの年代にとっても「死」は影響を与えるものであるが、とくに青年期にとっては大きな影響となって長期間作用することがある。たとえば、学生が自殺したときに、とくにその学生と親しかったわけではない学生にも抑うつ状態や身体症状が出たり、自殺から数年たってから反応を起こす学生が出るなどというケースもみられるのである。

学生相談室には、そのような不安定で敏感な青年期を生きる学生が、さまざまな問題や悩み、課題を抱えて来談する。その中には「自分とは何か」、「どう生きていくべきか」という人生の課題に取り組む姿や、「死にたい」、「生きていても意味が無い」、「何のために生きるのか」といった自己の存在やその意味を問うテーマをもち、悩み続ける学生の姿もみられる。さらには、文字通りの肉体的な「死」だけではなく、挫折や喪失体験を「死」としてなぞらえる「比喩としての死」を語る学生もいる。一般的な学生の傾向に反して、学生相談という場においては、学生にとって「死」や「生」は遠い存在のものではなく、むしろ身近に存在するものといっていいであろう。

ここでは、アンケート調査にて得た大学生の一般的な「死」のとらえ方と、学生相談室で出会う「死」について、その仕組みと現象を紹介していく。そして、その「死」を見つめる経験、考える経験を「生きる力」に変えていくための教育として、大学教育の一環として存在する学生相談室が担えるプログラムについて検討したい。

二　大学生の死観

まず現代の大学生のもつ「死」の意識について、またその形成に影響を与える要因をさぐるためにアンケート調査を行った。金児《かねこ》の死観尺度(4)と併せて、性別、国籍、宗教の有無、死別体験の有無、臨終場面への立会いの有無、生と死の学習体験の有無、カウンセリング体験の有無を聞いた。

死観尺度は、死に対する構成概念を明らかにするための尺度である。死に対する価値観や意味づけを「死観」として、肯定的、否定的にかかわらず多種多様な死観を測定することができる。三一項目から構成され、「まったく賛成」の六点から「まったく反対」の一点の六件法で採点を行う。【浄福な来世】【挫折と別離】【苦しみと孤独】

【人生の試練】【未知】【虚無】の六つの下位尺度を測り、回答者の死観の構造をみる。今回は死観尺度の三一項目を、下位尺度にとらわれずランダムに並べ替え、さらに「死にたいと思ったことがある」という項目を加え、三二項目で実施した。これは「死にたいと思ったことがある」をアンケート用紙の独立した質問とするより抵抗なく返答ができるであろうという予測のもとに質問紙に組み込んだものであり、この項目は死観尺度の採点からは外した。調査方法と結果は以下のとおりである。

【目的】 大学生の死のとらえ方と、それに影響を与える要因を探る。
【調査方法】 死観尺度と質問紙票に無記名で回答。
【対象者】 大学生一一四名
　大学の授業（とくに死生問題を扱わない心理学科目）において、集団調査法にて実施。

【結果】
(1) 回答者の属性　表1のとおり。
(2) 下位尺度の平均点　表2のとおり。
(3) 下位尺度の平均点の男女差　表3のとおり。
(4) 総得点が高かった項目と低かった項目　表4のとおり。
(5) 各変数との相関　有意な差はみられなかった。
(6) 「死にたいと思ったことがある」の平均得点の男女差　表5のとおり。

表1　回答者の属性

死別体験	
あり	92名
なし	21名
無記名	1名

性別	
n＝114	
男子	77名
女子	37名

臨終への立会い	
あり	29名
なし	63名

宗教	
キリスト教	10名
仏教	6名
無宗教	69名
無記入	2名

学習経験あり	
あり	21名
なし	93名

変化あり	
あり	6名
なし	15名

表2　下位尺度の平均点

下位尺度名	平均値
浄福な来世	2.31
挫折と別離	3.67
苦しみと孤独	2.85
人生の試練	2.65
未　知	3.64
虚　無	2.57

表3　下位尺度の平均点の男女差

下位尺度名	男子	女子
浄福な来世	2.35	2.22
挫折と別離	3.69	3.64
苦しみと孤独	2.96	2.60
人生の試練	2.68	2.58
未　知	3.60	3.74
虚　無	2.52	2.68

表4　総得点が高かった項目と低かった項目

総得点が高かった項目

1位	497	今死ねば、家族に十分なことをしてやらずに死ぬことになる。
2位	477	今死ねば、あらゆる可能性を試さないままに終わってしまう。
3位	455	死とは未知のことがらである。
4位	452	死とは何にもまして予測しがたいものである。
5位	442	死んでしまえば、もう希望を実現することができない。

総得点が低かった項目

1位	217	死とは仏（神）との結合であり永遠の幸福である。
2位	231	死ぬと人はもっとも満ち足りたところへ行くことができる。
3位	246	死とはその人を試す人生最後のテストである。
4位	264	死ぬときになって人は完成するものだ。
5位	272	死んでしまえば、人は忘れ去られてしまうものである。

表5　「死にたいと思ったことがある」の平均得点の男女差

男子	2.58
女子	3.62

(7)　生と死を扱った授業名（二一名）

死生学　四名、キリスト教関連科目　四名、青年心理学　三名、哲学　二名、生涯発達論　二名、人間関係論、生命倫理学といった大学の授業のほかに、授業の一環としてお産婆さんや助産婦さんの話を聞いたという小中学生時代の体験学習があげられた。

(8)　授業を受けたことで生や死に対する考えが変わった（六名）

生きて死ぬことの意味を深く考えるようになった、命を哀しむようになった、残された方の受け止め方など変わった、深くなった、などの記述があったが、変化の具体的な内容についての記入はみられなかった。

下位尺度の平均得点についてはどの項目についても有意な差はみられなかった。ただし、「死にたいと思ったことがある」という項目については性別に有意差が認められた（t値−3.063，P=0.03）。これは、カウンセリング場面において、男子学生は目先の出来事に触発されて死を語るのに対して、女子学生は日常的に死を意識しているという印象と合致する。

死別体験については、「あり」と答えたうちの半数以上が祖父母を亡くしているが、ペットや友人の親を亡くしたことをあげている学生もいた。特定の宗教をもっている学生が一六名いたが、死別体験や宗教の有無による死観尺度との有意な相関はみられなかった。

高得点であった項目をみると、「今死ねば、家族に十分なことをしてやらずに死ぬことになる」、「今死ねば、あらゆる可能性を試さないままに終わってしまう」、「今死ねば、もう希望を実現することができない」など、人生の途上にある学生らしく、自己実現の過程であることがわかる。逆に得点の低かった項目には「死とは仏（神）との結合であり、永遠の幸福である」、「死ぬと人はもっと満ち足りたところへ行くものである」などがあり、死についてネガティブな印象をもっていることがわかった。

「死にたいと思ったことがある」という質問に対しては、女子学生のほうが高い得点であった。これは、大学生を対象とした調査では、アイデンティティが確立している人ほど人生の意味を見いだしており、逆に不安定で不安や孤独を抱いている人ほど、死に対する関心が強い(5)、また女子学生のほうが、男子学生よりも日々の充実感や満足感が高いという調査結果もあるが(6)、今回の調査では、女子学生のほうが男子学生よりも得点の平均が高かった。この男女差は臨床の実感に通じるものであり、女子学生のほうが死を身近にとらえている可能性があると考えられる。どちらかといえば、女子学生が死に対して深刻にとらえているというよりも、男子学生のほうが鈍感である、または実感を伴わない死を語る傾向があるといえるかもしれない。

「生や死を扱った学習をしたことがあるか」という質問には、大学の授業や小中学校で受けた体験学習の二一ケースがあげられたが、実際にその影響を受けたと答えた学生は六名にとどまり、それも小中学生時代の体験学習が四名、大学の死生学の授業が二名と、体験学習と継続した学習のみであった。

今回の調査では、死観に与える影響と想定した変数が有効ではなく、特筆できる結果が得られず、調査結果は全体として臨床の経験とは異なるものであった。しかし、実際に学生相談室という臨床の場では死と生が日常的に語られている現状があり、そこに非常に大きなギャップを感じるのである。そこで、学生相談室で語られる死とそのカウンセリングについてみていきたい。

三　学生相談室で行うグリーフカウンセリング

学生相談室で出会う死と、それに対するグリーフカウンセリングには、大別すると二つのパターンがある。一つは、家族など身近な人を亡くした経験があるが、その時にグリーフに対するケアが行われないままで、青年期になり初めて意識化され直面化するもの。二つ目は、直接的な死ではなく、人生における挫折経験や喪失経験からくる広義な意味、比喩的な意味での死に出会い、問題が生じているものである。前者はとくに家族関係に、そしてそこから波及する対人関係に影響することが多く、後者は学生をとりまく現在の環境への不適応というかたちで現れることが多い。

本来グリーフカウンセリングは死別体験のただ中にいる人に対して行うものであるが、学生相談室ではそれに相当する事例は少なく、さまざまな喪失体験に配慮した広い意味でのグリーフカウンセリングを行っているので、それぞれのパターンについて、事例をあげながらみていきたい。なお、本文中で紹介する事例は、いくつかのケースを混在して作成した典型例である。

(1) 過去のグリーフに対するカウンセリング

——A男は「大学に通えなくなった」との主訴で母親に連れられ来談した。母親は「ずっと真面目で成績もよく、頼りにしてきた息子が急に登校しなくなり心配している」と話した。A男は、カウンセリング開始時には口数も少なく表情に乏しかった。「部屋から出ることが億劫で、何に対してもやる気が起こらない、大学に通う意味が見つからない」、と繰り返した。そして、「ある時突然に、『もう何もかもどうでもいいや』と思った」と述べた。大学では友人関係がほとんどなく、昼夜逆転の生活から、家族との会話もほぼなかった。カウンセリングでも積極的に話すわけではないが、遅刻もキャンセルもなくA男の真面目な性格がうかがい知れた。

A男は中学生の時に父親を自死にて亡くしており、母親と弟、祖父母で郊外に暮らしていた。父親のことを聞いても具体的には語らず、「父は死ぬことで自由を得た」、「父の死は乗り越えた」などと話したり、「いつか帰ってくるような気がする」と、父の死がなかったもののように話すこともあった。一方では、母親を「あの人には何もわからない」と話し、母親がA男について語る距離感とのギャップを感じた。

カウンセリングが進むにつれ、A男が住む地域は昔ながらの近所付き合いが残り、長男としての義務を亡くなった父方の祖父母や近所の人から言われていること、父を亡くした後、母の嘆きようを間近で見て「自分がしっかりしなくては」と思ったにもかかわらず、実際に何をしていいのかわからなくて途方にくれたこと、幼かったゆえに父の死の真相を知らない弟に事実を知らせてはいけないという思いから、家では父の死を語ることが暗黙のうちに禁止されていること、父の亡骸を見ないままに荼毘に付されたこと、などがわかった。「父の死に際して泣いたり、怒ったりと自分の感情を出したことがある？」というカウンセラーの問いに不思議そうな顔をしたことが印象的であった。

A男はカウンセリングで、家族ではタブーとされていた父の死を語ることで、徐々に父に対する感情や残された家族に対する感情を吐き出すようになった。父に対しては「どうして家族を残して死んだんだ」、「自分はどうしたらいいんだ」と、家族に対しては「自分だって子どもだったんだから、父が死んだ時に泣きたかった」、「母にはもっとしっかりしてほしい」いうようなネガティブな感情も出すようになり、そこから「自分は周囲が期待するように残された家族を支えていかなければならない、という気持ちにばかりとらわれていた。しかし高校時代に友人関係でもめたことをきっかけに自信を失くしてしまい、それ以来何事にも無気力になってしまった。何をしたらいいのかわからないから家から出られなくなった」ということに気づいた。このように、父の死にまつわる感情を吐き出し、いわば新たにその死を受け入れ直したことで、A男は物事の判断基準が「自分」ではなく「家族」になっていたことを自覚したのである。その後、A男は、家族から期待されているような公務員や一流企業への就職ではなく、自分の興味のあるものづくりをしたいということを家族に伝えて承知してもらったことで、大学に登校できるようになり、就職活動も乗り越えたのである。——

直近に起こった死に対するグリーフカウンセリングを行うことはもちろんあるが、学生相談室ではそれよりも、過去の死、それもある程度の時間が経過した死に対して行うことが多く、その場合、時間的ギャップや、現在の問題の逼迫性のために、本人が過去の喪失体験の影響を自覚していることがほぼない。逆にいえば、自覚していないからこそ、そこに問題があるといえるのである。とくに幼児期や思春期などに生活の基盤ともいうべき親を亡くした場合には、経済的にも精神的にも大きな影響があることは明白であり、発達段階を考慮したグリーフケアを行うことが大切である。しかし、年齢によっては、その時期に「死そのもの」を理解できなかったり、言葉が不十分であるために自らの気持ちを整理・表現できない、また死を表現する婉曲な表現が、かえって不必要な不安や罪悪感を引き起こすなどの混乱がみられることもある。さらには、家族が嘆き悲しむあまり子どもへの配慮が欠けたり、「もう死についてわかっているだろう」という周囲の思い込みから放置されることもあり、子どもの発達段階に沿った支援が必要であるにもかかわらず、そのままにされてしまっているケースがあるのである。(7) また、子どもが親や周囲の人たちを心配させまいと、背伸びをして弱音を吐かないことも多い。A男も母や弟に対し、自分がしっかりしなくてはならないと思い、泣けなかったと語っている。このようなことから、グリーフワークがうまくいかず、課題を抱え続けたまま青年期を迎え、アイデンティティの模索という過程において初めて過去の問題に直面化するケースが出てくる。

学生相談室で行うグリーフカウンセリングでは、過去のものである、もう整理できていると決めつけるのではなく、死別体験当時のことから丁寧に話を聞き、罪悪感や不安をもつことなく安心して語り、整理できる環境を作らなくてはならない。学生本人も、すでに終わったことと思い込んでいることもあり、ゆっくりと悲嘆の感情を受け止めながら、「時間が過ぎたからといって自然にできるものではない」、「死を本当の意味で受け入れていない」という自覚を促すことも重要である。グリーフケアは、悲嘆感情を吐き出したり、怒ったり、否認したり、という行為を繰り返すプロセスを経ることが大切である。カウンセラーは、その過程に寄り添い、時間をかけて死を受け入れ新しい意味を見いだす作業を見守らなくてはならない。そして、その過去の死別経験を「リアルな死」として自覚することで「生」を意識し、自らのアイデンティティ確立の過程において、自らを見つめる助けとなれば、非常に意味深いのである。A男は「父の死はショックで悲しかったけれど、自分がやりたい仕事をする後押しをしてくれたのかもしれない」と話してカウンセリングを終えた。

(2) 現在のグリーフに対するカウンセリング

――B子は「大学に入ってから自分は変わってしまった。最近は気力も体力もなく、何をしても疲れる」との主訴で来談した。高校まではいつも成績が良く、生徒会で役員をするなどリーダーシップに優れ、友人も多かった。しかし大学入学後は、何に対しても積極的になれず、そんな自分に落ち込んでしまう。これまでできていたことができなくなってしまった、と泣きながら話すこともあった。その姿からは、友人に囲まれて活発に過ごしていたという過去の姿は想像できず、どちらかといえば大人しく内向的な印象であった。

B子は有名な進学校に通っており、小さい時から希望していた大学があった。しかし受験に失敗。浪人したい気持ちがあったが、両親から経済状況を理由に浪人を許されず、合格していた大学に入学することになった。いわゆる不本意入学をしたのである。

大学に入ったときは、ここで良い成績を取って希望する大学に編入したいと思っていた。しかし、しばらくすると授業の何もかもが面白くなくなってしまった。授業中の周囲の私語や、罪悪感なく授業をさぼる友人たちがいたりすることに、非常にイライラするようになる。そしていつしか「私はどうしてこんなところにいるんだろう」、「私はこんなレベルの人間なのか」と思い、さらには、心の奥底で友人たちを見下している自分に気づいた。笑って話していても、いつも友人たちを馬鹿にしている自分が嫌で、一人でいる時間が増えた。その分勉強に力を入れようと思っていたのだが、成績は下がる一方で、編入試験を受けられるような成績ではなくなってしまった。両親は小さな会社を経営しており、非常に努力を重んじる人たちであった。兄は有名大学に進学し、奨学金を得ている。家では明るく振る舞い、大学も楽しいと話している。両親も兄も、世間体や学歴にこだわるわけではないのに、どこかで自分に失望しているのではないかと勘ぐってしまう。大学にいても友人との関係に疲れ、帰宅しても演技をしているようで気を遣って過ごすため、どこにいてもほっとできない。

カウンセリングにおいても、「今いい成績が取れないのだから、もっと上を目指しても駄目だ」と現状を冷静に判断することもあれば、「こんな状態ではいられない」、「こんなはずではない」、「もっとできる」と自分に言い聞かせるように繰り返すこともあり、不安定な状態が続いた。編入のための勉強を徹夜でしたまま登校し、授業中に寝てしまうという悪循環が生まれ、徐々に体調も崩すようになった。

B子が希望する大学は自宅から距離があり一人暮らしが必要で、現在の家庭の事情を考慮すれば、実際には合格しても編入は無理であった。B子はそれがわかっていながらも、編入するという目標をもつことで、現在の大学に通うモチベーションを保とうとしていた。しかし、友人とのギャップ、授業への興味の低下などから、現在の生活に適応するという動機を保つための目標設定をいつしか現実的な目標であるとすり替え、物理的に不可能であるという事実を認められなくなってしまった。B子は、希望していた大学のことや、幼い時に描いていた夢を語り、自分が計画していた道から外れてしまった現在の状況を受け入れられない状態であった。体調不良さえも受け入れず、もがいているのに先に進めないという苦しい状況が続く。

B子は、希望大学に合格できなかったときに、不合格だったことと同じくらい浪人が許されなかったことがショックだったと語った。父の会社の景気が良かったこともあり、兄は一浪していたからである。「どうして兄だけ許されて、自分は許されないのか」、「自分が女性だからか」、「父がもっと働けばいいのに」、「家族の誰も自分の将来を真剣に考えていない」など、当時は吐き出せなかった感情をカウンセリングで話すようになった。最初はネガティブな感情をもつこと自体に抵抗を感じていた様子であったが、ある時、「ぐちゃぐちゃした気持ちを話すと、重たい洋服を一枚一枚脱いでいくような気持ちになる」と述べた。最後には、カウンセリングを受けた感覚を「いつも水の中で暮らすような息苦しさがあったが、話していくうちに心だけではなく不思議と体も軽くなった」と表現した。そして、編入を目指して受験勉強に時間を割くのではなく、今の環境でできるだけ興味ある授業を受け、大学院に進学し、希望する専門職を目指す、という新しい目標を得ることができた。——

B子にとって、大学受験の失敗は、単に希望する大学に行けなかったというだけではなく、長い間夢に見て手に入れようとしていた未来、または思い描いていた自分の人生を「喪失」する大きな出来事であった。不本意入学の学生は、その度合いの差はあれ、挫折だけではなく喪失を体験している。このような場合、ただ、新しい目標や人生計画を常識的に練り直すだけでは根本的な解決がみられないことも多い。つまり広い意味でのグリーフカウンセリングが必要になるのである。

とくにB子のように幼いころから努力を重ね、目標に向かって突き進んで来た場合、挫折の経験が少なく、失敗した際には、方向転換など他の選択肢を想像することがなかなかできないケースが多い。そのため、失敗したという現実を受け入れることができなかったり、時間がかかったりするのである。また元来真面目な性格の場合が多いので、思い通りでない生活に不満を抱いたり、愚痴を言ってはいけないと思い込んだり、そうしてしまう自分に自己嫌悪したりして抑うつ状態を引き起こすこともある。しかし、いたずらに現実を突きつけることに性急になることなく、本人の挫折にまつわる心情、家族にまでさかのぼる葛藤の本質など、本人に寄り添いながら受け止めていくことが大切である。またそうした語らいの中で、本人は少しずつ現実の環境を見直し、適応への意欲と手がかりを見つけていくようになるのである。

また、このような喪失体験の場合、人を亡くすこととは違い、やり直しができるかもしれない、また元の道に戻れるかもしれないという気持ちが残るため、その気持ちが強いと現実検討にゆがみが生じることがある。もちろん、失敗や挫折を受け入れ再チャレンジすることは大事で、やり直すこともありえるが、それが現実的ではなく、現状を受け入れて人生の計画を立て直すことが必要な場合には、悲嘆を長引かせる原因になってしまうことがある。

喪失の体験は、人それぞれである。人は愛着をもっていたものを失くしたときに深い悲嘆を体験する。とくに心身のバランスが不安定な青年期においては、喪失や挫折の体験はとても影響が大きいものである。もちろん人を亡くすという体験とは違う次元のものであるが、一つの挫折が「人生をなくす」ということに直結しやすい。学生相談室では、不本意入学だけではなく、疾病や障害による健康の喪失や、資格取得の失敗、失恋などでもB子のように広義のグリーフカウンセリングを行うことがある。B子は、「会社が苦しいのに、兄と自分の二人を大学に進学させてくれた両親に感謝している。苦しいときも、いつも明るく過ごす両親はすごい」と話し、「大学院には、両親に負担をかけないように奨学金をもらって行きたい。そのために懸命に勉強する」と結んだ。

四　グリーフワーク未完のために起こる現象

グリーフワークがうまく完了していない場合、いくつか起こる現象の一つとして行動化がある。臨床の印象では、自分に自信がなく過度に環境に順応しようとする傾向がよくみられる。行動化について主なものを紹介する。

(1) 過剰適応

いわゆる「いい子」である。周囲からは何の問題もないようにみられるが、自分の欲求や感情を抑圧し過度に周囲に順応しようとするため、身体症状が起こる場合がある。一時的に自分を抑えて周囲に適応しようとすることは誰でもしていることであるが、そのようなときには、違う場面で本来の自分に戻り気分転換をすることで感情のリセットが可能である。しかし、本来の自分を出したら適応できないような状態が続くと、その状態が普通になってしまい、自分の感情をうまく表出できなくなってしまうような事態にもなるのである。過剰適応は、外的な適応状態と内面の不一致であるため、周囲からは良い評価を得ている状態でも、本人はいつも不安や不満をもっている。

このタイプの学生は、周囲との摩擦や衝突を過度に嫌う傾向があり、周囲から評価され受け入れられていることを重要視するため、保護者から生育歴を聞くと、決まって、「手のかからない子だった」、「親の気持ちをわかってくれる子どもだった」、「いつもいい子にしていた」というような説明がなされる。たとえばA男も「何もかもどうでもよくなった」と思う前は、過剰適応を起こしていたといえるであろう。実際、母も「いい子で頼りになった息子が、どうしてこうなってしまったのか」と何度も話していた。自分も泣きたい気持ちを抑え、母や弟のために頑張ろうと無意識のうちに母の希望に沿った人生を歩んできたA男であるが、母が期待することすべてに応えることができないと自覚した結果、大学に通えなくなったり、自室に引きこもるような事態になってしまったのである。

グリーフワークが完了していない学生の場合、A男のように無意識のうちに他者の希望を読み取り周囲に合わせようとするタイプと、B子のように役割に固執するタイプがみられる。役割に固執するタイプの場合、家族や教師にとっての「いい子」であることに加え、ゼミやサークル、委員会等で複数の役職をこなし、周囲の面倒を見続ける傾向がある。本来リーダーシップがあり無理なく役割を担っている学生とは異なり、カウンセリングでは「こんな私が部長なんて」、「他人の世話をしているから自分のことができない」と弱音を吐くが、一歩学生相談室から出ると、大きなエネルギーで仕事をこなしていくということを続けてしまう。本人は「自分は役に立っている」と思っているが、周囲は「もっと気楽にすればいいのに」とか「押しつけがましい」と感じている場合が多い。

このような過剰適応は、グリーフワークができておらず傷つきやすくなっているときに、摩擦を避けて傷つきから自分を守る方法として始まる。グリーフカウンセリングが進み、現在の状況に無理があること、本来の自己があることに気づき、自らの感情を言葉で話すことができるようになってくると、解消されていくものである。

(2) リストカット

リストカットは自傷行為の一つで、手首を刃物で切る行為のことをいう。自傷行為は以前には自殺や自殺未遂と関連して定義されていたが、最近では「自らの身体を意図的に傷つける行為」としてその行為そのものを目的とするもので、自殺の意図のないものとして扱うことが多い。リストカットには精神疾患などの背景がある場合のほかに、青年期特有のこころの揺れを反映していることも多く、学生相談室で自傷行為を行う学生と出会うことは決して珍しいことではない。学生を対象にした調査では、リストカットをしたことがある学生は六・九%[8]、あるいは七・五%[9]に上るという報告もある。この数字は、学生相談室という臨床の場で受ける印象として決して大げさなものではない。またリストカットを行っているのは女子学生がほとんどである。

リストカットを縮めた「リスカ」という言葉を、カウンセリングの中でよく耳にする。また、リストカットをしている者同士がインターネット上で交流し、傷跡の写真や日記の交換が行われ、リストカットの「カリスマ」が出現するなど、ひとつの文化現象のような流れができており、そのような交流について話すことも多い。

実際リストカットの話をしているとき、死よりも生という言葉が登場することが圧倒的に多い。リストカットをしている学生に「死にたいか」と質問すると、ほとんどが「死にたいわけではない」と言い、リストカットをするときの気持ちを「消えたい」「いなくなりたい」という言葉で説明する。ある学生が「プチ自殺をしている」と表現したように、人生をリセットしたり、自殺をしない代わりに自傷行為をしている場合があるのである。リストカットをする理由を尋ねると、「血を見ると安心する」、「生きていることを実感できる」、「痛みを感じると安心する」、「不安が消える」などという答えが返ってくる。そこには死への願望よりも、生きていることの確認であることがみてとれる。彼らは生きるためよりも、死なないためにもがいているように感じるのである。

自傷行為が自死を目的としたものでないとしても、もちろん既遂の危険性は高い。リストカットを行っている学生に対しては細心の注意を払って対応する必要があるが、かといってカウンセラーが過度に反応してしまうことは避けなければならない。リストカットをする学生は、対人関係で傷ついてきた人が多く、カウンセラーの対応をよくみているため、安心してリストカットについて語ることができる環境を作る必要がある。カウンセリングでは、リストカットをしている事実を打ち明けてくれたことを労い、方法や状況とそのときの気持ち、リストカットが本人にとってどのような心的苦痛を和らげるものであるのか、ということを丁寧に聞いていく。リストカットをしている学生は、自分の気持ちを言葉にすることが苦手であったり、ネガティブな感情を表出することが苦手な場合が多い。リストカットをする前や、その後の気持ちを言葉にする練習を重ねたり、グリーフカウンセリングが進んで、感情の吐露ができるようになるとリストカットが減少していく。

(3) 依存

学生相談室でみられる依存には、アルバイト依存、恋愛（異性）依存、アルコール依存、買い物（収集）依存がある。趣味趣向の域を超え、学生生活に支障をきたす場合があるが、入院治療や借金の相談などにはいたらないことが多い。過剰適応の役割固執も、役割依存といっていい部分があるかもしれない。

依存は、依存する対象とプロセスによって心の不安定さや満たされないものを埋めようとする気持ちから起こる。人や愛着の強いものを失くしたときに、その穴を埋めようと何らかに依存してしまうことはよく起こることである。依存することで悲しみを和らげ、グリーフワークを進める助けになることもあり、グリーフカウンセリングの過程において必ずしも悪い側面だけではないが、自分で自分の生活をコントロールできなくなる状態になると問題になる。

アルバイト依存は、本来学業優先であるべき大学生が、アルバイトが生活の目的になってしまうことである。ひどい場合には、夜中のアルバイトをしていて昼間は寝てしまうためにほとんど大学に登校できなくなることもある。

恋愛依存は、恋人といることで自分の価値や存在が認められると強く思い込み、相手に従属しながら恋愛関係を維持することが何にもまして優先されてしまう状態のことである。

アルコール依存は、飲酒のコントロールができなくなり、酒量やアルコールの場での失敗が増える状態である。学生の場合には、登下校中に歩き飲みするような場合もある。

買い物依存は、自分の財力に見合わずに不必要なもの、同じようなものを多数買い求めてしまう状態である。最初は安価なものであっても、エスカレートすると回数が多くなったり高価なものを買ったりと多額のお金を使うこともある。学生の場合には経済的な制約があるため、そのためにアルバイトをしたり、借金をする場合もある。また買い物ではなく、物を収集しつづけるパターンもあるが、どちらも心の不安定さを物で満たそうとする行為である。

依存からの回復には時間がかかることを認識するとともに、学生生活への適応以外の問題（健康や経済的な問題）にも気を配り、必要に応じて学外の専門機関の情報提供や紹介を行うこともある。

五　まとめ

今回のアンケート調査では、大学生の死観形成の要因となる有効な変数を明らかにすることができなかったが、それは言い換えれば、その特徴のないことが特徴であったということであるかもしれない。このことは死が身近なものではない、という先行研究と一致するといってもいいであろう。

しかし、調査とは別に臨床に則して個をとらえていく必要がある。実はアンケートに現れない学生の本音の心理的世界が、学生相談室の個別カウンセリングにおいて垣間見られるのかもしれない。

今後の提言として、次のことをあげる。アンケート調査の回答からもわかるように、死や生にまつわる考え方に影響しているのは、単発の講義や講演ではなく、ある程度継続して死や生を扱う講座や体験学習である。現在の日本においては、生と死をとりまく一貫した教育は行われていない。小学校や中学校では体験的学習が導入されているところもあるが、高校や大学の教育に継続されるものではない。高校や大学では、脳死や臓器移植などのトピックスを扱う知識型のプログラムが主流になっているが、年齢が上がったからといって体験型の学習が不必要になるわけではない。(10) さらには、人生の基礎を模索する時期である大学生という時にこそ、一貫した死生学教育が必要なのである。

死や生についての個人的な課題については、学生相談室の面談室の中で行うことができる。また、死や生という、はっきりとした答えの出ない課題に対してどう取り組むかという姿勢を得るための手助けもカウンセリングで行うことができる。しかし、死の予防や、死生学形成のための教育ということを行うことは、個別カウンセリングには馴染まない。そのため、学生相談室の今後の課題として「教育」と「予防」として以下の点があげられる。

(1) 学生相談室が、その心理的技法を生かして、死や生を扱うグループワークを実施する。授業のように長く継続して行うことが望ましいが、困難な場合は、複数回行うことでも相応の効果が期待できる。

(2) 死生観を形成する要因を探求する調査を進め、また、臨床からの経験と印象等とあわせて、有効な死生学プログラムの提言を大学に行う。

現代は「死」を意識しにくい時代である。死が日常生活から切り離され、死そのものの存在や、死にいたるまでの苦悩や不安、絶望と向き合う機会がほとんど無くなってしまっている。このような時代に、生や死を実感を伴うものとして意識することは難しい。平山は、このような状況を、「いかに生き、いかに死ぬか」という人間の本質的な課題が現代人から遠ざけられてしまっており、死の問題が十分に受け止められず、さらには生の問題がないがしろにされていると説明する。(11) 学生相談室が、学生の死生観の形成のための一端を担うことは、学生一人一人が自分らしく生きていくための心理教育的なサポートを行うために設置された学生相談室の目的と強く一致しているのである。

注

(1) アンドレ・マルロー『王道』渡辺淳訳、講談社、二〇〇〇年。

(2) 伊藤雅之「若者の死生観――日本人大学生が抱く死と死後のイメージ」『愛知学院大学文学部紀要』三七、二〇〇七年、九五―一〇〇頁。

(3) 藤井美和「大学生のもつ「死」のイメージ――テキストマイニングによる分析」『関西学院大学社会学部紀要』九五、二〇〇三年、一四五―一五四頁。

(4) 金児曉嗣「大学生とその両親の死の不安と死観」『人文研究　大阪市立大学文学部紀要』四六、一―二八頁。

(5) 森田真季「死生観とアイデンティティ、ストレッサー、コーピングとの関連――大学生を対象に」『心理臨床学研究』二五（五）、日本心理臨床学会、二〇〇七年、五〇五―五一五頁。

(6) 大石和男ほか「大学生における生きがい感と死生観の関係――ＰＩＬテストと死生観の関連性」『健康心理学研究』二〇（二）、日本健康心理学会、二〇〇七年、一―九頁。

(7) 村上純子「親を亡くした子どもの死の理解」平山正実編著『死別の悲しみに寄り添う』臨床死生学研究叢書一、聖学院大学出版会、二〇〇八年、一二九―一五四頁。

(8) 山口亜紀子ほか「大学生における自傷行為の経験率――自記式質問票による調査」『精神医学』四八（五）、医学書院、二〇〇四年、四七三―四七九頁。

(9) 「自傷行為の危険9倍　幼少期の精神的暴力、残る傷跡　学生1600人調査」『朝日新聞』二〇〇六年一月二二日、鹿児島大学調査。

(10) 海老根絵里「死生観に関する研究の外観と展望」東京大学大学院臨床心理学コース修士論文。

(11) 平山正実「はじめに」平山正実編著『死別の悲しみに寄り添う』臨床死生学研究叢書一、聖学院大学出版会、二〇〇八年、三頁。

自死遺族に対する悲嘆支援者の心得

平山　正実

一　はじめに

悲嘆支援（Grief Support）の中でも、自死遺族（以下遺族と略す）に関連した分野については、その歴史は浅い。しかし、わが国において自死で亡くなる人の数は、一九九八年から二〇一〇年にいたるまで、毎年三万人の大台を超え、一向に減る気配がない。この数は、フランス、ドイツ、カナダ、アメリカなど主要七か国の中で、首位を占めている。(1) そして、一人の人間が自死によって亡くなると、その家族や友人、関係者などを含め、その背後に最低五人以上の人が、深刻な心の傷を負うことが知られている。このような背景を考えると、遺族に対する悲嘆支援についてまとめておくことは、大切であると考える。

悲嘆支援の課題について考えるためには、悲しみとは対極にある心身の健康の定義というものを踏まえておく必要がある。世界保健機関（WHO）は　一九九八年のWHO執行理事会（総会の下部機関）において、WHO憲章全体の見直し作業の中で、「健康」の定義を「完全な肉体的（physical）、精神的（mental）、スピリチュアル

(spiritual)及び社会的(social)安寧(well-being)の力動的(dynamic)な状態であり、単に疾病又は病弱の存在しないことではない」とうたっている。その中で、スピリチュアリティ(spirituality)は人間の尊厳の確保や生活の質(Quality of Life)を確保するために必要かつ、人間にとって本質的なものであると述べている。また、力動的(dynamic)という言葉が入っているのは、「健康と疾病は別個のものではなく連続したものである」という視点と、命を支える要因には、身体的要因(からだ)、心理的要因、社会的要因、それにスピリチュアルな要因があり、それらは、別々にあるのではなく、全体的・包括的にとらえなければならないとする思想が存在しているものと考えられる。それゆえ、遺族に対する悲嘆支援を行う場合にも、こうした連続的・全体的・統合的視点に基づく対応が必要になると考えられる。

二 自死遺族に対する身体的支援

遺族の方々が、その悲しみや苦しみを訴えて、精神科の外来を訪れる場合、精神・神経症状だけでなく、身体症状を訴えて来られることも少なくない。たとえば、めまい、頭痛、頭重感、不眠、口渇、過呼吸(息苦しさ)、動悸、不整脈、胃部不快感、胃痛、吐き気、便秘、下痢、手足のしびれ、肩こり、体重減少または増加、食欲低下または亢進、性欲の減少などである。このような身体的症状が現れる場合、まず身体に起因する原疾患があるかどうかということを、慎重に精査する必要がある。そして、身体的疾患が否定された場合、精神的原因が関与していることを疑うことになる。とくに、身内や親しい者が自死したといった事実が明らかな場合、表面的には身体症状が現れているが、実は、それらの症状は〝仮面〟であって、真の原因である〝素顔〟は悲嘆であって、身体症状は悲嘆反応の一部であると考えるほうがよいということがある。

このように、身体症状の背後に悲嘆ないし抑うつといった感情的反応が隠されている場合は、軽度のうつ状態であっても、抗うつ剤や抗不安剤等の薬物療法が効果的である場合がある。もっとも、自死のように、環境要因や心理的要因が強く関与している場合、薬物療法の効果は限定的である。しかし、最初は軽度の抑うつ状態であっても、複数の心理的要因が重なったり、その人がストレスに対する遺伝生物的負因が強く、ストレス耐性が低い場合、中等度のうつ状態に発展する場合があるので、精神科医は、抗うつ剤や抗不安剤の投与という選択肢はたえず頭に置いておく必要がある。しかし、軽度のうつ状態で、抗うつ剤が投与された場合は、比較的速く寛解状態に達するので、早めに投与薬物を漸減し、精神療法に切り替えることが大切である。なお、この際、当事者である患者が独自の判断で服薬中断することは、避けるべきである。抗うつ剤には、旧世代に属する薬物として三環系抗うつ剤や四環系抗うつ剤がある。近年、SSRI、SNRIなどのセロトニン・ノルアドレナリン再取り込み阻害剤が導入された。これらの抗うつ剤の有害事象としては、不安、焦燥、衝動性の亢進、不眠など、いわゆるactivation syndromeが報告されている。こうした症状への対策としては、少量のベンゾジアゼピン系抗不安剤の屯用をもって対応することが多い。

身近な人を喪失したとき生ずる単なる悲嘆（死別）反応は、普通、正常な悲嘆反応であり、とくに薬物治療の対象とはならない。アメリカ精神医学会の作成した『DSM-Ⅳ 精神疾患の診断・統計マニュアル』（医学書院、一九九六）でも、単なる死別反応は、精神疾患の範疇には入らないとしている。そして死別反応は、死別後二ヵ月以内に起こると定義している。ただし、この死別反応にも、一部、正常でない死別反応（病的悲嘆反応）があると記されている。

病的な死別反応の特徴としては、①愛する死別者への罪責感以外の分野に拡大された罪責感をもつこと、②死んだ人と一緒に死にたいとか、自分が死んだほうがよかったということ以外の死の観念にとらわれていること、③自分は価値のない人間であるという観念に拘束され、自分は無益な人間であると思うこと、④精神運動の制止、⑤長期にわたる機能障害、⑥亡くなった人の声を聞いたり、姿を見ること、⑦激しい記念日反応などである。なお、死別反応を経験した者の一部は、大うつ病に発展するものもある。とくに、大きな悲しみを伴う遺族の場合、大うつ病に発展するケースもあることを頭に入れて治療する必要があり、大うつ病と診断された場合、躊躇することなく抗うつ剤を中心とする身体的側面からの治療を行うべきである。また、後追い自殺の可能性が予測される場合は、早急に入院させるなどして、患者の身柄を保護し、自死の予防に努めるべきである。

三　自死遺族に対する心理（精神）的支援

次いで、遺族が精神科外来を訪れる際に訴える精神症状について、触れておきたい。彼らは、抑うつ気分、怒りの感情、罪責感、虚無感、不安感、自殺念慮、意欲減退、集中力困難、挫折感、自己否定感を訴える。このような精神症状を訴える患者に対する心理的支援を行うためには、次のような方法がある。

(1) 一般的な心理的支援

(1)　傾聴・支持・保証

支援者は、遺族の精神的・心理的苦しみを十分時間をかけて聴く。そして、彼らの訴えに対して、心を込めて支持し、ねぎらいの言葉をかける必要がある。なぜなら、彼らは、自死者が長いあいだ精神的病の中で苦しんでいたとき、その傍らにあってひたすら寄り添ってきた人たちが少なくないからだ。支援者は、当事者が自死を遂げるまでどんなに大変であったかという彼らの話を、じっと耐えて聴く覚悟が必要だ。そして、その苦しみを受け止め、支持し、しかも、その苦しみには、きっと深い意味があるに違いないと述べ伝え、彼らが受けた苦難と向き合うことの意味を保証することが大切だ。

(2) 感情の表出

支援者は、遺族の悲嘆が決して異常なものではないこと、悲しんで当然であることを伝える。悲しいとき、十分悲しみの感情を表出させることが心身の癒やしになる。

こうした現象を臨床心理学や精神医学では、カタルシス（浄化）という。カタルシスは除反応（abreaction）ともいい、心理的苦しみが排泄、除去されることをいう。人間には、心の中に生じた記憶や感情、あるいはいろいろな考えを話し、吐き出すことによって、気持ちが楽になるという心理機制が備わっている。とくに、苦しかった経験や罪責感、後悔、不安、恐怖などを抑圧せずに語ることによって、心の平安が得られることが明らかにされており、こうした治療方法をカタルシス療法と呼ぶ。

(3) 洞察と整理

臨床心理学や精神医学でいう洞察と整理とは、自分自身の精神内界を見つめ直す能力をさす。具体的には、症状や行動の背後にある性格や幼少時のトラウマ（心の傷）とそれに伴う感情や情緒、葛藤、不安などと向き合うことを洞察といい、洞察や自分の心の中を整理することができるか否かということが、治療目標の一つとなりうる。したがって、支援者にとって、相談者がどの程度自己洞察し心の中を整理できるかということが、治療の進展にとって大切な課題となる。

(2) 個別的な心理状態に対する支援

1 罪責感について

遺族にとって、もっとも大きな苦しみの一つは、罪責感である。彼らの多くは、自分のやったこと、やるべきであったのにやらなかったこと、たとえば、「もっと寄り添ってあげればよかった」、「こまめに連絡をとったり、悩みを聞いてあげればよかった」、「自分の医学的知識がたりなかった」、「あのとき、もっとよい医者に診せていたらよかった」、「病院選びに失敗した」といったことを悔やみかつ思い煩う。また、自分を徹底的に責める。これを、サバイバーズ・ギルトという。筆者は、遺族の訴えるこうした罪責感に対して、次のように答えることにしている。

まず第一に、自死にいたる原因は決して一つではなく、多くの原因から成り立っているのであって、当事者は、周囲の者の対応の仕方のまずさだけで自死するものではないということ。つまり、周囲の者の中の誰かを悪者扱いしたり、スケープゴートに仕立て上げたりしてはならないとさとす。

第二に、自死者は多くの場合、精神疾患に罹患している。そのために判断力や思考力、認知能力が低下していることが少なくない。したがって、自死を遂行した場合、責任能力が減退している可能性があり、この点を考慮すると、当事者だけを責めることはできない。

第三に、自死は、その行為自体賛成できないとしても、相手の人格を尊重するならば、自分の生命については自分で決める権利があることを認めるべきではないだろうか。つまり、周囲の者は自死という行為が、その人にとって必然的な選択であることを許す寛容さをもつ必要がある。国際ビフレンダーズ自殺防止センター(2)の憲章の中でも、当事者の自殺する自由を認めている。確かに、自死という行為は、感情的には認められなくても、その行為自体を認知レベルにおいて認めることは周囲の者にとって重要であると思う。

第四に、長い臨床経験をもつベテランの精神科医であっても、自分の担当している患者の自死を防げないこともあることを告げる。

第五に、罪責感の程度、受け止め方は人によって個人差があることを知っておく必要がある。そして、過度な罪責感は病的悲嘆反応へ移行する要因となり、どこかで治療的介入を行わないと、後追い自殺の危険性があるということを認識しておくべきである。

第六に、当事者は周囲の者に対して、「いろいろと迷惑をかけて申し訳ありませんでした。罪滅ぼしのために死にます」といった内容の遺書を書いて自死することがある。他方、家族や周囲の者は「きちんと援助すべきだったのにゆきとどいた配慮ができず、かわいそうなことをした。申し訳なかった」と自分を責める。しかし、人間の命や人との関係性というものは、人間自身がコントロールできるものなのだろうか。確かに、科学技術が進歩発展し、ある程度命は操作できるようになった。しかし、究極的には、人は永遠に生きることはできないのであって、命は人間の意志を超越したものである。つまり、命は、大いなる存在によって、一定期間、人に信託され、貸与され、贈与され、授与されたものにすぎない。このような認識をもつことが、自他の罪責感を相対化する動機づけとなりうる。

2　怒りについて

悲しみの感情の背後には、怒りの感情が隠されている。この事実をわれわれは素直に認めなければならない。このことは、自死者にとっても、遺族にとっても大切である。

死にゆく者は、悲しみを抱えている。その原因は、自分にあるのかもしれないし、他者にあるのかもしれない。その両方にある場合もあるだろう。そのことは、自死者が自他に対して怒りをもっているということを意味する。彼らの多くは、自分に対して「なぜ、自分は学業ができないのか。仕事についてもすぐ首になるのか。異性に愛されないのか」といった怒りをもっている。また、周囲の人に対して、「もう少し、配慮してほしい。愛してほしい」といった欲求不満からくる怒りをもっている。人間は、そうした思いのマグマを、長期間抑圧することはできない。どこかで、そのマグマは火山が爆発するように、吹き出るものである。それが、自己に対する攻撃という形をとり自死という表れ方をするのである。その場合、彼らにとって、自死という行為自体が、怒りという感情を発散させるための解放的役割を果たしている。つまり、見方を変えれば、自死は当事者にとって、〝なかなかおらない〟あるいは〝なおしてくれない〟ためのアピール、ないし、〝自己治癒〟願望の表現であるといえるかもしれない。そして、その願望が達成されないとき、彼らは、その欲求不満の解決策として死を選んだといえないだろうか。

他方、遺族も自死者に対して怒りの感情をもっている。彼らは、自死者に対して「なぜ、自分たちを見捨てて命を絶ったのか」、「なぜ、自分だけ先に死んでしまって、私をこんなに苦しめるのか」、「自分を置き去りにして先に死ぬなんて、むごい」、「どうして、私にもう少し早く助けを求めてこなかったのか」、「あなたが死んだために私の面子がまるつぶれになった」、「あなたが自死したために家族の中がめちゃめちゃになった」、「世間から〝自死遺族〟というレッテルをはられ、偏見や差別の目をもってみられるようになった」等々。しかし、このような、自分の怒りの感情を表現することによって、その怒りを解放させることが大切である。そうした怒りの感情を表現すれば相手を傷つけるのではないかと思って、遠慮し抑圧した場合、心身にさまざまな病的症状が現れることが少なくないことを、記憶しておく必要がある。怒りのために「腸《はらわた》が煮えくり返る思いだ」、「心臓が張り裂けるような気持ちになった」、「息苦しくて死にそうだ」という訴えを、自死者から見捨てられ、拒絶されたと思って怒り狂う遺族から聞かされることは、決してまれではない。

怒りは罪責感と同じように自然な感情である。遺族は、自死者に対する怒りの感情が、決して悪いものではなく、許される感情であることを認め、信頼のおける支援者を見つけ、その怒りを表出することが大切である。その怒りを「社会化」し創造的で有意義な行為へと転換できた事例も少くない。

3　相手の性格を知り、洞察を促すための支援

遺族を支援する場合、相手の性格をよく知っておくことが必要である。筆者は遺族の性格を四つのタイプに分け、その対応を変えてゆく必要があると考えている。

タイプ1　見捨てられ型

「見捨てられ型」の遺族は、自死者に文字通り、見捨てられ、拒否されたと感じている。彼らの精神内界は、孤独感と空虚感と強い悲哀感にとらわれている。このような見捨てられ感や孤独感を強くもっている遺族に対しては、支持的にかかわり、慰め、保証し、弁護し、共感的にかかわる。そして、適切な距離をとりながら受容し、相互に愛の絆（アタッチメント・ボンド）を構築することが大切である。つまり、彼らの苦しかった過去を認め、励まし

助言し暖かく包み込むような対応をしてあげることが大切であると思う。彼らは、生前、自死者と強い依存関係で結ばれていたことが特徴である。このような遺族は、「死んだ者と一緒になりたい」とか、「自分が死んだほうがよかった」と言う。このような状態を放置しておくと、後追い自死を企てる危険性がある。援助者は、こうした遺族の自死者への思いを無理やり引き裂くのではなく、その苦しかった気持ちを十分にくみ取り、ねぎらい、徐々に現実を認めさせていくことが大切である。このような〝軟着陸〟が可能になるまで、受容し、時が来るのを待つ忍耐が必要になる。ただし、彼らは巻き込み・まつわりつき（クリンギング）が強いので、チームでかかわる必要がある。

タイプ2　自己愛型

このタイプの遺族は、防御する力が強くかかわりにくい。身内から自死者が出たことを不名誉に思い、自分のプライドが傷つけられたと思う。彼らは、肥大した自己愛（ナルチシズム）をもっており、他者や自死者に対しても批判的攻撃的な感情をもっている。つまり、自死者は自分との信頼関係を裏切ったと考えている。彼らは、自分が何でもできる存在であると思っており、他方で他罰的傾向が強く自己正当化や責任転嫁しやすい。彼らに対しては誰か一人の責任で自死にいたることはないことを認識させる。高い要求基準をもち、生前、自死者に対しても同じような高度な要求を押しつけていることが多い。このような人が遺族の立場になると、要求水準と現実との間に生ずる差の大きさに悩むとともに、屈辱感、無力感や劣等感に苦しみ、その葛藤から怒りが噴出する。支援者は相手に、このような精神内界における心理機制に気づかせ、洞察、反省を促し諭し忠告する。そして、その感情や心理的メカニズムから距離を置くようにと勧める。そして、各々「分」をわきまえた生き方をすることの大切さを伝える。自己愛型の人を援助するときは、攻撃的、批判的となることが多いので、人間関係に枠をつけることが大切である。また、後追い自死の危険性のあるときは保護するため入院させる。

タイプ3　他者侵入型

このようなタイプの遺族は、自我を囲む〝衣〟（自我境界）が薄い。したがって、他者からの攻撃的なイメージが自我の領域に侵入し、被害妄想化し混乱して現実処理能力を失わせる。彼らは被害感情が強く、おびえと恐れの感情にとらわれてしまう。このような型の遺族に対しては妄想化された被害感情を外在化させ、当事者の生き方を承認、支持、支援し、安全、安心な「居場所」を与えるよう、配慮することが大切になる。

タイプ4　他者配慮型

このタイプの人は、真面目、几帳面、控え目で礼儀正しい。世間体や規範、倫理、秩序を重んじ、罪責的になりやすい。地位、財産、人間関係に執着する傾向がある。生に対する態度は否定的（マイナス）思考が強いので、自己効力感を高め、肯定的に物事を考えるよう指導する。物事をありのまま受け止め、自己超越、脱中心的思考を促す。また、自他の罪責、責任を相対化するよう導く。

(4) 悲嘆過程（グリーフ・プロセス）に対する洞察を促すための支援

遺族は、自分が現在どのような悲嘆過程にあるのかということを知ることが大切である。つまり、荒れ狂う海の中にただよう難破船が頼りにする磁石や羅針盤のような役割を表1が果たすことを望みたい。この悲嘆過程を示す

表１　死別後の悲嘆の過程（プロセス）

状態に合わない対応は危険

回復を促す

段　階	状　態	働きかける部位	対処方法
Ⅰ期 パニック期	ショック、感覚麻痺、非現実感、離人感、悲哀不能、否認	身体的レベル（とくに感触などへの働きかけ）	接触的かかわり
Ⅱ期 苦悶期	怒り、憎悪、自殺念慮、死別への思慕	情緒的レベルへの働きかけ	支持的かかわり
Ⅲ期 抑うつ期	引きこもり、孤立感、自尊心の低下、無気力感	意欲のレベルへの働きかけ	保証的かかわり
Ⅳ期 現実洞察期	罪責感、現実世界への関心	理性、知性レベルへの働きかけ	分析的かかわり
Ⅴ期 立ち直り期	希望、同一性の獲得、新しいライフスタイルの獲得、生きがい、人生の意味、価値観の組み換え・再発見、発想の転換	スピリチュアルなレベルへの働きかけ	実存（決断を促すこと）的かかわり

表は、第Ⅰ期 パニック期、第Ⅱ期 苦悶期、第Ⅲ期 抑うつ期、第Ⅳ期 現実洞察期、第Ⅴ期 立ち直り期に分けられる(3)(表1参照)。

このように、遺族がたどる悲嘆の過程を整理しつつ、精神内界を洞察させ、現在、自分がどの地点にいるのかということを知ることが、彼らの立ち直りにとって有益である。

四 社会的支援について

本章では、遺族に対する社会的支援について考えてみたいと思う。

(1) 遺族をめぐる社会的状況——とくに差別と偏見について——

遺族の支援が難しいのは、現在でもなお、自死に対する世間の差別や偏見が強く、家族が身内の自死をカミングアウト(事実をはっきりと公に表明すること)することが難しい状況にあるからである。現代人は、とくに競争原理や市場原理の影響を受けていることが少なくない。このような人は自死した人は負け犬だ、人生の敗北者だと断定し、自死者や遺族を軽蔑する。そして、差別や偏見の目をもって接してくる。統計的調査やさまざまな心理学的剖検による調査結果によると、自死する人の大体七〇~八〇%の人が、何らかの精神疾患に罹患し、精神科や心療内科の外来に通っているという報告もある(4)。それゆえ、自死したことがわかると、周囲の人々は、あの家族は精神病の家系ではないかと疑ってかかる。そうすると、兄弟や親戚の縁談や就職に支障をきたす場合がある。そのために遺族は、自死者の死因を伏せたり、違う病名を公表したり、極端な場合は、死んだことを伏せたり、葬儀をしないこともある。また、自死の場合、手段によっては鉄道を止めたり、高所から飛び降りたりして周囲の人々を巻き込み、迷惑をかけることもある。さらに、借家で自死した場合、火災を起こしたり、部屋の中に血痕が残ったりすることがある。そうすると家主が、次の借主が見つからなかったり、売却が難しくなったりするという理由をつけて、遺族に多額の賠償金を請求することがある。筆者は、遺族の置かれたこのような事情というものを勘案すると、彼らが死を公表しないということを安易に批判するという気にはならない。むしろ、そうした行為には同情するし、一生涯のうちに、棺に入るまであたためておくべき秘密の一つや二つはあってもいいのではないかとさえ思う。しかし、このような公認されざる死と向かい合わなければならない遺族が、社会的疎外感や孤立感を生み、そのことが悲嘆過程を遅延させ、彼らの立ち直りを阻む要因となることを憂う。社会的に、身内の死を誰にも話せないということや、たえず人目を気にして、びくびくして生きなければならないことは、遺族のメンタルヘルス上、決して良いこととは思えない。

このような遺族に対する支援者の社会的介入方法はいくつかある。

(1) 自助グループへの参加

第一は、自死遺族を中心とした分かち合いの会に参加するという方法がある。こうした自助グループは、遺族主導のものもあれば、専門家たちや行政が関与する場合もある。分かち合いの会は守秘義務など種々の倫理規約が守られれば、それはグループセラピー（集団精神療法）的機能を有しているがゆえに、彼らの悩みを表出する場となりうると考えられる。ただし、分かち合いの会を主導するリーダーたちは、ストレスから、みずから燃え尽きてしまうことがあるので、援助者を援助するシステム作りが必要であろう。また、情報交換を密にするため、分かち合いの会どうしの交流や、各分かち合いの会を主導する専門家やリーダーの集まりが作られ、研修、事例検討などによって、会の質を高める努力が必要である。このような地道な努力によってはじめて、分かち合いの会は継続され、発展してゆくだろう。

(2) 電話相談

第二は電話相談がある。電話は匿名性の高い文明の利器である。自死のように〝公認されざる死〟とみなされている日本社会の中で、社会的に疎外され、孤立している遺族にとって、自分の名を告げず、顔を見せなくてよい電話による会話は、精神療法上から言っても有効な武器となりうる。日本でもNPO法人「グリーフケアサポートプラザ」や「いのちの電話」、「臨床心理士会」や行政などが、遺族に特化した電話相談やインターネットによる相談を行っている。

(3) 法的助言

第三は、金銭や財産トラブルに対する「法テラス」などによる電話相談がある。たとえば、多重債務の処理や家主からの多額な賠償金の請求など、負の遺産を背負った遺族に対して「法テラス」が法的側面からの助言を行っている。

(4) 訪問看護

第四は、遺族の場合、他に悩みを打ち明けることができないため、引きこもってしまうことが少なくないが、そのような人々のために、保健所やクリニックの保健師が、アウトリーチ型の訪問看護をして、効果をあげているケースがある。とくに、遺族どうしが、その責任の所在をめぐって争っている場合、第三者が介入して調整することが有益である場合がある。

（2）遺族が受ける二次被害の問題

遺族は、身内が自死をしたということによって、心の傷を受けることに加えて、周囲の人々から二次的被害を受けることが少なくない。たとえば、自死の場合、病死や犯罪がらみの死との鑑別が問題になることがある。そのために、警察や検視官が介入する。そのとき、彼らの尋問調の質問が遺族を深く傷つけることがある。救急隊がドカドカと入ってきて、家族に無神経な言葉を投げかけ、心を傷つけたという報告もある。さらに、マスコミや医療従事者や自助グループの会員などが、相手の心を配慮しない言葉かけをしたり、守秘義務を守らず、精神的に痛めつけられるケースもある。このような二次被害を防ぐためには、なによりも、自死に関する啓蒙教育を周囲の人々に施す必要がある。具体的には、自死の実態や課題についての心理教育や、自殺の予防の知識および、遺族の二次被害に関する情報等を含めて、一般の人々に行うことが大切である。

（3）トラウマ（心の傷）の問題

自死は、病死や老衰死と比較すると、事故死や災害死、犯罪死などと同じように、想定外の死であり、しかも、突然、唐突なかたちで発生することが多い。死の形態からいうと、暴力的（バイオレンス）なイメージが強く、衝撃的な死の範疇に属するといえよう。遺族は、何の準備もなく、その場面に向き合わざるをえず、心に深い傷を残すことが多い。つまり、自死は、トラウマを残す死であるといってよい。そのために、周囲の者はより一層、慎重な対応が必要であり、病的悲嘆反応が強い場合は、精神科医や臨床心理士などの専門家の援助を勧めたほうがよいこともある。

(4) 自死と宗教との関係

これまで、キリスト教や仏教など伝統的宗教は、自死に対して否定的な立場をとってきた。これらの伝統的宗教では、命の大切さを強調している。そのために、聖職者の中には、今もなお、自死者に対して葬儀をしないとか、救われていないとして、墓に入れることを拒むといった態度をとる人も少なくない。しかし、最近になって、浄土宗西本願寺の僧侶をはじめとして、仏教各派の僧侶たちが立ち上がり、遺族を支えようとする動きが出てきているし、カトリック教会の有志たちも、遺族へのケアをうたって集まりを設けるなど、宗教界にも支援の輪が広がりつつある。宗教本来の目的が、人の心に平安を与え、安心感と安全感を保証するものであるとするならば、このような動きは自然であり、肯定されるべきである。

(5) 自殺予防と遺族支援

自殺予防と遺族支援とは、「非連続の連続」の関係にある。つまり、相互に関連しあう部分と、異なる部分とがある。

自殺予防と遺族支援とが関連しあう点はどういう部分かというと、まれではあるが、遺族が、「自死した人と一緒になりたい」と言って、後追い自殺を企てることがある。このような人々を救おうとすることは、自殺予防につながる。希死念慮を訴える患者が、遺族の証言集を読んで、遺族がどんなに悲しんでいるかという実情を知って、もう二度と自殺を考えたり、試みたりすまいと言った言葉が、筆者の記憶に残っている。この場合、遺族の証言集は自殺予防のために役立っていることを示している。

自殺予防と遺族支援とは異なる側面もある。たとえば、「命を大切にしよう」というキャンペーンなどをすると自殺予防には役立つが、すでに命を失ってしまった遺族は複雑な思いになるであろう。また、命をあやめることは、罪であり罰を受けるといった言葉かけは、自殺を試みようとしている人には、抑止力となり、予防になるかもしれないが、遺族にとっては、サバイバーズ・ギルトといわれるような罪責感を強化させ、メンタルヘルス上、良い効果を及ぼさない。

このように、自殺予防と遺族支援は、微妙なところで対応が異なることがあるので、注意する必要がある。

五　スピリチュアルな支援について

(1) スピリチュアルケアと遺族

スピリチュアリティ(spirituality)という言葉は、日本語にはなじまない。霊、心、魂といった言葉は、スピリチュアリティに近縁な語であろうが、どうもぴったりとしない。だから、日本では、学会や医療関係の教科書でこの言葉が使われる場合は、スピリチュアリティと英語をカナ表記している。スピリチュアリティをあえて日本語で表すならば、「気」とか「腹」とかいう言葉があてはまるのであろうか。元「気」、正「気」、狂「気」、「気」持ちなどという言葉があるように、「気」という言葉は、確かに、スピリチュアリティの本質を表しているようにも思える。また、「はらわた(腸)が煮えくり返るようだ」とか「腹芸」とか「腹をすえる」などといった言葉は、どこか「気」に近いような気もして、スピリチュアリティの本質にかかわっているようにも思える。しかし、筆者が

表2

スピリチュアルな課題

1）自己との関係について

a）自己洞察に関する事柄、「真の自己」や自らの中にある良心や聖なるものへの洞察、また、心の中にある悪や罪に対する内省心の問題。

b）「今」の人生をどう生きるかということに関する事柄。具体的には生活の質（quality of life）や死に方の質（quality of death）に関する問題。

c）死後どうなるのか、死後希望はあるのかといった自分の将来に関する事柄。

d）苦しみの意味をどう考えるかといった問題。

2）他者と自己との関係について

a）他者への負い目、罪責、良心の呵責の問題。

b）他者と自己との間に基本的信頼感を結ぶためにはどうしたらよいかといった事柄。

c）自己とコミュニティとの関係、つまり個と家族、民族、地域共同体との関係。

d）個と環境（自然）との関係。

3）超越的存在と自己との関係について

自己と超越的あるいは内在的神、宇宙、聖なる存在、仏、大いなる存在とのかかわりに関する事柄。

窪寺俊之編著，『癒やしを求める魂の渇き』聖学院大学出版会，2011，p.125より

あえて遺族支援とスピリチュアリティと結びつけたのは、もう少し、実践的な意味合いがある。

表2に示したのは、筆者がまとめたスピリチュアルな課題である。(5) このような種々の課題をイメージしながら、遺族に対するスピリチュアルな支援方法について考えてみたいと思う。

身近な人に自死された場合、遺族は、その人の生涯の中で一回あるかないかの驚天動地の体験で、まさに世界がひっくり返るような出来事が起こったと感じ、頭の中が真っ白な状態になる。身近な人が自死するなどということは、その人にとってまさに想定外の出来事であり、これまで培ってきた知識や体験がまったく役立たなかったという挫折感をもつ。安心、安全神話は崩れ、その人の人生観は見直しを迫られ、これまで構築してきた価値体系は動揺する。このような事態に直面したとき、人は、時間が止まったように感じ、自分も目の前の世界も、死んでしまったように感ずる。これまで人生の中で一番大切だと思っていた財産も地位も、家族との絆も、愛する人の自死の前には空《むな》しいものと感じられ、その心は深く傷つく。

遺族が、身内の自死にショックを受け、やがて立ち直っていく心の軌跡を観察すると、彼らに共通する特徴が認められる。それはどういうことかというと、いずれのケースも、新しく出会った人との絆を結ぶとか、新たな生きがいや役割を見いだしている。その場合、自己超越化や脱中心化を目指そうとする主体的決断がなされるとき、これまで自分がもってきた価値観は相対化され、他者とのあいだで相互関係ないし交流が可能になる。この時、その人は、いったん崩壊した意味世界を再構築させ、新たな自己同一性（アイデンティティ）を獲得しようとしはじめるのである。しかし、新しい意味や価値の創造や再発見、さらには、新しいアイデンティティの再構築、外的あるいは内的世界の再編成、自己変革や自立、新しい死生観の確立などは、簡単になされるものではない。目標（ゴール）は遠い。人間は常に未完の状態であり、非連続の連続的存在である。しかし、遺族にとって大切なことは、死者との別離後、再生への第一歩を踏み出すことである。支援者の仕事は、その転換へと促すための援助を行うことにある。

(2) 遺族と意味世界の転換

本節では、遺族に対するスピリチュアルな支援を行う場合、どのようなことが課題になるのかということについて考えてみたい。

遺族は、身内の自死に直面すると、誰でも最初は、罪責、怨み、怒り、後悔などの感情をもつ。そして、これらのマイナスの記憶は、過去を振り返るたびに想起され心の痛みとなって、本人の意識の中に沈殿する。これが、トラウマと呼ばれるものである。このようなマイナスの記憶にどう対応するかということが問題となる。

記憶とは、個人の声、言葉、経験、行動、感情、思考などを含む。こうしたすべてを含むマイナスの記憶をプラスの記憶、想起、振り返りへと転換させるということはどういうことか。それは、故人の名誉や生き方、あるいはその存在そのものを承認することであり、その人格の尊厳と名誉を認めることである。また、それと同時に遺族自身の自尊心と自己効力感を回復させ、新たな意味と価値の世界を再構築することである。このことをもう少し敷衍《ふえん》していえば、遺族が故人との対話や死者との絆や共感性に基づくネットワークを継続的に結び直すことによって、その関係性をポジティブ(肯定的)に確認ないし復元することである。このことが、遺族にとって生きる上での自己への信頼感や自立への意向を高め、自信や自尊心や自己効力感を獲得し、新たな人間としての強さを自覚させ、未来への希望をつなぐことになるのである。

つまり、自死者と遺族のあいだで分断された心の絆を、再結合すべく編み直すことである。そのためには、両方のこれまでの生涯（ライフ・ヒストリー）の検討と見直し、あるいは棚卸しが必要になる。そのようなライフ・ヒストリーの見直しをするということは、既存の物語を改変・修正し、新しい物語を創造することである。それでは、新しい物語を創造するとは何か。それは、家族史や病や歴史、コミュニティなどを構成要素とする普遍化された物語（たとえば、ユダヤ・キリスト教の伝統では、族長の物語や出エジプトの物語やヨブ記の物語など）に、自らたどってきた〝人生〟という既存の物語を重ね合わせようと試みることである。つまり、そこで新たな筋書きの書き直しが行われる。そこで、新しい脚本による物語が誕生する。このようにして、遺族は、身内の自死者が生前暮らしていたときの物語から、死別後、新たな物語を編み直し、故人との関係において肯定的なネットワークを創成する。支援者は、このような新しい物語の書き直しの手伝いをすることが期待されているといえるであろう。

遺族が新しい物語を創造するステップとしては、二つの段階が考えられる。

第一のステップは遺族が自己との折り合いをつけることと、言葉を換えて言えば、遺族と自死者との関係を修復することである。そして、第二のステップは、遺族が、死別後一度自己に死に（脱中心化と自己超越化）、自己意識の変革を経て、新たな価値観、人生観、死生観の構築を行い、創造的な物語を作り出す段階である。

第一ステップは、まず自己蔑視する自分、確執にとらわれている自分、自分のみに注意を向けすぎたり、自己肥大的にあろうとする自分へのとらわれを解放し、自己の自立と尊厳と名誉を回復すること、つまり、自己評価の修正、視野狭窄から視野拡大へと転換を促すことが必要になる。次に、遺族が自死者の怒りや引きこもりや怠慢や傲慢といったマイナスの側面だけをみるのではなく、性格的に優しく、頑張り屋で、他者に対して感謝し、和を重んずる人間であったといった肯定的側面を評価する必要がある。このようにして、自他の肯定的側面を浮き彫りにすることによって、生者と死者との共生と再生、ネットワークの再構築をはかる。

第二のステップは、遺族が自己超越としての〝死〟の体験を通過したのち、自己意識の変革、転換へと向かう段階である。限界状況である臨死、病、罪、争いをとおして、自己意識の覚醒が生じ、普遍的な物語の構築が始まる。その際、支援者は、遺族の新しい物語の創造に参与する。具体的には、現実世界での位置づけをしたり、客観的立場から彼らの作った物語を分析したり解釈したり、承認したりする。また、それを支持したり、保証したりする。その際も、相手の言葉をじっと傾聴する時間を設けなければならない。

第二ステップにおいて、新たな変革、再生を促すためには、以前の人生から新たな人生への〈転換〉に留意する必要がある。その〈転換〉点を次のように分類した。

(1) 他者への優しさの獲得

身内が心を病み、しかも自死という最悪の結果になってしまい、「一時は落ち込んだが、しばらくたって、人のつらさがよくわかったり、自分が弱い人、病んだ人に対して優しくなっていることに気づいた」という人は多い。そして、そうした他者に対する気遣い、配慮の気持ちは、「死んだ者が与えてくれた宝物である」という人が少なくない。

(2) 新しい使命の獲得

自分が遺族という立場になって、「死んでいった者の身代わりになって、今病に苦しんでいる者に対して献身しよう」というかたちで新しい役割を担おうとする人は多い。具体的には、医療、福祉、保健、教育、宗教関係の仕事につくべく、中年期以降になって、再学習しはじめた人は、決して少なくはない。

(3)　深い自己洞察力の獲得

身内を自死という衝撃的な死によって失ったけれども、この事件をとおして、「内省する心や自己洞察力が深まった」、「人間は理性で考えてもわからないこともあるということがわかった」、「自分が限界のある存在であることも理解できた」、そして、「金や物、地位や名誉への執着心が薄らいだ」、あるいは、「自分は、高慢であった。もっと謙虚でなければならない」という洞察を得た人は多い。

(4)　自己の限界への気づき

「相手を自分の思うように支配したり、コントロールしたり、依存したりできないことがわかり、白分より大いなる存在、神への信仰に目が開かれた」。また、宗教に心を開くことをとおして、「死者への祈りや死後の再会、死者との和解など、新しい展開がひらけてきた」と述べた遺族も少なくない。

以上、筆者は、遺族が死別後、再生し、どのようなかたちで創造的自己を形成し、新しい自分というものを、この世界で展開していったか、その転換力のもつ意義について言及し、若干の考察を加えた。

六　まとめ——とくに支援の目指すもの

冒頭でわれわれは遺族の悲嘆支援者の心得という題をつけた。そもそも、支援（support）という言葉は、土台とか支柱という意味がある。土台や支柱は、人間存在そのものを支えるものである。そして、その人の存在とか人格を支える基盤となるものが信仰、思想、理念、信条を含めた精神性（スピリチュアリティ）というものである。

筆者は、悲嘆の中にある遺族を支援するためには、支援者自信もまたサポートを受ける側の当事者も、人間の存在や人格の根幹をなすスピリチュアリティが健全でなければならないと考える。

支援という言葉を、精神療法の枠組みの中で使われている用語で表現すると「慰める」といった意味になる。そして、慰めるという言葉の英語comfortという語を辞書で引くと、元気づける、くつろぐ、安らぐ、満足する、快適さなどといった意味がある。また、この語のラテン語consolatio（英 consolation）は、魂が神に向かう心の動きで、祈り、歓喜、平安、希望、愛などという意味がある。また、ヘブル語のnichamには、大きく息をする、人間に新しい息吹を与えるといった意味がある。

このように、支援の中に含まれている心理的意味を知っておくと、悲しんでいる人々にかかわる際の心理学的側面からみた目標（ゴール）というものがみえてくる。

社会福祉分野ではよく使われるキーワードに支援（support）と似た用語で、コラボレーションという言葉がある。コラボレーションのコ（co）は「共同の」、レイバー（labor）は「働く」という意味である。つまり、コラボレーションといえば、多角的な領域からの支援の参入、人と人との相互性と対話の促進を意味する。具体的には、いろいろな分野の医療従事者がチームを組んで、当事者に対して相互に協力しながらかかわることが大切であるという考えが含まれている。

最後に、慰めという言葉のドイツ語Trostは、信頼、確信を意味し、その関連語trotzは「〜にもかかわらず」とか「抵抗する」「忍耐する」などの意味がある。このように慰めるという言葉の中には、悲しみにさからって、ふんばり、忍耐して支えるといった意味があることに注目したい。それが、スピリチュアルな援助の基本にあると思う。

以上述べた支援のもついろいろな意味をよく理解し、それを記憶し、遺族を支援する際に生かすことが望ましい。

注

（1）内閣府編『平成21年版 自殺対策白書』、二〇〇九年。

（2）「国際ビフレンダーズ憲章」国際ビフレンダーズ自殺防止センター〈http://www.befrienders-jpn.org/charter.htm#charter〉(2011/04/08)

（3）平山正実『自死遺族を支える』エム・シー・ミューズ、二〇〇九年。

（4）心理学剖検（psychological autopsy）とは、自死遺族へのケアを前提として、自死者の遺族や故人をよく知る人から生前の状況を詳しく聞き取り、自死に至った原因や動機を明らかにしようとすること。

（5）平山正実「悲嘆とスピリチュアルケア」窪寺俊之編著『癒やしを求める魂の渇き』聖学院大学出版会、二〇一一年。

Ⅲ

「生と死の教育」の試み

大学における死生学教育の展開
――英米と日本、現状と展望――

山崎　浩司

一　はじめに

それなりに確立した学問領域とは、特定の問題関心（テーマ）、理論、方法論を三本柱に、それぞれ知見や洞察の蓄積をもつ。この意味で、死生学という新興領域は蓄積が浅く、まだ学としての体裁を十分に整えているとはいいがたい。しかし、死生学に対する人々の関心と期待は過去数十年のうちに高まってきており、そうした時代の要請に引っ張られるように、この学問はまず欧米社会において、そして日本や他のアジア諸社会において、少しずつ発展を続けてきた。

こうした状況に鑑みて、本稿では大学における死生学教育の展開を概観してみようと思う。およその学問はその発生はともかく、少なくともその体系化を最高学府である大学に負うわけだが、大学には教育と研究の両側面がある。したがって、死生学の展開について論じようとするときも、相互に関連したこの両側面を視野に入れる必要があるが、本稿ではそうした視点を保ちつつも主に教育面の議論に照準する。

次節では手はじめに死生学の定義を確認し、それを踏まえて、死生学教育がどういった人々にどのように提供されているのかを整理する。続く第二節と第三節では、日本に先んじて死生学教育を展開してきた英米の状況を概観する。ここでも、誰に向けてどのような内容や形式のプログラムが提供されているのかを押さえる。第四節では、日本の死生学教育の発展と現状を見定めるが、とくに私がかかわってきた東京大学における死生学の展開と組織化について詳述する。そして最後に、今後の日本の死生学教育を展望して論を閉じたいと思う。

二　死生学教育とは何か

(1) 死生学の定義

死生学教育とは何かを考えるには、まず死生学とは何かを確認する必要がある。しかし、日本語で書かれた数ある関連書を紐解いても、死生学の端的な定義を見つけられることは実は少ない。よくあるのは、「死生学」がthanatologyやdeath studiesの訳語であるとの記述だが、これは定義ではない。定義とは、その意味や内容を他と区別できるように明確に言葉で説明したものをいう。したがって、原語への置き換えだけでは他の領域との違いがはっきりしない。また、上記のいずれの原語も直訳は「死学」であるのに、なぜ「死生学」なのかの問いも残されたままである。

死生学とは、死にまつわる現象に照準し、その解明や考察をとおして生をとらえ直す学問であり、実践的、学際的、実存的な特徴をもつ――これが私の考える死生学の端的な定義である。ここで強調したいのは、まず死に関する現象に照準する、つまり死に直接向かうということだ。生にまつわる現象に注目した過程や結果として、間接的に死に注目するのとは異なる。生から死へというベクトルは、これまでも哲学、倫理学、社会学、心理学、医学などの研究にあまねくみられた。しかし死生学の死生学たるゆえんは、死から生へというベクトルにあり、生はあくまでも死への照準から逆照射的に浮かび上がらせることになる。

しかし、かといって死生学における生の位置づけは死よりも低く、二次的であるわけではない。両者を同じ比重で重視し、現代社会における死の隠蔽とその裏腹である生への過剰な価値づけを見直すことは、死生学の役割である。死を生のうちに取り戻し、「死が生活の中の作法として身体化されていた」(1)社会の再構築を目指す――だから「死生学」なのであり、「死学」や「生死学」という呼称では不十分だといえる。

こうした死生学の実践性は、日常生活における死生に関する問題への対応を、この学問が社会から期待されて発展してきた経緯を反映している。日本の近現代史を例にとれば、人々が自らの死生観を大々的に問うた歴史的状況が三度あった(2)。第一期は十九世紀末から二十世紀初頭で、加藤咄堂という仏教学者が『死生観』(3)と題した書物を著した時期であり、西洋文明との接触で、日本や東アジアを越えた未知なる生き様や死に様と出会い、古今東西の死生観が比較されるにいたった。第二期は第二次世界大戦中であり、このときは若者たちが死地に赴くのを覚悟させるうえで、死生観は「死にがい付与システム」(4)の一部として大いに動員された。そして、第三期は一九七〇年代後半から現在までで、病院死の増加、医療技術の革新、死の日常からの隠蔽、葬祭や既成宗教の形骸化と新たな霊性運動の勃興などを背景に、死生観が問い直されてきた。

多用な死生の問題に対応するには、既存の学問分野が個別に展開していた研究や教育を、各問題に即して統合的に応用する必要がある。つまり、死生学の学際性はその実践性が当然要請するものとして備わった特性である。そして後述するように、主に人文社会科学系と医学系の諸分野が、死生学における学際的統合や連携においてとくに重要な位置を占めている。

実践性と学際性に加えて死生学のもう一つの特徴である実存性も、先の二つと密接に関連している。ここでいう実存性とは、社会的歴史的制約を受けながらも個的で具体的な人間の主体的あり方を意味している。死生にまつわる問題を客観的事象として物的に切り離してとらえるのではなく、自らの立ち位置や観点をできるだけ内省的に自覚しながら、特定の視座から直接あるいは間接に当の問題にかかわっていく――そうしたあり方が死生学の徒には求められる。

(2) 臨床死生学の位置づけ

ところで、本叢書の名称にも含まれている「臨床死生学」は、死生学との関係でどう位置づけられるだろうか。死生学分野の学会として「日本臨床死生学会」と「日本死の臨床研究会」があるが、両者とも「臨床」の語が冠されており、会員の多くは保健医療の臨床家である。また、死生学で照準する死の多くは死にゆくこと(dying)にまつわる現象であり、現代社会で人が死にゆく段階に入ったかを判断する正統性は医師が独占しているため、この現象も医療臨床の範疇で主に生起する。こうした事情から、死生学とはすなわち臨床死生学のことだとの見方も成り立ちうる。さらに、ここでいう「臨床」を「医療や教育だけでなく、社会における人間の営み全体を含める」[5]と定義すれば、死生学と臨床死生学を区別する根拠はますます見当たらない。

しかし、「臨床」の本義は床に臥す病者に臨んで診療することであり、また、「臨床」の英語であるclinicalという語はギリシャ語のkline(=ベッド)に由来することからも、臨床死生学は厳密には保健医療や介護の領域にやはり限定されるべきである。つまり、臨床死生学は、死生学において主流であってもそれと同義ではなく、あくまでその下位領域の一つとして、島薗進のいう「基礎死生学」（たとえば、文学や宗教をとおして死生観や死と向き合う技を考察する死生学）などと対置されるものであろう。[6]

この前提で臨床死生学の定義を再確認すれば、それは治療を含むケアのプロセスにおいて、とくにケアする側が自分・相手・社会が死生をどうとらえているかを深く理解するのを、知的にサポートして有効な実践知を育む学問、といえる。[7] 換言すれば、関連する各専門分野から学際領域としての死生学に集約される知見や洞察を臨床現場に還元していくのが、臨床死生学の役割の一つであるということである。

しかし、臨床死生学の役割はこの一つにとどまらない。死生学的知見を効果的に現場に還元するには、当然臨床現場で起きていることや日々育まれる臨床の知を吸収し、理解する必要がある。そうしないと、多様な現場の実情に合わせて基礎死生学の諸知見を統合し、還元することはかなわない。要するに、臨床死生学には、死生学という広範な知見のアリーナから現場に適切なものを提供するだけでなく、現場を学び、現場から生まれる叡智を受け取って、それをより多くの人々にとって共有可能なものにするという役割もある、[8] ということである。

（3）死生学教育の対象と枠組み

以上の死生学および臨床死生学の定義を踏まえれば、その教育が、主に大学の医学系および人文社会科学系の学部・大学院や研究所によって担われてきたことが、想像つくであろう。実際そのとおりであり、そこでの死生学教育を概観すると、死生学は主に、①医療専門職者や葬祭業者などの専門職者に対してはリカレント教育（後述）などで、②一般市民に対しては公開講座などで、③学部生や大学院生に対しては正規のカリキュラムで教えられている。

日本では、大学はいまだに高校を卒業した若者を教育する場、あるいは研究者が研究をする場との認識が強いだろう。それは間違いではないが全貌でもない。たとえば、米国などはかなり以前から、成人した一般市民が知的関心を広げたり、すでに現場をもつ臨床家や専門職者たちが専門的な訓練を受けたり学びを深めたりする場として、高等教育機関が機能している。前者を代表するのが「市民公開講座」であり、後者を代表するのが「リカレント教育」である。

リカレント教育（recurrent education）は、一九七〇年代に経済協力開発機構（OECD）が生涯教育の戦略を考える上で広めはじめた概念であり、従来の学校から社会へという流れに対し、学校を終えて成人した者や職に就いた者が、さらなる知識や技術の向上を求めて繰り返し学校にやってくるという、社会教育と学校教育の「循環（recurrent）」的連携を基本とした生涯教育の一形態である。(9)

死生学教育は、主に大学におけるこうした生涯教育の実践を基盤に発展してきた。つまり、それはもともと若者に対する一般教養教育や就職につながる専門教育の必要性から、高等教育機関に根を張りはじめたのではない。そうではなく、死や死にゆくことにまつわる現象に日々直面する医療専門職者、葬祭業者、宗教家などのニーズや、延命医療の技術的発展に伴い、医療化および複雑化する人生末期を目の当たりにしはじめた一般市民からの要請に応えるかたちで、死生学教育は大学で発展を始めたのである。

では、死生学教育に十代後半から二十代前半の大学生や大学院生は無関心かといえば、状況はむしろ逆であり、死生学関連の授業を開講する側の予想を上回る数の履修登録がしばしばみられる。また、主に社会人である専門職者や一般市民を対象にしているリカレント教育や公開講座にさえ、学部生や大学院生が出席していることが多々ある。若者の死生学教育へのアプローチは、高齢者が自らの死を意識しはじめて死生学に関心をもつのとは異なり、現代日本において生きていく上で、自らが感じる生きづらさに対する何らかの対応を模索するために関心をもつきらいがあるように思われる。こういった差異がありうるとはいえ、若い世代も死生学教育への期待が低くないことは経験的にいっても間違いない。

以下、日本の状況を確認する前に、英米の大学における死生学教育について概観しよう。

三　英米の死生学教育の展開

(1) 英国の死生学教育

本稿の冒頭で、日本では死生学がまだ学としての体裁を十分に整えていないと述べたが、英国でも状況は同じである。二〇〇五年に英国のバース大学に死と社会センター（CDAS＝Centre for Death and Society）を創設したスタッフの一人であるグレニス・ハワースによれば、「特定の理論や方法がないという意味では、死生学はひとつの独立した学問分野とはいえないところがあり、現在のところ英国で、この分野の学士号を取得できるようなカリキュラムは存在していない(10)」という。

英国の大学で死生学教育を担っている既存の学問分野は、宗教学、神学、人類学、考古学、歴史学、人文地理学、心理学、社会学、メディア学、文学、哲学、芸術学、法学、社会政策学、緩和医療学などである。これらの多くは日本の死生学でも主要な分野だが、英国では比較的に医学系の牽引力が弱く、人文社会科学系の牽引力が強いように思われる。これは、英国の死生学をリードするCDASのスタッフの多くが、社会学、文化研究、社会政策学などを専門としていることからも歴然である。また、この国で二つ目の死生学の拠点として近年開設されたダラム大学死生学センター(Durham University Centre for Death and Life Studies)が、人類学と神学を専門とする学者によって創設および主導されていることも、その証左の一つであろう。

独立した学問分野として集約的なカリキュラムが存在せずとも、死や死にゆくことに対する英国人の関心は強く、とくに修士課程や博士課程で死生学研究を志す学生が増えている。たとえばバース大学社会・政策科学科内に設置されている先のCDASでは、「死と社会(Death & Society)」という専攻で、普通科登録なら一年間(定時制登録なら二~五年間)で修士号を取得できる。このプログラムは、専門職者、博士課程進学予定者、一般市民を対象にした学際的な社会科学系プログラムであり、①「死にゆくこと、葬儀、死別に、多様な社会がどのように対応しているのかについて学び問う力を養うこと」、②「自分の専門や分野の垣根を越えて、死と死にゆくことの社会編成について考えるのを促すこと」、③「死、死にゆくこと、悲嘆の社会科学研究における基本概念や議論についての批評的検討」、④「死の研究において活用可能である多様な研究アプローチについて幅広く学ぶこと」を目的としている。(11)

また、スタッフォードシャー大学保健学部では「死、死別、ヒト組織研究(Death, Bereavement and Human Tissue Studies)」と名づけられたユニークな修士課程プログラムがあり、専門家として、管理職として、またはボランティアとして、死別者をケアする人々――なかでも死別者からの故人の遺体剖検の同意取得に関心がある人々――を対象に、定時制入学限定で三年かけて修士号を取得するプログラムを提供している。(12)

以上の大学院レベルの学位取得カリキュラム以外に、最近英国では専門職者への死生学教育に特化した基礎学位(Foundation Degree)コースが増えてきている。基礎学位コースとは、四年制大学の学士課程の最初の二年間に相当し、早くから専門知識や技術の習得をするためなどの理由で、学士課程に進学することがなかった専門職者に、大学教育への門戸を開放する目的で、英国政府が導入したものである。(13) 再びバース大学のCDASを例にとれば、葬儀業者向けの基礎学位コースが二〇〇七年度に開設されている。(14) また、緩和ケアを提供する医療者向けの基礎学位コースが、いくつかの大学で開かれている。

こうしたカリキュラムは、専門職者と大学教員・研究者との関係構築があってはじめて成立する。つまり、両者が出会って言葉を交わす機会が必要なわけだが、それは近年英国で数多く開催されてきた死生学関連の会議が提供している。代表的なものに、一九九〇年代初頭から毎年開かれている「死・死にゆくこと・死別(Death, Dying and Bereavement)」シンポジウムや、隔年開催の「死・死にゆくこと・遺体処理の社会的文脈(Social Context of Death, Dying and Disposal)」会議がある。また、紙上での研究者と専門家との邂逅および議論の場としては、死生学の三大英文学術雑誌の一つといえる*Mortality*(モータリティ=死亡、死すべき人間)がある。本誌は一九九六年に創刊され、年四巻発行されている。

(2) 米国の死生学教育

米国の大学における死生学教育の現状は英国と似かよっている。米国でも死生学で学士号を授与する大学は私の知るかぎりほとんどない。数少ない例外は、全米死の教育センター(National Center for Death Education)を有するマウントアイダ大学で、そこでは死別研究(Bereavement Studies)で通常の学士号を取得できるだけでなく、葬儀専門職の国家試験合格および全米五〇州で通用する葬儀業者・エンバーマー(遺体に防腐処理や死化粧を施す専門職)(15) 免許の取得を支援する学士課程もある。(16) もう一つは米国ではなくカナダだが、西オンタリオ大学のキングス・ユニバーシティ・カレッジが、死生学（具体的なテーマは、グリーフと死別研究、喪失・変容・移行）の学士号や修了証を授与するプログラムを提供している。[17]

米国の死生学教育をレビューしたカール・ベッカーによれば、死生学の修士号（Master of Arts in Thanatology）を取得できる大学の一つにフッド大学がある。[18] ここのカリキュラムを例にとると、修士号取得には基礎コース一二単位（専門職のための死生学入門、死生学概論、パーソナリティ論、カウンセリングと支援スキル入門）、死生学コアコース一二単位（服喪と死別者に対するカウンセリングの基本、死にゆくことと死にゆく者に対するケアの基本、死生学における発展的視座、死生学における歴史的・多文化的視座）、追加必須科目九単位（カウンセリングの理論と基本）、限定選択科目六単位（ホスピスの理念と実践または死生学におけるアフリカ系アメリカ人の視座、死生学セミナー、死生学実習、独立応用研究プロジェクト、から選択）、選択科目六単位（社会老年学、老化の心理社会的側面、精神薬理学、異常心理学、行動変容、ホスピスの理念と実践、死生学におけるアフリカ系アメリカ人の視座、から選択）という内訳になっている。[19]

フッド大学のこのコースでは、心理学、社会学、医学、看護学などの既存分野が中心になっており、末期患者や死別者のケアに携わろうとする人や、さまざまな現場でデス・エデュケーションを実践しようとする人を対象にしている。なお、このコースでは重点化されていないが、米国の死生学教育では高度に発達した医療――とくに延命医療や再生医療――にまつわる倫理的問題への関心もみられ、そこでは臨床あるいは応用系の哲学や倫理学が議論をリードしている。

以上みてきたように、人文社会科学系で死生学の学位を取得できるようなプログラムでは、臨床や教育の現場を職場とする実践家の養成、またはすでに現場にいる実践家のためのリカレント教育の要素が色濃い。養成あるいはリカレント教育の具体的な対象は、臨床心理士、グリーフカウンセラー、パストラル（牧会）カウンセラー、チャプレン、葬儀業者、学校で生と死の教育にかかわる教員などである。

では、とくにこうした職業に就く関心がない一般の学生や市民は、以上のプログラムから排除されてしまうのかといえば、そうではない。米国の大学の場合、科目履修制度が日本の大学よりもはるか以前から発達しており、自分の専攻以外であっても、関心のある科目は個別に授業料を払って履修できるため、たとえば宇宙工学専攻の学生が死生学専攻の科目を履修できる。また、大学に籍をもたない一般市民でも、一定の条件下（公立大学なら地域住民であることなど）で科目履修できる場合が多々ある。このような制度の活用により、希望者は比較的容易に死生学の学習を深められる。

人文社会科学系から医学系の死生学教育に目を転じると、そこには異なる状況が浮かび上がる。とくに看護学は早くから死生学教育に着手してきた――というより、着手せざるを得なかった。一九六五年に、医療社会学者のバーニー・グレーザーとアンセルム・ストラウスが『死のアウェアネス理論と看護』[20]により、アメリカの病院における末期医療の問題に先鞭をつけて以来明らかになったのは、医師以上に看護師がこの問題では中心的な役割を担わざるをえない、ということであった。それにもかかわらず、末期医療に携わりうる看護師に対する精神面心理面の教育は不足していたのである。

医学部における死生学教育は看護学部以上に貧弱で、医学生はたとえカリキュラムが存在しても、その存在を把握していなかったり、履修していなかったりする状況が続いてきた。それでも、全体としては死生学教育を推進すべきだとの声が米国の医学教育界では多く、プログラム自体は開発されてきている。加えてリカレント教育の充実も図られており、米国ホスピス緩和ケア学会、全米医師会、全米看護大学連盟などが、それぞれ末期医療のテーマを中心としたプログラムを提供している[21]。

米国にも英国の『モータリティ』と同じく、紙上で大学の研究者・教育者と臨床や教育の専門家が出会い、死生学について学びあったり議論したりする場として、やはり死生学の三大英文学術雑誌に数えられる*Omega*（オメガ＝死亡、死すべき人間）と*Death Studies*（デス・スタディーズ＝死学、死の研究）という、著名なジャーナルがある。『オメガ』は一九七〇年に創刊され、現在は、死や死別をテーマとした最古参の学際的な団体であるデス・エデュケーションとカウンセリング協会（ADEC＝Association for Death Education and Counseling）の機関誌として、年八巻刊行されている。一方『デス・スタディーズ』は、もとは*Death Education*（デス・エデュケーション）という名前で一九七七年に創刊され、一九八五年から現在の名称になり、現在は年一〇巻の刊行を数える。

四　日本の死生学教育の展開

(1)「死生学」の芽生え〔一九七〇～八〇年代〕

日本で「死生学」という名称が使われはじめた時期は、一九七〇年代[22]または八〇年代からだといわれる[23]が、正確にいつ誰がこの名称を使いはじめたのかは定かでない。国立国会図書館の蔵書データベースと国立情報学研究所論文情報ナビゲータCiNii（サイニィ）で検索すると、二〇一一年一月現在、「死生学」を冠した最古の著書は『夫と妻のための死生学』[24]、論文は「夫と妻のための死生学――序論」[25]が該当し、ともに一九八四年に医事評論家である水野肇が著したものであることがわかる。

しかし、早くから学の世界および一般社会に「死生学」を広めた功績は、現・上智大学名誉教授のアルフォンス・デーケンにあろう。新聞記事データベース（一九八五年以降）の検索によれば、一九八六年十一月十一日の『朝日新聞』夕刊三面で、デーケンの名とともに「死生学」の語が紙上初めて登場する。また、彼は「死生学」という新たな概念を日本に定着させたとの理由で、第三九回菊池寛賞を受賞している。こうした評価は、彼が上智大学で一九七五年に「死の哲学」を開講し、以後四半世紀以上にわたって死生の問題を論じてきたこと[26]や、一九八二年に本邦初の「生と死を考えるセミナー」を開催し、その後の「生と死を考える会」の発足と全国規模への大発展を促したことに基づいている。

デーケンと同じく早くから死生学に言及していたのは、現・聖路加国際病院名誉委員長の日野原重明である。新聞紙上では、一九八七年二月十六日の『読売新聞』朝刊一〇面で、「[いのちとこころ」座談会」の様子が報告されているが、そこで出席者であった日野原は、「死生学」を学習していくことの重要性について言及している。[27]また彼は、一九八八年に本邦初の死生学の教科書『死生学・Thanatology——死から生の意味を考える』第1集を、同じく医師である山本俊一とともに出版し、翌年に第2集、翌々年に第3集を出している。この書は主に医療専門職者や医療系学生向けだが、一般読者にも各々が死生の問題を深く考えるために読んでほしいと、日野原らは呼びかけている。第1集には、死生観（比較文化・宗教的考察）、死者儀礼、精神障害と死の意識、デス・エデュケーション、衛生学、末期ケア・告知、生命倫理、死別悲嘆など、現在の死生学でも主流なテーマがすでにカバーされている。

この書が、どれほど医療系大学の教育で活用されたか定かではないが、共著者の多くが当時医療系の大学や施設に勤務する者であったことと、彼らのうち山本俊一、平山正実、河野友信が、「死生学」と銘打った著書や辞典をその後活発に出版していったことからすると、本書に連なる内容は、おそらく一九八〇から九〇年代にかけて、医療系高等教育機関における死生学教育では、少なからず共有されていったものと想像される。

日本の死生学教育の黎明期において、忘れてならないもう一人の立役者が、現・金城学院大学学長の柏木哲夫である。柏木は、一九七〇年代に大阪の淀川キリスト教病院で、ターミナルケア実践のためのチームを結成したことで著名だが、死生学教育および研究の観点では、有志とともに「日本死の臨床研究会」を一九七七年に発足させた功績が大きい。

この研究会は、発足翌年の一九七八年には会員がすでに一七四名おり、最初から研究会にしては大きかったが、発足十年の一九八七年には八〇〇名を超え[28]、現在は二千名をゆうに超えるまでになり[29]、二〇一〇年で三三回目となった年次大会も、近年は国際会議場などの大会場で開催されていて、実質的には学会となっている。この団体には、デーケンおよび日野原も初期からかかわっており、長きにわたって、死生学のテーマに関心のある専門職者、研究者、教育者、学生、ジャーナリスト、一般市民を数多く惹きつけている。また、この研究会は一九七八年に機関誌『死の臨床』を創刊し、本邦初の死生学のジャーナルを世に送り出した。現在では年二回（うち一回は大会プログラム）発行されている。

柏木によれば、日本死の臨床研究会が発足した一九七七年は、在宅死の数と病院死の数が逆転し、新聞に初めて「ホスピス」の語が登場した年でもあり[30]、死生学――とくに臨床死生学――にとって重要な年であった。欧米では、その十年前の一九六〇年代から現代死生学が隆盛しはじめるが、その背景には、①老齢人口が増えて死への関心が高まったこと、②病院死が増えたこと、③医学の進歩による際限なき治療の優先化に疑問がもたれはじめたこと、④既存宗教の提供する死後の世界を信じない人が増えたことなどがあったという[31]。これらの社会的状況は、現代死生学の萌芽がみられはじめた一九七〇年代の日本に、そのまま当てはまる。

(2) 拠点形成の始まり〔一九九〇年代〕

以上のように、一九七〇から八〇年代にかけて、日本で死生学が発展しはじめるのだが、大学に死生学の体系的なコースや講座が設置されるには、一九九三年まで待たねばならなかった。この年に日本の大学院で最初に死生学コースを設けたのは、東洋英和女学院大学の大学院人間科学研究科である。人間科学専攻修士課程の人間科学領域に位置づけられている本コースは、前出の平山正実と河野友信によって当初基礎形成がなされ、現在では死生観、生命倫理、バイオ・サナトロジー、グリーフケア、在宅ホスピス、ターミナルケア、精神医学・保健学などに関する科目が履修できる。[32] また同大学は、二〇〇三年には死生学研究所を設立し、公開講座や研究会の定期開催と『死生学年報』の発刊を行っている。[33]

一九九三年には、もう一つ大学における死生学拠点形成の動きがあった。それは、大阪大学人間科学部による臨床死生学・老年行動学講座の開設である(現在は大学院人間科学研究科に設置)。初代教授は柏木哲夫であり、二〇〇三年度をもって退職するまでその職にあった。本講座では、「人間の行動の臨床的研究、特に死を間近にした、老いゆく人間の心理や行動を健康心理学、医療心理学、精神医学、心身医学の立場から」研究している。[34]

こうした拠点形成の流れの中で、一九九五年に初めて「死生学」の語を冠した学会として「日本臨床死生学会」が発足し、第一回大会が東京医科大学病院で開催された。本学会は、「臨床の場における死生をめぐる全人的問題を、メンタルヘルスの観点から学際的かつ学術的に研究し、その実践と教育を行うことにより、医療の向上に寄与すること」が目的であるとホームページ[35]では謳っている。しかし、実際に近年の大会で発表および議論されるテーマは医療に限定されず、教育、社会政策、メディアにまつわる内容が散見する。

それでも、以上の死生学教育および研究の体制作りを主導してきたのは、まぎれもなく医療系の教育者・研究者・実践家であった。この状況は、既述のように、社会学、心理学、哲学、宗教学などの人文社会科学系の研究者が、医療系研究者や実践家以上に、大学における死生学の展開を牽引してきた英米の死生学の状況と異なる。

確かに、本邦でも上智大学は、早くも一九七七年に現在の公開学習センターの前身となる組織を設立し、哲学と神学を背景とするデーケンの「生と死を考えるセミナー」を開催したりしてきた(36)。また、二〇〇五年に開設された明治大学死生学研究所も、文学、宗教学、情報学、社会学などを専門とする者が死生学教育の中心になっている(37)。しかし、これらは社会人教育の枠組みに限定されており、学部生や大学院生に対して死生学の体系的なカリキュラムを提供するものではない。

日本で人文社会科学系の大学教員が、死生学の組織的な構築と発展に積極的にかかわるようになる環境整備の動きは、東京大学大学院人文社会系研究科で一九九〇年代中ごろからみられはじめる。それは、一九九五年に始まった「特別教育プログラム」の一環である「他分野交流プロジェクト」である。このプロジェクトは、人文社会系研究科内の個別領域間の交流を促進することから始まり、その過程で「人間の尊厳、生命の倫理を問う」プロジェクトを生み出し、さらに「応用倫理教育プログラム」を新設して(38)、異なる研究科や大学そして学と一般社会との垣根を越え、医療、教育、情報、政策、メディアのプロフェッショナルや研究者を巻き込んでいった。

(3) 東大死生学の展開〔二〇〇〇年代〕

1 21世紀COE、グローバルCOE、そして寄付講座の開設

こうして、東京大学大学院人文社会系研究科では、死生学の発展に欠かせない学際性と実践性を確保する環境が整いはじめ、二〇〇二年に文部科学省の研究拠点形成費補助金である21世紀COE (Center of Excellence) プログラムを獲得し、拠点リーダーの島薗進を中心に「生命の文化・価値をめぐる「死生学」の構築」を開始する。本プログラムでは、人文社会系研究科を中心に医学系研究科と教育学研究科の三研究科が連携し、四つのサブテーマ(死生学の実践哲学的再検討、生と死の形象と死生観、死生観をめぐる文明と価値観、生命活動の発現としての人間観の検討)を設定して、二〇〇六年度までの五年間研究と教育が展開された(39)。

ここでいう教育とは、①ポスドク(博士研究員)および大学院レベルの死生学研究者養成、②多様な専攻の学部生を対象にした死生の問題に関する思索と議論の場の提供(応用倫理教育プログラム他分野交流演習「生命と価値」論のフロンティア)、そして③ケア専門職者や一般市民を対象にしたワークショップ、シンポジウム、講演会などの開催を指す。③については、海外の研究者・実践家・教育者との交流を踏まえたものもあるが、主に日本語で開催されたものを中心にいくつかテーマをあげると、「死生学と応用倫理」、「死生観と心理学」、「関東大震災と記録映画」、「べてるに学ぶ——《おりていく》生き方」、「ケアと自己決定」、「死の臨床と死生観」、「死とその向こう側(芸術・宗教・文化における死生観)」などがある。

以上のシンポジウムや講演会の内容は、すべてが日本語および該当外国語で、報告書、ブックレット、ニューズレターなどで報告されており、死生学教育および研究に活用できるかたちにして、関連機関や個人に配布されてきた。また、二〇〇三年には機関誌『死生学研究』が創刊され、現在にいたるまで年二回、とくに若手研究者に積極

的に投稿を呼びかけて研究発表の場を与えてきている。

こうした成果が評価され、二〇〇七年度からは、文部科学省による「国際的に卓越した教育研究拠点形成のための重点的支援」であるグローバルCOEプログラムに採択され、「死生学の展開と組織化」と新たに銘打って、引き続き東京大学において死生学教育・研究が展開していくことになった[40]。このプログラムは、一五名の事業推進担当者によって主導されているが、彼らの専門は、哲学、倫理学、社会学、美術史学、文学、宗教学、仏教学、歴史学、医学、看護学と多岐にわたっている。加えて、文学部内外の協力者も約三〇名任命されており、カバーできる領域は、さらに心理学、教育学、法学、環境学、言語学、文化資源学と拡がり、死生学の学際性に対応している。

また、グローバルCOEプログラムには約二〇名の特任研究員がいるが、彼らは死生学関連行事の開催支援だけでなく、自ら企画運営して学術集会を実施してきている。例として、ワークショップ「生殖と死の生命倫理」、シンポジウム「生命の資源化の現在」、そして継続的に開催される「死生学研究会」などがあげられる。こうした活動は、若手研究者が死生学関連のプロジェクトを動かしていくノウハウを身につける教育機会となっている。

東京大学大学院人文社会系研究科において、グローバルCOEプログラムの開始した二〇〇七年に起きた大きな変化は、上廣《うえひろ》死生学寄付講座の開設である。本講座の開設に伴い、著作『医療現場に臨む哲学』[41]に代表される臨床哲学・倫理学的な研究および教育を展開してきた清水哲郎と、主に医療社会学的な研究や教育をしてきた私（山崎）が特任教員として着任し、グローバルCOEの事業推進担当者にも任命された。とくに清水の加人は、東大死生学における臨床現場の実践家と研究者との相互交流を大幅に促進し、それまで講演会やシンポジウムとして散発的に展開してきたリカレント教育を、恒常的なものとして定着させるにいたった。

2 リカレント教育

このリカレント教育は、《医療・介護従事者のための死生学》基礎コースといい、これまで清水と山崎が中心に企画運営してきた。本コースは、死生のケアに携わる医療・介護従事者、専門職者とそれに準ずる者（家族介護者など）、以上の専門職に将来就こうと準備している者、あるいは死生のケアに関する教育や研究に携わる者を対象に、基礎死生学的な教養や臨床死生学的な実践知を身につけ、患者、クライアント、その家族などに対して、より人間的なケアを提供できるようになってもらうことを目指している。

受講者は、定期セミナーと本コースが単位認定している講演会、シンポジウム、ワークショップなどに参加し、規定単位数（二四単位以上）修得して修了レポートを執筆の上、審査を受け、合格したら修了証を取得できる。規定単位の内訳は、死生学コア一単位、臨床死生学コア二単位、臨床死生学演習五単位以上、死生学トピックと臨床死生学トピック各五単位以上である。(42)

二〇〇八年度以降、核となる定期セミナーは、初心者向けセミナー一回、その履修者対象のテーマ別セミナー二回、合わせて年三回開催されている。前者は夏季セミナー（約四〜八単位）、後者は秋季セミナーと冬季セミナー（各約四単位）と呼ばれ、全部参加すると一年で約一二から一六単位となるため、受講者はおよそ二年間で必要単位を修得できるようになっている。また、清水が通常授業と抱き合わせて定期的に開催している「臨床倫理セミナー＠東大」や、全国各地で出前研修的に開いている「臨床倫理セミナー in（開催地）」も単位認定されている。加えて、グローバルＣＯＥが主催などでかかわる各種行事も、テーマによっては単位となる。

定期セミナーにおける講義の具体的テーマをいくつか列挙すると、「現代哲学における死の思想」、「仏教における死生観」、「20世紀心理学における死生観」、「生と死における医療者自身の当事者感覚と診療スタイル」、「日本人の死生観とがん治療」、「死と死にゆくことの社会学」、「死生観と宗教文化」、「西洋美術と死」、「周産期医学について」、「長寿を心から喜べる社会をめざして」、「ケアされる側の論理」、「ケアの現象学に向けて」、「「死ぬこと」の利害」などがある。また、これまで開催したテーマ別セミナーのテーマをみると、「産むプロセスの死生学」、「難病・高齢者のケアと死生」、「喪失とケア」などがあげられる。

死生学の観点から多様な知を受講者にもたらす講義の重要性もさりながら、個別の死生の臨床現場にいる者たち、あるいはそうした実践家と教育者や研究者との相互理解が深まるのが演習である。臨床死生学演習では、受講者が臨床現場で直面した（している）事例をいくつか報告してもらい、それについて受講者全員が小グループに分かれて議論をし、最後に全体で問題点や具体策を提示しあってさらに議論を深める。この議論の過程で、受講者は個々の現場では思いもよらなかったアプローチに気づかされたり、現場にいないからこそみえる視点が示されたりされ、臨床死生学的な実践知を豊かにしていく。

単位修得後に執筆する修了レポートは、「本コースの受講を通して学んだことや考えたことや各自の臨床経験や日常実践を踏まえ、受講者各自が《医療・介護従事者のための死生学》に関する独自のテーマを設定して執筆し、死生学の一定の知を身につけたことを示す」ものである。研究計画書の提出と審査を経てから執筆を開始し、八〇〇〇～一万二〇〇〇字でレポートをまとめて提出すると、それを本コースの担当スタッフやグローバルCOE事業推進担当者が査読して合否を判定する。合格したレポートは、『《医療・介護従事者のための死生学》受講者レポート集』に掲載される予定になっている。(43)

3 学部・大学院教育

上廣死生学講座の教員として、もちろん清水と山崎は、学部生と大学院生向けの授業を開講してきた。共同で開講してきたのは、死生学概論「死生学の射程Ⅰ・Ⅱ」および死生学演習「死生学の諸問題」である。前者はリカレント教育における定期セミナーの内容と重なる部分が多く、後者は外部者参加も自由である臨床死生学・倫理学研究会と抱き合わせとなっている。この共同演習/研究会は、二〇〇七年度より年一〇回開かれており、毎回ゲストスピーカーを含む内外の発表者が研究発表を行い、それに基づいて活発な議論が交わされる。

各自単独で担当してきたのは、清水が演習「臨床死生学と臨床倫理学」、「西欧中世と死生観」、「臨床倫理セミナー」(リカレント教育単位認定)、山崎が講義「死と死にゆくことの社会学」および演習「死生学に活かす質的研究法」と「死生に関する人文社会科学的文献の講読」である。方法論の演習では、実証的な死生学研究において頻繁に活用される質的研究法について、実習的なミニ研究を実施してまとめたり、関連文献を読み込んで議論したりして、受講生の実践的な知識とスキルの獲得を促進してきた。また、文献講読では米国の死生学教育で教科書としてよく使われている *The Last Dance*(44)や、日本の代表的な死生学のテキストを受講生は読み、自分なりの問題意識と照らし合わせて発表し、さらに議論を行って、国内外の死生学の広範なテーマを渉猟してきた。

私は、講義か演習かの別を問わず条件が許すかぎりにおいて、受講生が今の自分の人生に引きつけて死生の問題を検討できるよう、毎回必ずグループ・ディスカッションをしてきた。というのも、実存性と切り離せない死生学教育では、知識やスキルの詰め込みは意味をなさない。授業では、受講生が死生にまつわる問題の検討をとおして自らの価値観や人生観を問い直し、それを他者にぶつけてみることで、特定の問題や状況についての自己理解と他者理解を促進する機会がなくてはならない。

グループ・ディスカッションをどのように活用してきたかの具体例を、受講生三〇人以下の講義の場合で示すと次のようになる（〔　〕は事例）――

①　取り上げるテーマに関して導入的な話をする
〔自分の死に備えることが重要だといわれている〕

②　グループ分けをする

③　命題形式の論題を提示し立場を決めて議論するよう指示する
〔自分の死に備えることはできない。是か非か立場を決めて論ぜよ〕

④　グループ・ディスカッションをしてもらう（司会決定→自己紹介→議論）

⑤　グループごとに代表者が議論の内容を発表する

⑥　グループの発表に対して講師や他の受講生がフィードバックする

⑦　講義形式でポイントを確認する
〔ジャンケレヴィッチの死の人称態論を紹介する〕

以上のサイクルを、一回の授業でトピックの数に応じて数回行う。

このようなアプローチに加えて、死生学に対してさして関心の高くない学生にも実感的に思考を深めてもらうために、彼らが往々にして馴染んでいるマンガのような大衆メディアを題材に講義をしたことも間々ある。たとえば、ヴィクトール・フランクルの態度価値概念を理解する上で、井上雄彦の『バガボンド』を活用したり、原爆責任論をサバイバーズ・ギルトの文脈で考える上で、こうの史代の『夕凪の街 桜の国』を使ったりしてきている。受講生による授業の感想文を読むかぎり、いわゆる三人称の死を量産する大衆メディアのこうした活用は、彼らがむしろ一人称あるいは二人称的に自らの死生観を問い直す助けになっている様子がうかがえる。

4　強化のポイント

二〇一一年度をもって東京大学グローバルCOEプログラム「死生学の展開と組織化」は終了し、拠点形成の一応の完了を迎える。東大死生学は、臨床現場とのあいだの知の循環および人材育成の面で一定の成果をあげてきたが、体制的にも内容的にもさらなる発展の余地がある。ここでは強化すべきポイントについて、私自身の発展的反省の意味も込めて、いくつか私見を述べておきたい。

まず、死生学の領域的伝統において中心的なテーマである死別喪失やグリーフ（悲嘆）について、東大死生学は十分に教育や研究ができる人材が不足している。死別喪失やグリーフについては、日本の死生学全体をみても実は西高東低の感がある。というのも関西は、不幸にして阪神淡路大震災やJR福知山線脱線事故を経験したことから、喪失悲嘆に関する研究やグリーフケアの実践・教育がとくに求められてきた経緯がある。上智大学グリーフケア研究所（元・聖トマス大学「日本グリーフケア研究所」）が関西にあるのは偶然ではない。

東大死生学でも、ロバート・ニーマイヤー、トーマス・アティッグ、ドナ・シャーマンといったグリーフ関連の著名な研究者や実践家を招聘し、講演会やワークショップを開催してきた。しかし、このテーマに関する恒常的な研究や教育は展開できていない。こうした状況は、死生学のもう一つの伝統的テーマであるいのちの教育についても、残念ながら当てはまる。こちらについては、このテーマをメインにした講演会さえ催したことがなく、今後の積極的な展開が望まれる。

もちろん、一つの教育研究の拠点が、広範な死生学の領野をすべて範疇に収めるのは容易ではなく、現実的でもない。東大死生学の場合、生命科学や近代医療の発展と積極的活用を手放しで称賛し推進してしまう社会的風潮に対し、そうしたあり方を問い直すアンチテーゼとしての役割を比較的強く意識しており、生命倫理や医療倫理にまつわる問題に注力する傾向がある。したがって、死別悲嘆やいのちの教育などの死生学の伝統的なテーマに十分力を割けない現状があるといえなくもない。しかし、死生の倫理の問題は、グリーフケアやいのちの教育のあり方の検討と切り離せない側面があるため、やはりこれらのテーマについても視野に入れた教育研究体制を充実すべきと思われる。

テーマの多様性もさりながら、しっかりとした調査法の修得も重要である。実証的な死生学研究は、これまでも数多く東大死生学でも行われてきたが、調査法の習得は各研究者の自助努力に依存してきた。先述の演習「死生学に活かす質的研究法」は、この現状を打破する一つの試みだが、十分とはいえない。また、死生学研究でも、質問紙調査や尺度開発といった量的手法が求められることもあるはずだが、カバーできていない。調査法に関する体系的なカリキュラム作りが必要である。

英米の大学における死生学教育でもみられた傾向に、死生学で学位を取得できるところが少ないというのがあった。東大死生学でも、今のところ学位取得のために死生学を専攻または副専攻にすることはできない。これは死生学を教える教員が寄付講座に所属しており、寄付講座の専門分野は現時点で専攻・副専攻の対象外であることに由来する。死生学の専攻化を希望する声が人々から聞かれる現状に鑑みれば、制度の改正は早晩実現すべきものであろう。

五　日本の死生学教育の展望――おわりに代えて

日本の大学における死生学の展開を振り返ることで、東洋英和女学院大学の死生学コースと死生学研究所、大阪大学の臨床死生学・老年行動学講座、東京大学の21世紀およびグローバルCOE死生学プログラムと上廣死生学講座、明治大学の死生学研究所、上智大学のグリーフケア研究所など、過去二十年間で着実に教育研究環境が整備されてきたことが確認できた。

また、本稿では詳述しなかったが、聖学院大学、関西学院大学、大谷大学、武蔵野大学などでも、現在「死生学」を冠した科目やカリキュラムが存在する。さらに関連領域では、大阪府立大学で一九八〇年代末から森岡正博が「生命学」を提唱して活動を続けてきているし、[45]立命館大学では二〇〇七年にグローバルCOEプログラム「生存学」創生拠点の採択を受け、生存学研究センターが設立された。[46]これら一連の動きは、広義の死生学の学的発展からすれば喜ばしいことである。

しかし、それこそ日本の死生学教育全体からみれば、これらの拠点が連携せずにバラバラに活動を続けるのはもったいないことである。つまり、互いの活動から学び得るものを享受できなかったり、重なっている部分があっても知らずに個別に動いて無駄な労力を費やしてしまったりしかねない。各拠点の横の連携は、本来死生学関連の学会をとおして促進されるべきだが、もしそれが十分に活かされていないとすれば、新たに死生学教育機関の連絡協議会のようなものを発足させるのも一手であろう。

連携については、横だけでなく縦の連携についても日本の死生学教育は課題を抱えている。つまり、小・中・高等学校で実践されているいのちの教育と、大学や大学院レベルの死生学教育との連携あるいは連続性の問題である。両者には本来なんらかの内容的な連続性があるはずだが、今のところそれは不明瞭であるし、相互の対話が活発であるかといえばそのかぎりではなく、互いに各々の現場で個別な努力を展開している。したがって、今後両者には活発な連携の試みが望まれる。

以上は、日本の死生学教育の内発的発展に照準した展望であるが、そもそも日本の現代死生学は英米の死生学を意識しつつ発展してきたことからすれば、海外における死生学教育の展開との絡みを展望していく必要も無論ある。しかも、その対象は英米だけでなく、たとえば近年死生にまつわる学の発展が著しい東アジアなどが含まれるべきであろう。東大死生学は、二〇〇八年度以来、中国、台湾、韓国の大学の死生学研究者や教育者との交流を続けており、互いの重なりと違いを考える過程で、東アジアの死生学や日本の死生学の輪郭を見極める試みを重ねてきている。(47)こうした試みが将来さらに拡大すれば、日本の死生学教育に資するところは大きいであろう。

海外の死生学とのこうした交流は、私たちに日本ならではの死生学とは何かを少なからず考えさせることになるが、この点について議論と熟考を重ね、自分たちの強みやニッチを意識してヴィジョンを定め、今後の日本の死生学教育および研究の展開を戦略的に方向づけるのも一計ではないか——そうした展望について最後に一言を付しておきたい。

テーマとして、原爆（核）、災害、大衆文化の三つは、日本の死生学がもっと深く取り組むべきものだと私は考える。原爆（核）については、唯一の被爆体験をもつ国として世界に提供できる叡智は多々あるはずであり、平和学的な死生学を展開する高いポテンシャルがそこにはある。災害に関しては、不幸にも数多くの天災（とくに震災）を経験してきた国として、やはり多くの経験と実践知の蓄積があるため、災害学と連携した死生学を模索できるはずである。そして大衆文化については、マスメディアのインフラがある程度発達した地域に限られるが、マンガやアニメあるいは村上春樹の小説などが世界中に輸出されている状況に鑑みて、日本の大衆メディアに照準した死生学を展開すべきであろう。

以上、大学における死生学教育の展開について、体制とテーマを中心に概観してきた。しかし、冒頭記したように、学問分野には方法論と理論の蓄積もあることからすれば、本稿ははなはだ偏ったレビューといわざるをえない。それでも方法論については若干紙面を割いたが、理論について触れられなかった。このトピックについては、稿を改めて論じたいと思う。

注

(1) 山折哲雄「「いつかは一人」なぜ隠す」日本経済新聞、二〇一〇年四月二一日(水)夕刊、一六面。
(2) 島薗進「死生学とは何か――医療現場と人文学の役割」『冬季セミナー《医療・介護従事者のための死生学》――資料と記録』東京大学グローバルCOEプログラム「死生学の展開と組織化」、二〇〇八年、二―三頁。
(3) 加藤咄堂『死生観』井烈堂、一九〇四年。
(4) 井上俊『死にがいの喪失』筑摩書房、一九七五年、一二頁。
(5) 平山正実「死生学」河野友信・平山正実編『臨床死生学事典』日本評論社、二〇〇〇年、二頁。
(6) 島薗進「死生学を臨床現場に活かす」『Medico』第四二巻第一号、二〇一〇年、一頁。
(7) 清水哲郎「死生の理解をケア活動に活かす――臨床死生学のエッセンス」清水哲郎・島薗進編『ケア従事者のための死生学』ヌーヴェルヒロカワ、二〇一〇年、三九頁。

（8）清水哲郎・林章敏・田村里子・濱口恵子「臨床死生学に期待すること」『Medico』第四二巻第一号、二〇一〇年、二三頁。

（9）ＯＥＣＤ編『生涯教育政策——リカレント教育・代償教育政策』ぎょうせい、森隆夫訳、一九七四年。

（10）グレニス・ハワース「英国における死生学の展開——回顧と現状」島薗進・竹内整一編『死生学［1］——死生学とは何か』東京大学出版会、二〇〇八年、一二八頁。

（11）CDAS, Taught postgraduate courses in Death & Society.〈http://www.bath.ac.uk/cdas/education/msc/index.html〉(2011/1/10)

（12）Staffordshire University, MSc Death, Bereavement and Human Tissue Studies.〈http://idrn.org/documents/resources/htc/MSc staffordshire.pdf#search='Death, Bereavement and Human Tissue Studies'〉(2011/1/10)

（13）グレニス・ハワース、前掲書、一二八—一二九頁。

（14）CDAS, Foundation Degree in Funeral Services.〈http://www.bath.ac.uk/cdas/education/foundationdegree/index.html〉(2011/1/10)

（15）坂本美夏「エンバーミング」河野友信・平山正実編『臨床死生学事典』日本評論社、二〇〇〇年、一二四頁。

（16）Mount Ida College, Bereavement Studies: Funeral Service Track (B.S.).〈http://catalog.mountida.acalog.com/preview_program.php?catoid=12&poid=613&returnto=203〉(2011/1/10)

（17）King's University College at The University of Western Ontario: Thanatology.〈http://www.kings.uwo.ca/academics/academic-departments/department-of-interdisciplinary-programs/thanatology/〉(2011/1/10)

（18）カール・ベッカー「アメリカの死生観教育」島薗進・竹内整一編『死生学［1］——死生学とは何か』東京大学出版会、二〇〇八年、九〇頁。

（19）Hood College Catalog 2010-2011: M.A. in Thanatology.〈http://www.hood.edu/academics/academic-catalogs/current-catalog/graduate-catalog/all-degree-programs/m-a-in-thanatology.html〉(2011/1/10)

(20) Barney G. Glaser, Anselm L. Strauss『「死のアウェアネス理論」と看護――死の認識と終末期ケア』医学書院、木下康仁訳、一九九八年。
(21) カール・ベッカー、前掲書、九七頁。
(22) 島薗進「死生学とは何か――日本での形成過程を顧みて」島薗進・竹内整一編『死生学〔1〕――死生学とは何か』東京大学出版会、二〇〇八年、九頁。
(23) 島薗進「死生学試論（二）――加藤咄堂と死生観の論述」『死生学研究』二〇〇三年秋号、八頁。
(24) 水野肇『夫と妻のための死生学』中央公論社、一九八四年。
(25) 水野肇「夫と妻のための死生学――序論」『中央公論』一九八四年、第九九巻第四号、一五四―一六二頁。
(26) アルフォンス・デーケン『死とどう向き合うか』日本放送出版協会、一九九六年、二七―二八頁。
(27) 日野原重明・山本俊一編『死生学・Thanatology――死から生の意味を考える』第一集、技術出版、一九九八年。
(28) 河野博臣「死の臨床研究会十年の歩み」日本死の臨床研究会編『死の臨床3 死生観〔新装・新訂版〕』人間と歴史社、二〇〇三年、三七七頁。
(29) 大学病院医療情報ネットワーク［UMIN］、「日本死の臨床研究会」、〈https://center6.umin.ac.jp/gakkai/gakkai/2010/A01089.htm〉(2011/1/10)
(30) 柏木哲夫「日本死の臨床研究会25年の足跡」日本死の臨床研究会編『死の臨床1 全人的がん医療〔新装・新訂版〕』人間と歴史社、二〇〇三年、一頁。
(31) Vovelle, M., "Rediscovery of Death Since 1960." *The Annals of the American Academy of Political and Social Science*, 447(1), 1980, pp. 89-99.
(32) 東洋英和女学院大学大学院人間科学研究科、〈http://www.toyoeiwa.ac.jp/daigakuin/index.html〉(2011/1/10)
(33) 東洋英和女学院大学死生学研究所、〈http://www.toyoeiwa.ac.jp/daigakuin/shiseigaku/shiseigaku.html〉(2011/1/10)

(34) 大阪大学大学院人間科学研究科臨床死生学・老年行動学講座／ＲＩＮＲＯ、研究室案内、〈http://rinro5.hus.osaka-u.ac.jp/guide.html〉(2011/1/10)
(35) 日本臨床死生学会、〈http://jsct.org/index.html〉(2011/1/10)
(36) 上智大学公開学習センター設立の歴史、〈http://www.sophia.ac.jp/jpn/admissions/c_college/com_greeting/com_thehistor〉(2011//1/10)
(37) 明治大学死生学研究所、研究員紹介、〈http://www.shiseigaku.jp/staff.html〉(2011//1/10)
(38) 東京大学文学部・大学院人文社会系研究科、特別教育プログラム、〈http://www.l.u-tokyo.ac.jp/program/communication.html〉(2011/1/10)
(39) 東京大学ＣＯＥプログラム推進室『東京大学21世紀ＣＯＥプログラム生命の文化・価値をめぐる「死生学」の構築』、二〇〇六年、四頁。〈http://www.u-tokyo.ac.jp/coe/list09_j.html〉(2011/1/10)
(40) 東京大学グローバルＣＯＥプログラム推進室『グローバルＣＯＥニューズレター』第一号、二〇〇八年、一頁。(東京大学グローバルＣＯＥプログラム「死生学の展開と組織化」ホームページ、〈http://www.l.u-tokyo.ac.jp/shiseigaku/index.html〉(2011/1/10))
(41) 清水哲郎『医療現場に臨む哲学』勁草書房、一九九七年。
(42) 東京大学グローバルＣＯＥプログラム「死生学の展開と組織化」、《医療・介護従事者のための死生学》基礎コース案内、〈http://www.l.u-tokyo.ac.jp/shiseigaku/ja/yotei/s1007311.htm〉(2011/1/10)
(43) 東京大学グローバルＣＯＥプログラム「死生学の展開と組織化」、《医療・介護従事者のための死生学》基礎コース・修了レポート執筆要綱、〈http://www.l.u-tokyo.ac.jp/shiseigaku/ja/yotei/report.htm〉(2011/1/10)
(44) DeSpelder L.A., Strickland, A.L., *The Last Dance*, 7th edition, New York: McGraw-Hill, 2005.
(45) 森岡正博「生命学とは何か」『現代文明学研究』第八号、二〇〇七年、四四七頁。
(46) 立命館大学生存学研究センター、〈http://www.ritsumei.ac.jp/acd/re/k-rsc/ars_vivendi/index.html〉(2011/1/10)

（47） 東京大学グローバルCOEプログラム「死生学の展開と組織化」ホームページ、活動報告、国際会議、〈http://www.l.u-tokyo.ac.jp/shiseigaku/ja/gyouji.htm〉（2011/1/10）

大学生の生と死の教育
――文学によるデス・エデュケーションの試み――

小高　康正

一　はじめに

(1) 死生観の教育と文学

数年ほど前から、私は大学で「文学」の授業をとおして大学生に向けての生と死の教育の試みをしている。この授業は、全学教養科目の一つ、「文学B」という科目で、「文学にみる生と死」という副題をつけている。この授業のねらいは、死生観の教育の一環として、文学作品をとおして、生と死について考えるというものである。つまり、文学による死生観の教育であり、これを、「文学によるデス・エデュケーション」と呼んでいる。

あらためて言うまでもなく、古今東西の文学作品において、生と死のテーマはもっとも重要なテーマの一つといえよう。アルフォンス・デーケンも「文学を通して行う死への準備教育には多くのメリットがあるが、特に少なからぬ作品が死にまつわるさまざまな問題をバラエティに富んだ形で、また生々しく具体的な形で呈示している点は注目に値する」と述べている[1]。

また、山本佳世子は「スピリチュアル教育における文学教育の意義」において、たとえば、「自殺・死といった直接的に扱うには抵抗感が強い事柄を、文学を用いることによって間接的に、怖くない方法で扱える」点や「読書を通じて、本当の喪失体験なくして、死の問題に対することができる」などの点を利点としてあげている[2]。

しかし、同時に、「確かに文学で語られる死は現実の死にはかなわないし、文学における死は所詮されいごとかもしれない」ともいわれる[3]。

(2) 現実の死と文学の中の死との接点

死生観の教育と文学とを結びつけて考えようとするとき、現実の死と文学の中の死との接点をどういう点に見いだすかが大きな課題となろう。

たとえば、現代日本における現実の死をめぐる状況を考えてみよう。日常生活において、死はだんだんと縁遠いものとなり、事故や殺人事件などのニュースにみられる場合を除いて、ほとんどが病院の中で起こるものとなってきている。科学技術の発展による医療技術のめざましい進歩は、ある意味では「死の医療化」をもたらした。死のタブー化の流れと呼応するかたちで、現代日本においては宗教離れや宗教の無力化が叫ばれて久しい。それらは、現代人の「死生観の空洞化」現象を引き起こしているといわれる[4]。

これらの現代日本の死をめぐる状況を特徴づける現象が、死を日常の生活から遠ざけると同時に、死への恐怖や不安をかき立て、死とどのように向き合えばいいかわからなくなっている、というのが現代の私たちの置かれている状況ではないだろうか。

(3) 文学をとおして「死を創造する」

このような状況の中で、たとえば、柳田邦男氏は、現代は「自分の死を創る時代」であるといっている。[5] 自分の死を病院や医師に任せるのではなく、自分自身の手に死を取り戻すことが必要だといっている。ではどのようにして、私たちは自分自身の死を取り戻すことができるのだろうか。

そこで私が注目したいのは、文学(作品)がもつ、物語の力であり、そのもとにある言語の力とその限界を踏まえた上で、それを乗り越えようとする、創造的な力なのである。

ますます縁遠くなっていく現実の死を自分たちの手に取り戻し、私たちの日常の生活の中につなぎとめるための一つの手段として文学作品の役割があると考えられる。

文学は現実の出来事から一歩距離をおいて、虚構の物語をとおして現実をとらえ返すという役割をすることがある。普段の生活においても私たちは小説を読みながら、知らず知らずのうちに、そこに描かれた生と死のテーマについて考えていることがある。

私たちは物語世界をとおして、死を疑似的に体験し、生と死について考えている。物語は、現実の世界からみるならば、虚構の出来事ではあるが、内面(心の)世界においては、一定のリアリティーをもって受け止められるのである。そういう点で、そのような「物語性」が、現実の死と文学の中の死をつなぐパイプ役を果たすと考えられるであろう。

(4) 死生観の教育と物語の創造的な力

さて、文学作品(小説など)がその物語性をとおして、現実の死を受け止めるために一定の効果があるとすれば、

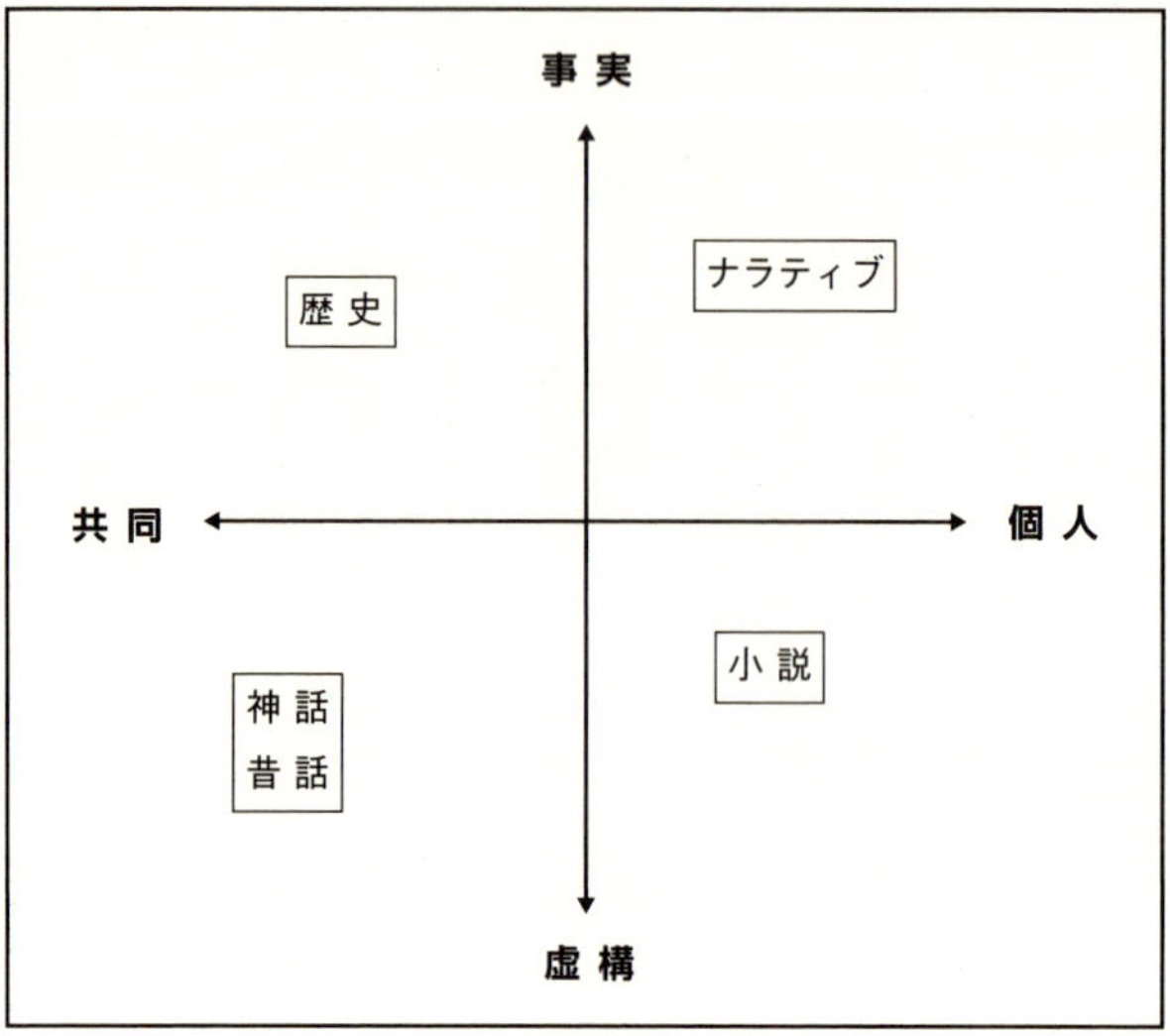

図　物語の位相

文学あるいは、物語の対象をできる限り広く考える必要がある。

　そこで私は図のような「物語の位相」を考えてみた。この図は、縦の軸を「事実」から「虚構」の度合いを示すものとし、横の軸を、人間社会の「共同」性から「個人」の度合いを示すものとする座標軸を設定している。その座標の中に、物語（ナラティブ）、小説、神話や昔話、歴史を位置づけたものである。「物語」の中に、日記や闘病記といったノンフィクションを位置づけたり、歴史を文学とみなすといった点については異論もあると思われるが、ねらいは、「物語」というものを、できるだけ広く取り上げられるように意図したということであり、それ以上の理論的な根拠をもってのことではない。

　このように「物語の位相」の射程をできるだけ広くとることによって、文学として取り上げる教材の作品を幅広く選ぶことが可能になると考えた。

二 「文学B」の授業プログラム

「文学B」（文学にみる生と死）の二〇〇九年度の「シラバス」では、授業概要と教育目標について、次のように示している。

この講義では、文学作品を中心にいろんな文章を読んで、広く生と死についてみなさんと一緒に考えたいと思っています。生と死について考えるとは、自らの生命（いのち）が有限であり、誰にとってもいずれ死は等しく訪れることを認識することであり、同時に、それは私たちの身近にある病気や事故による現実の死に対して、死をタブー視せず、死のとらえ方の視野を広げることによって、自分たちの生きている意味を問い直すことにつながると思います。

いろんな文学作品や文章にあらわれた生と死のあり方、著者の体験や考え方を知り、現実の死と文学の中の死との接点を考えることによって、私たちの現実の生活における文学の役割（ヒント）、あるいはひろく言葉の持つ力とその限界も感じることができるのではないでしょうか。

⑴ 様々な文学作品（小説、詩、エッセイ、ノンフィクション、民話など）を読むことによって、生死についての理解を深める。
⑵ 生きる意味やいのちの限界について考えることによって、死生観を養う。
⑶ 生死の限界を表した作品を読んで、いろいろな人間の生き方から生きる意欲、他者への理解（共感）

を深める。

(4) たくさんの作品（文章）を読む力、自分の感じたことを表現する力を養う。毎回、四〇〇字〜八〇〇字程度の文章を書く。

そして、第一回目の授業では、受講生に向けてあらためて、「講義のねらい」について次のような説明をしている。

ただ小説やエッセイの中に、どのように生と死が描かれているか、読むだけでは十分ではありません。そこに表された死に対して、敬遠しないで、向き合っていくことができるか、自らに問いかけることが重要になります。私たちが、現実生活の中で死と出会うといっても、自分自身の死（一人称の死）それ自体を経験することはできません。しかし、誰もが一度は自分が死んだらどうなるかとか、死の不安や恐怖について思いめぐらすことがあったと思います。（中略）

そんな「いのちの限界」（死）と向き合った人たちが書いた文章や、宇宙的ないのちの不思議さに触れた作品を読むことによって、生きていることの実感（生きがい）を見つめ直すきっかけになるのではないでしょうか。文学に潜む広い意味での〝言葉の力〟が、死を見つめ、たくましく生きていくための大きなヒントを与えてくれるのではないかと思います。

その上で、半期の授業計画を提示する（もちろん受講生は事前に各講義を履修する際には、情報として参照できるようになっている)。

二〇〇九年度の「文学B」の全体の授業プログラム(シラバス)は、次のような三部構成になっている。第一部は、「現実の死と向き合う」という枠組みで、三つの講義より成り立っている。第一講では「自殺」、第二講では「病気」、第三講では「戦争」というテーマを扱う。第二部は、「死生観を考える」というくくりで、やはり三つの講義が入っている。第四講「自分自身の死」、第五講「愛する者の死」、第六講「宗教と死」である。第三部は「デス・エデュケーション」ということで、講義は四つある。第七講「子供と死」、第八講「死と創造」、第九講「宇宙の中のいのち」、第十講「生きがい」となっている。

それぞれの講義で扱われる死生学的テーマと文学作品は以下のような表になっている。各講義のあいだに、振返りと理解を深めるための演習が挟み込まれている。

第一回　はじめに：文学と死のテーマ

第Ⅰ部　現実の死と向き合う

第二回　第一講(自殺)岡真史『ぼくは12歳』

第三回　第二講(病気)高見順『死の淵より』、闘病記(千葉敦子ほか)

第四回　第三講(戦争)『アンネの日記』、V・フランクル『夜と霧』

第五回　演習(一)「死とどう向き合うか」(討論)

第Ⅱ部　死生観を考える
第六回　第四講（自分自身の死）トルストイ『イワン・イリッチの死』
第七回　第五講（死別の悲嘆）堀辰雄『風立ちぬ』
第八回　第六講（宗教と死）遠藤周作『深い河』
第九回　演習（二）「死生観を考える」（「中間レポート」）
第Ⅲ部　デス・エデュケーションということ
第一〇回　第七講（子どもと死）『葉っぱのフレディ』ほか
第十一回　第八講（死と創造）M・エンデ『モモ』
第十二回　第九講（宇宙の中のいのち）まど・みちお『まど・みちお詩集』
第十三回　第十講（生きがい）神谷美恵子『生きがいについて』
第十四回　演習（三）特別講義（外部講師）
第十五回　まとめ

三　「文学B」の授業の進め方

それでは、次に授業の各講義の進め方について述べておきたい。

(1) 現実の死と向き合う

第Ⅰ部の第一講「自殺」では、現代日本の自殺者数の多さと、社会問題になっている状況について取り上げる。「自殺者十年連続三万人超過」。一九九八年以降、一年間で三万人以上の自殺者が出ている。その上で、遺された者の悲しみ(悲嘆、グリーフ)について触れる。そして、「グリーフケア」というものが行われていることも伝える。

そのような現実の自殺の問題に触れた後で、作品としては、実際に自殺をした少年の遺した詩を取り上げる。それは岡真史『ぼくは12歳』という詩集で、その父親で、作家でもある高史明(コ・サミョン)が遺稿集として編集したものである。この詩集から何編かの詩を取り上げる。

そのような詩を読むと同時に、高史明がある講演会で、息子の死について話した講演の一部をテープで学生たちに聞かせている。

その中で、自分の子どもが死ぬ前の状況が語られている。彼の息子は自殺する前日の夕食のテーブルで、漱石の『こころ』を読んでいた。それを見て、「漱石は名作なんだ。もっと味わって読みなさい」という読書指導をしたという話があった後、父親としては、あの夕食の席で、教師が行うような「読書指導」をせずに、どうしてこういう本を読んでいるのかとたずねていたら、自分の気持ちを話してくれたかもしれないという思いが語られる。そして、高史明が別のところでも「一人息子の自死をめぐって(6)」書いていることを取り上げて、その意味を一緒に考える。

そのような話題を取り上げた後で、自殺予防についても触れる。

第二講では、病気と死のテーマを取り上げる。病気というのは、がんである。

はじめに、「もしあなたや愛する人が、がんになったら…」という想定で、現実に、がんという病気を身近に感じてもらう。その上で、がんに対して、どのように対処すればいいのかを啓蒙的な知識の範囲で考えてみる。

がんという病気は、事故死や他の病気と違い、ある程度余命が予測しやすいので、死と向き合うと時間も長くなり、そのことを前向きにとれば、「死に支度」の時間があり、「人生の仕上げをする時間がもてる」ということになる。そのことを平方眞は「がんになるのも人生設計のうち」と言っている。(7)

そこで実際にがんになり、その最期の時期まで前向きに生きた二人の「生き方」を紹介する。

一人は、千葉敦子(一九四〇〜一九八七、フリー・ジャーナリスト)氏の場合であり、もう一人は、『天国で君に逢えたら』の著者である、世界的プロサーファーの飯島夏樹氏。彼は、余命半年を宣告されてから、「書くこと」に出会ったという。(8)

この二人を取り上げたのは、二人とも、かたちは少し異なるが、「書くこと」をとおして、自らの病気(がん)および死に向き合い、自分の生き方を考え、解決策を探っているからである。

このような例は、すでによく知られたものとして、高見順(一九〇七〜一九六五)の『詩集 死の淵より』(一九六四年)があることを紹介する。

従来、「闘病記」など、自らの体験を文章にして公表する例は作家や文学者などにみられたが、一般の人が「闘病記」を刊行する風潮がみられることに着目したのは、生と死の現場に密着してきた、ノンフィクション作家の柳田邦男であった。

柳田は、なぜ闘病記は書かれるか——闘病者にとって「書く」という行為の意味を追求した。「もっとも中核となるのは、やはり自分がこの世に生きた証しを確認したいということだろう」といわれる。(9)

そこから、柳田はすでに示したように「自分の死を創る時代」という画期的な表現を用いたのだった。

第三講では、「戦争」というテーマで、作品としては『アンネの日記』を取り上げる。

戦争下、それもユダヤ人の大虐殺の犠牲となったアンネ・フランクという少女の立場から、非人間的な、過酷な状況の中で、生と死を見つめた『アンネの日記』は、戦争という国家間の殺人をあらためて浮き彫りにしてくれる。

さらに、同じアウシュヴィッツ収容所に入れられながらも生き延びた、精神科医ヴィクトール・フランクルの『夜と霧――ドイツ強制収容所の体験記録』を取り上げる。それによって、戦争やそこで行われた悲惨な状況を知るだけでなく、そこから得たものをあわせて知ることによって、人間はどんな状況に置かれようとも、生きる希望を失わない存在でもあることを知るのである。たとえば、フランクルの有名な「生きる意味についてのコペルニクス的転回」、つまり、「生きる意味についての問いを百八十度転換することだ。わたしたちが生きることからなにを期待するかではなく、むしろひたすら、生きることがわたしたちからなにを期待しているかが問題なのだ、ということを学ぶ」必要がある。それは、「わたしたちにとって生きる意味とは、死もまた含む全体としての生きることの意味であって、生きることの意味だけに限定されない、苦しむことと死ぬことの意味にも裏づけされた、総体的な生きることとの意味だった」(10)といわれるように、フランクルの考察は、戦争をとおして、生と死を考えさせてくれる絶好のテキストなのである。

(2) 死生観を考える

第Ⅱ部は「死生観について考える」という枠組みを設定している。

第Ⅰ部で、自分たちの身の回りにある生と死を取り巻く現状の一部に関心を向けてもらった後は、第Ⅱ部では、それを自分の問題としてとらえるための段階と考えている。

学生たちにその点を考え訳するための工夫として、「死生観」という言葉をキーワードとして投げかける。もちろん彼らはふだん「死生観」などという言葉使うことはまずないだろう。彼らの反応はまずまずである。生と死をめぐって、自分の中に生まれてきた、もやもやとした思念をかたちにしてまとめていくことは簡単なことではない。その時に、死生観という言葉は思考を結晶化していく絶好の概念となる。

そのような意味での「死生観」を念頭に置きながら、第四講では、「自分自身の死」のテーマで、トルストイの『イワン・イリッチの死』という短編を取り上げる。この作品は、トルストイにとっても、人生の危機を潜り抜けた後に書かれた作品だけあって、主人公のイワン・イリッチの死の瞬間にいたるまでのプロセスは、あるリアルさをもって読む者に訴えかけてくる。

ここで扱われるのが、一人称の死であるとすれば、次の第五講では、堀辰雄の『風立ちぬ』をテキストにして、愛する者の死、つまり、二人称の死が扱われ、死別の悲しみ（悲嘆、グリーフ）が死生学的なテーマとなる。ここでは、E・キュブラー＝ロスの「死のプロセスの五段階」の考え方や、遺された者の「悲嘆のプロセス」についても触れておく。

死生観とのかかわりでは、死後のことや、それとのかかわりで宗教についても触れないわけにはいかないが、宗教とはどういうものかとか、特定の宗教の考え方を取り上げることは、この授業にはふさわしくないことから、作品として、遠藤周作の『深い河』を第六講で取り上げることにしている。

ここでは、主人公の一人である、大津が西欧のキリスト教から日本人としての信仰のあり方を求めた結果の、「様々な宗教があるが、それらはみな同一の地点に通ずる道である」という言葉なども紹介している。

第七講では、宗教から離れて、M・エンデ『モモ』の物語や他のファンタジーをとおして、死後のことや転生について触れたものを教材としている。(11)

第Ⅲ部に入る前に、演習として、中間レポートの提出をさせる。テーマは「自分の死生観について述べよ」というものである。書き方は幅をもたせ、第Ⅱ部の各講で取り上げた作品の感想や、関心のあるテーマをとおしてであったり、自分の体験をとおして書いたものでもよいことにしている。「現在の自分の死生観とはこういうものである」といった締めくくり方で文章をまとめる学生が少なからずいる。彼らにとっては、自分の考えたことを中間レポートのかたちでまとめることは生と死のテーマを考える上で有効な手段となっていると考えられる。

(3) デス・エデュケーション

そして、最後の第Ⅲ部で、最後の三つの講義が用意されている。そして全体を「デス・エデュケーション」としている。この言葉は学生にとっては聞きなれない言葉である。まず、言葉の意味を理解してもらうために、A・デーケンの「死への準備教育」の考え方を紹介しておく。

死への準備教育（death education）という言葉は、日本人にとって、あまり馴染みのないものでしょう。しかし、死のついて学ぶことの大切さは、おとなでも子どもでも、全く変わりません。今の日本では、子どもに対する死への準備教育は、ほとんど行われてはいませんが、私は将来、この教育が小学校からの必修科目として、カリキュラムに取り入れられることを願っています。次代を担う子どもたちに、他者への愛と思いやりの心を育むには「死への準備教育」は欠かせない教育の一つだからです。(12)

この第Ⅲ部全体をデス・エデュケーションの段階として位置づけている理由は、この「文学B」の授業自体が学生にとってはデス・エデュケーションの一つの試みであること、デス・エデュケーションとは、単に死について学ぶ教育ということではなく、それをとおして、広くいのちについて考える「生を考える教育」(ライフ・エデュケーション)であることを授業をとおして体験的に感じてもらうためである。

そのために、第八講では、「子どもと死」として、発達段階として子どもは死についてどのように考えるかを少し古いが、わかりやすい点で、ハンガリーの心理学者M・ナギーの考え方を紹介し、また、『ダギーへの手紙』をとおして、実際に死に直面したダギー少年の例を紹介したり、文学教材としては、『葉っぱのフレディ』(自然の四季の変化をとおして生と死のイメージを喚起することは日本人には馴染みやすく、物語の中の「死も変化することの一つだよ」という言葉もそういう意味ではわかりやすい)や『100万回生きたねこ』(何人かの学生は子どものころ親から読んでもらった経験をもっている、現代の名作絵本の一つである。そんな中で、子どものころに不思議に思った点をデス・エデュケーションの視点から解釈しなおす学生もいる)、などの絵本を取り上げる。学生は自分の子ども時代のことを思い出し、また、現在の自分の立場に戻り、子どもにとって死はどういうものであり、また、デス・エデュケーションとはどういうものとしてあることが望ましいかを考える。

そして、最後の講義(第十講)は「生きがい」をテーマとしている。ここでは、死という言葉は一回も登場しない。死から生の世界への回帰であるが、しかし、それは、死をも含んだ広い意味での生であることを学生たちに感じてもらうというねらいがある。

テキストしては、医師として、生涯を通じてハンセン病の患者にかかわってきた、神谷美恵子の『生きがいについて』を取り上げる。同時に、元ハンセン病患者の詩人、桜井哲夫の詩をも読んでもらい、彼の履歴を紹介する。『生きがいについて』の中で神谷は、いろんなケースの中から「変革体験」という用語を取り出す。

ひとたび生きがいを失った人が、新しい生きがいを精神の世界にみいだす場合、心の世界のくみかえがおこる。宗教的関連では、回心とか悟りと呼ばれたり、広く『神秘体験』といわれるものである。(13)

「変革体験」や「心の世界のくみかえ」というのは学生にはわかりにくいが、精神の中に「心の眼」が生まれるという言い方でその意味が伝わると思う。

四　学生の反応（アンケート、感想文およびレポートより）

(1)「文学B」アンケート結果の分析と考察

この授業に対する学生たちの反応を知るために、二〇〇六年度に「文学B」の受講者に対して、アンケートをとったものを紹介したい。この年度の登録数は一四〇名であったが、アンケートの回答者は、総数で七九名、五六％であった。

まず、この科目を履修した理由をたずねた。一番多かったのは、「時間割の都合」（三六名、四六％）であり、次に多かったのは、「シラバス」（授業概要を含む）を読んで選んだという回答であった（二四名、二四％）。この場合は、授業内容で死のテーマを扱うことをわかった上で選んだことになる。三番目は、「文学に関心があった」（一六名、二〇％）からというものであった。そういうわけで、半数近くが「時間割の都合」で履修しているのが実態であるが、約四分の一の人は授業内容を承知して履修している。

以下、アンケートの中からいくつかの質問とその回答を紹介したい。

まず、授業を受けてみて、良かったと思うテーマを複数選んでもらった。「死生観」をあげた者が二七名（三四％）、それに続いて、上位のものとして、「自分自身の死」が二五名（三二％）、「子どもと死」二四名（三〇％）、「自殺」二三名（二九％）があげられている。

次に、授業で取り上げられた作品について、良かったと思うものをあげてもらった。一位は、『葉っぱのフレディ』（三九名）、二位『１００万回生きたねこ』（三一名）、三位『アンネの日記』（二五名）であった。上位に絵本（童話）が選ばれたことは、大学での「文学」の授業の面からみればいかがかと思われるかもしれないが、授業の趣旨からみれば、これらの題材が死のテーマを扱う上できわめて有効であることを示していると言えよう。

また、「文学B」の授業を受けて「死に対する考え方に変化がありましたか」という問いに対しての解答は、「はい」三四名（四三％）、「いいえ」五名（六％）、「どちらとも言えない」（四〇名、五一％）であった。「変わった」と考えた人が「変わっていない」と思う人より多くいるが、「どちらとも言えない」と考えている人が同じくらいいることがわかる。

上記の質問のうち「はい」の回答をした人に「どんな変化」があったかを自由記述してもらった。いくつかを紹介すると、以下のようになる。

【死生観】
・死生観をもつことの重要性について考えた
・死生観は同時に人生観でもあると思った
【死について考えるようになった】
・死に対して前より考えるようになった
・普段も死について考えるようになった
・生よりも死に注目するようになった
・死を身近に感じるようになった
【死の恐怖について】
・死に対して怖くなくなった
・死をただ怖いものと考えないようになった
・死は恐怖感だけを感じるものでない、新たな出発点
【生と死の新たな考え】
・新たな考えも生まれたが、恐怖はぬぐえなかった
・死は人生の完成を表すという考えに少し変化
・生と死は等価値である
・死についてプラス思考的な考え方に変わった
・死の準備みたいなものが必要なのだと感じ始めた

・死後のことを考えるようになった
・死が必ずしもつらく悲しいものではなくなった

【その他】

・うまく言えないけれど変わった
・いろいろな死に対する考えがあることがわかった
・自分の中のぼんやりした考えを文章にすることではっきりと自覚するようになった
・勇気が湧いてきてもっと自分らしく生きていくと思った

(2) 学生の感想文・レポートの紹介

では、次にこの授業を受けた学生たちの感想や考えたことをいくつか紹介したい。

はじめに講義ごとに書いてもらったものから選んだものを、次に、授業全体を受けた後での文章を取り上げる。

1 「第一講　自殺」を受けて

・「岡真史君の「ぼくはしなない」という詩を読んでいると、「ぼくはしにたくない」というような、真史君の思いが感じられるような気がします。一二歳で自死してしまったというのは、いじめや友人関係などで大変な問題があったのだと思います。一二歳で夏目漱石の『こころ』を読んでいるのは不思議なように思います。自分が一二歳の時は漱石のような難しい本は読んでいなかったと思います。岡真史君は、その『こころ』を読んでいることで、親に「助けて」というようなサインを出していたのかもしれないと思いました。真史君の父の高史明さんも大変だったと思います。自殺というものは、重いものと思いました。」

・「今日は自殺について学んだ。最初、レジュメで交通事故死の四倍近く自殺で死んでいると知り驚いた。でも私の身近でも自殺をした人を数人思い出した。身近といっても直接的な接点は全くなかったけれど。岡真史君が自殺の前に読んでいた『こころ』を私は読んだことがない。彼はこの『こころ』を読んで何を思ったか、とても気になった。まだ一二歳という若さで、彼は生と死について深く考えていたけれど、死を急いでしまったのは、彼に、彼以外の人からの生と死についての考えを教えてくれる人がいなかったからではないのか。『こころ』を読んで、生と死について考えて、死へと飛び込んでいってしまった。それは彼の考えで、もし他の人から別の生と死の考えを聞かされていたら、彼も死を急いだりしなかったのではないだろうか。自ら死を選んでしまった人は目の前の今しか見えなくなってしまっていると思う。希望を失ってしまっている。第三者の目から見れば、〈死ぬことはないのに〉と思う自殺もよくある。それは自殺者が病んでいるんだと思う。うつ病はとても怖い病気だ。うつになると希望が見えなくなり、死を急いでしまうことも多いと聞く。大切なことは自分自身の心のケアだと思う。生と死について考えることも大切だが、今を生きることを楽しんだほうがいいのかもしれない。」

2 「第二講 病気」を受けて

・「実際にTVや新聞等で「がん」について見聞きしていると、本当に恐ろしい病気であると感じる同時に、人間にとって非常な難病であることをあらためて実感した。治療あるいは看護においても日本だけでなく、世界的に見てもまだ十分な待遇がないということに非常に驚いた。WHOやその他の保健機関でも何らかの対策を行う必要があることが理解できた。がんになった時、余命、残された時間の中でどう生きていくのか、体の治療だけでなく、精神面や周りの人々の支えやケアが重要だと思った。詩や新聞記事のコラムで人生に対する価値観や生きる上での大切なことが至るところに表現されていて、自分も限りある命を大切にしていこうと思った。闘病記や著書の中で、手術、治療への考え方や、今の医療現場の現状も書かれていて、患者の前向きに捉えようとしている姿勢や情熱に感銘を受けた。家族や友人など皆に支えられているからこそ自分も頑張ろうと（思える）とつくづくそう学ぶことができた。」

・「病気という言葉を聞くと、自分はまだ関係のないことだと考える人と、病気にかかっていて（もしくはかかったことがあり）身近に思える人の二つに分かれると思う。自分には関係がないと思っている人は病気のつらさや（その人の）気持ちがわからないかもしれない。（私自身）少なくとも自分が病気にかかる中学二年生までは病気について考えたこともなかった。病気になってはじめて、自分の人生とか、今まであたり前にあった大切なもののありがたみなどを考え直すことができた。だから、闘病記を活用するということはとてもいいことだと思った。まだ自分には関係がないと思っている人が読めば、病気になる前に自分の人生や大切なものに気づくことができるだろう。また、病気なった人は、同じ病気の人の闘病記を読むことによって勇気をもらい、頑張ろうという気持ちになり、生きていくことができると思う。私もインターネットで同じ薬を使って治療している女の子の闘病日記を読んだ。それは、毎日泣いてばかりいた私に病気と向き合う勇気を与えてくれた。そして、乗り越えることができ、今の私がある。もしまた病気にかかって余命数年と言われたら、死を間近に感じ、怖くなってしまい、逃げ出したくなるだろう。けれど、命ある一日一日を大切に過ごし、悔いのないように生きたい。そしてあきらめたりせず、何が起きても前を向いて真っすぐに生きていくと思う。こんな考え方をするのは自分が一度病気を経験しているからだと思う。」

3 「第三講　戦争」を受けて

・「私は『アンネの日記』をアニメで見たことがあった。このため、今日の授業で取り上げられた世界観はすんなりと受け入れることができた。今回は、日記の内容だけでなく、『夜と霧』とあわせ、戦争と私たちが生きる意味について考える機会になった。そこから戦争がいかにつらく、苦しく、悲しいものであるか、肉体的に、精神的に〝人間らしさ〟を破壊するものであるか、よく理解できた。それはとくに、V・フランクルの作品から学んだのだ。たとえば、収容所で亡くなった若い女性について、私は彼女と同じような立場になってしまうことが考えられないし、自分が自分でなくなるような体験をすることを今後もないと思っている。だからこそ余計に、アンネやフランクルらの体験によって、〈生きる意味とは何か？〉—それは生きることだけではなく、苦しむこと、死んでしまうことも含んだ全体的なことだと、納得した。」

・「人間から精神というか、感情を消すことができるんだなあと思いました。感じたりすることは、消すことができないと思っていましたから。『夜と霧』の人たちは、結局、感情を取り戻すことができたのでしょうか。難しそうです。『アンネの日記』は小学校のころ、要点となる日の日記だけ抜き出したようなものを読んだことがありましたが、すべてを読んだわけではないので、今度買おうかと思います。オランダでなくて、アメリカへ行けばよかったのにと、誰もが思うような気がします。アンネのお父さんはかなり後悔というかをしたのではないかと思いました。『アンネの日記』で〈毎日生きてゆくのをやめるわけにはいきません〉というところが心に残りました。何でだろう…。」

4 「文学B」（全体）の授業を受けて

・「私はこの講義を受け、新たな考え方を吸収することで、少しだけ楽になった。死に対する恐れがなくなったわけではない。しかし、考えなかったら何も進まなかったと思う。文学Bの時間や文学Bの終わった後の時間をとおして、少しずつ祖父の死を受け止められるようになってきた。文学をとおして、人間として生きていくのに必要なことを学ばせていただいた。それだけにとどまらず、自分の中の価値観をも変えることができた。私は、文学Bの授業をこの半年間、聞いて、生や死について考え、自分自身少しは成長したと思います。死ぬことは生まれ変わることというのは、今まで考えもしなかったことなので、死をこれからは敬遠せず、死と向き合っていければいいと思いました。」

・「高見順さんの『帰る旅』の詩を読んだ後、とても気分が楽になった。人生はつらいものだけれども、そのつらさも楽しいことの一部なのだ、と考えられるようになった。この詩を読んだことによって、私の死生観は変わってきているように思う。自然というわが家に帰ること、それが死であるなら、自然に帰った私たちは栄養となり、新しい命を育てていく。『葉っぱのフレディ』のような考え方なら、死は通過点で、続きがあることになる。そう考えれば、とても楽になる。生きることに希望がもてるような気がした。」

・「約三カ月、文学をとおして生と死について授業をしてきて、あらためて生きること、死ぬことを考え、自分の死生観を見つめることができたと思います。そして、死生観を考えるとき、文学はとっつきやすいなと思いました。文学をとおしてこのテーマに触れると、それほど悩むことなく素直に受け入れることができ、生と死を学んだり、考えたりするときとても役に立つものだと思いました。」

・「死と隣り合わせになってきた人々の、素直な感情や気持ちが描かれている作品を見させていただいたことが、とても現実的な世界をもたらし、深く考えさせられた。いのちの限界（死）と向き合った人たちが書いた文章や、底知れぬいのちの尊さが描かれている作品を読んだり、見たりすることによって、死生観について深く感じられるものがあったり、生きていることの実感（生きがい）を見つめ直すきっかけとなりとてもよかった。」

・「私は文学Bの授業を受けて死に対する考えがかなり変化したと思う。……私は死というものをまだ自分には関係ないものと考え、深く考えたこともなく、ましてや怖いと思ったこともなかった。そんな私が死というものを間近に控えた人たちの詩や考えについて深く学んだことはとても衝撃的で、授業が終わるたびに深く考えさせられた。とくに「アンネの日記」は印象深かった。……私は「アンネの日記」を読んでから、仮に自分の死期が近いとしたら…と考えるようになった。明日を良きものにできるだろうか、周りの人に優しくできるだろうか、何を残せるだろうか。どれを実行するにも、まずは自分の死としっかり向き合い、受け入れることだと思った。」

（3）学生の反応のまとめ

「死に対する考え方の変化」について、二〇〇六年度のアンケート結果と二〇〇八年度、二〇〇九年度の「文学B」の受講生のアンケート結果とを比較してみた。

(1)「死に対する考え方に変化がありましたか」という問いに対する選択式の回答の結果は、以下のようになった。

（ア）二〇〇六年度「文学B」の受講者（アンケート回答者七九人）を対象とした。

1．はい（三四人：四三％）　2．いいえ（五人：六％）

3. どちらとも言えない（四〇人：五一％）

（イ）二〇〇八年度「文学B」の受講者（アンケート回答者六六人）を対象とした。

1. はい（二六人：三九％）　2. いいえ（九人：一四％）

3. どちらとも言えない（三〇人：四五％）　無回答（一人：一・五％）

（ウ）二〇〇九年度「文学B」の受講者（アンケート回答者九〇人）を対象とした。

1. はい（四四人：四九％）　2. いいえ（八人：九％）

3. どちらとも言えない（三八人：四二％）

これらの結果から、「文学B」を受講した学生の四割から五割の学生が何らかのかたちで「死に対する考え方の変化」があったことを認めていることがわかる。また、同時に、同数の割合の学生が「どちらとも言えない」と答えているのも事実だ。しかし、強調したいことは、半期（実質は三ヵ月程度）の授業を受けて、かなりの数の学生が自らの中で死について考えるきっかけをもったことは、死生観の教育のあり方として大きな意味をもつのではないかという点である。最後に、その変化の内容として書かれたものを取り上げておく。

⑵　記述式の回答は、年度ごとの大きな違いはみられず、一部のみ示しておく。

・身近に死というものはあると思うようになった

・死生観をもつことの重要性について考えた

・死に対して前より考えるようになった
・死をただ怖いものと考えないようになった
・死は終わりと考えていたが、本当は終わりではないのではと考えた
・一日一日を大切にしたいと思った
・死を見つめることによって生を実感できるということ

五　最後に

「文学B」の授業は、毎年、半期一五回の授業で、生と死をテーマにしたさまざまな文学作品やエッセイ、ドキュメントなどを教材として取り上げながら、死生学的な知識も合わせて理解してもらおうという試みである。学生たちの反応をみると、最初は暗いテーマでいやだなあと感じていた学生も、毎回授業に参加しているうちに、こういうことを考えることはとても大事なことだと気づいていく。一時間や二時間くらいではそこまで行くかどうかわからないが、毎週九〇分くらいの授業を受け、ただ聞くだけでなく、自分で考えたことを文章に書くことによって自分が感じていることや考えていることに気づき、そこから自分の考えを作っていく。一五回終わるころにはかなりの学生が、いのちに限りがあることや、死について前向きにとらえるなど、死について考えることをタブー視せず、その重要性に気づくようになる。

歴史上の偉人や文学者だけでなく、同時代において生と死と向き合って生きている（あるいは生きた）一般の人たちの文章も、学生たちに強いインパクトを与える。実際、「文学B」の授業を受けたかなりの学生が死について

の考え方に変化があったと考えていることが、すでにみたアンケートの結果や学生自身の文章からうかがえる。

文学をとおして行われる死生観の教育のねらいは各人における死の概念の拡大にあると考える。その変化がどのようにして生じるかについては、カリキュラムや題材、授業の運営など、今後、さらに分析することが必要であると考えている。

注

(1) アルフォンス・デーケン、メヂカルフレンド社編集部編『死を教える』メヂカルフレンド社、叢書 死への準備教育 第一巻、一九八六年、二四〇頁。

(2) 「文学教育によるスピリチュアル教育」、カール・ベッカー、弓山達也編『いのち 教育 スピリチュアリティ』大正大学出版会、二〇〇九年、二一〇頁。

(3) 同上書、二一五―二一六頁。

(4) 広井良典『死生観を問いなおす』筑摩書房、ちくま新書、二〇〇一年、一二頁。

(5) 柳田邦男編『「生と死」の現在』、柳田邦男責任編集「同時代ノンフィクション選集第Ⅰ巻」、文藝春秋、一九九二年。

(6) 高史明『深きいのちに目覚めて』彌生書房、一九九八年、五―二五頁。

(7) 平方眞『がんになっても、あわてない』朝日新聞社、二〇〇五年、一八頁。

(8) 山内宏泰「「がん」になっても挫けない「生き方」に学ぶ―― 〝余命6ヵ月〟でも元気 世界的プロサーファー飯島夏樹氏「病んでこそ天職が見つかる」」、『サンデー毎日』八月一五日号、二〇〇四年、三九―四二頁。

(9) 柳田邦男編、前掲書、七頁。

(10) ヴィクトール・E・フランクル『夜と霧』(新版) 池田香代子訳、みすず書房、二〇〇二年、一二九—一三一頁。
(11) 小高康正「エンデのファンタジーにおける死のイメージと創造性」、梅内幸信編『エンデ文学におけるファンタジー』、日本独文学会研究叢書064号、二〇〇九年、二五—三三頁。
(12) アルフォンス・デーケン『死とどう向き合うか』日本放送出版協会、一九九七年、二〇五頁。
(13) 神谷美恵子『生きがいについて』みすず書房、神谷美恵子コレクション、二〇〇四年、二三四頁。

参考文献

・岡真史『新編 ぼくは12歳』筑摩書房、ちくま文庫、一九八五年
・千葉敦子『「死への準備」日記』文藝春秋、文春文庫、一九九一年
・飯島夏樹『天国で君に逢えたら』新潮社、二〇〇四年
・高見順『死の淵より』講談社、講談社文芸文庫、一九九三年
・アンネ・フランク『アンネの日記 完全版』深町眞理子訳、文藝春秋、一九九四年
・トルストイ『イワン・イリッチの死』米川正夫訳、岩波書店、岩波文庫、一九八四年
・遠藤周作『深い河』講談社、一九九六年
・ミヒャエル・エンデ『モモ』大島かおり訳、岩波書店、一九七六年
・E・キューブラー・ロス『ダギーへの手紙——死と孤独、小児ガンに立ち向かった子どもへ』アグネス・チャン訳、佼成出版社、一九九八年
・レオ・バスカーリア『葉っぱのフレディ——いのちの旅』みらいなな訳、童話屋、一九九八年
・佐野洋子『100万回生きたねこ』講談社、一九九七年

看護基礎教育における「死生学教育」

中村　鈴子

一　はじめに

近代医学の進歩は目覚ましいものがある。しかし、最新の医学をもっても治癒の見込みのない人々がいる。これといった治療法もなく、ただ、死を待つ人々を周囲の人々がどのように看取っていくのか、死をどのように受け止めていくのか、という終末期ケアの問題が看護基礎教育において大きな関心事になっている。

日本で最初に市民の活動として終末期ケアの問題に取り組んだのは、一九八三年に始まった「生と死を考える会」（アルフォンス・デーケン（Alfons Deeken）主宰）であった。この会では当初、死別した家族の悲嘆をどのように解決していくかが課題であった。その後、よい人生を生きるために死に向けてどのような準備をすべきか、という死生学教育に展開していった。この会の活動のひとつである「生と死を考えるセミナー」（一九八二年）から始まった市民運動が、日本各地で「生と死」を考える運動となり、全国に広がっていった。

医療現場では、終末期医療に対する国民の関心の高まりという変化に伴い、終末期医療に対応できる医師と看護師の育成の重要性が認められるようになった。一九八七年には、厚生省に「末期医療に関するケアのあり方の検討会」が設けられ、終末期医療に携わる医療従事者、本稿の関連でいえば、とくに看護師養成が重要な研究課題となっていった。

一方、今日ではQOL（Quality of Life）という言葉で表される生命・生活の質が注目されるようになった。医療やケアにおいてもその質が求められるようになってきている。看護基礎教育に関していえば、医学や薬理学、栄養学などのほかに、死の教育や終末期（ターミナル期）患者のケアについて学ぶことの重要性が強調されている。筆者は、終末期患者のケアができる看護学生（以下学生とする）を育成するには、すでに学んだ理論や技術を実際の患者に援助していく臨地実習が重要な役割をもっていると考える。しかし、学生が臨地実習で、実際に終末期患者を受け持ち、看護を実践するとき、学生は戸惑い、どのように援助していったらよいか悩むことが多いことも事実である。とくに、最近の学生のほとんどは、核家族の中に育ち、祖父母等との生活体験が乏しい状況である。今まで死に出会った体験が少ない、あるいは体験がない学生にとって、終末期看護を臨地実習することは難しい状況である。また、今日の中等教育（以下学校教育とする）においては、知識が重要視され、いかに生きるかという人生に対する態度形成の教育が十分なされていないということがあげられる。すなわち、学校教育では、人間の生・死についての教育が十分なされていないのが現状である。このような教育を受けてきた学生が、終末期の患者の痛み、苦しみを受け止め、自己の死生観をもって真剣に誠実に患者を看護していくには、看護基礎教育に学校教育では学ぶことのできない要素を取り入れることが必要である。また、看護の現場の経験を生かして、人間として、また、専門職業人としての成長を考える場合には、意図的に計画された教育的アプローチが必要であると考える。

わが国の終末期患者の看護に関する教育は、一九八九年の「改正カリキュラム」において、「経過別看護」の中で終末期看護を学習することになっていた。「経過別看護」は、対象となる患者の健康段階から、急性期、回復期、慢性期、終末期と分け、その健康障害の段階の特徴的なことを学ぶことを目的としている。二〇〇八年の「新カリキュラム」においても、患者の各健康段階における経過別看護を実践できるように看護基礎教育機関において計画されている。しかし、終末期にある患者を受け持ち看護することは、看護学生にとってはじめての実習となる。そのために戸惑い、悩みながらの実践となる。

看護は、人間へのアプローチであり、健康な人から健康障害をもつ人、積極的な治療がむしろ不適切と考えられる状態の人（終末期にある人）、および、その家族を対象とする。終末期における看護とは、そのような状態の患者に対して患者の苦痛を緩和し、限られた時間であっても、そのＱＯＬを高められるように援助することである。しかも、患者を身体的、精神的、社会的、霊的側面をもつ一人の人間としてとらえることが看護の基本である。それゆえ、終末期看護の教育は「人間の生と死について考えること、死への準備教育」でもある。そのためには、看護基礎教育機関において系統的な人間のとらえ方を意図的に学習できる死生学教育（デス・エデュケーション death education）を導入することが重要であると考える。(1)

二　死生学教育（デス・エデュケーション）

死生学（サナトロジー thanatology）と死生学教育（デス・エデュケーション）はともに新しい分野の学問であり、教育である。『看護・医学事典』（第六版、医学書院、二〇〇二年）によるとサナトロジーは、「死学」と訳されており、死学とは、「死に関するあらゆる研究領域を総称することば」であると定義している。また、この事典によると、死は、哲学、宗教学、心理学、文学、神学、医学、看護学などの分野からの接近が可能であるとも述べている。

死生学教育（デス・エデュケーションdeath education）は、「死の準備教育」と訳され、死を受容するための準備をすることと考えられている。しかし、平山正実が指摘するように死生学教育は「死学」にとどまらず「死を思い、他者の死を体験することを通して、現在の生をよりよく生きることを目的としている」のである。人間が死をどのように受け止めてきたかは、フィリップ・アリエス『死と歴史——西欧中世から現代へ』に詳細に論じられているようにさまざまな文化において書かれ、描かれてきた。アリエスによれば、「死をなじみ深く、身近で、和やかで、大して重要なものでないとする昔の態度」があった。一四世紀から一五世紀の中世ヨーロッパにおいては、戦争、飢餓、疫病の流行により、「死」は身近な存在であった。とくに黒死病（ペスト）が流行したときは、感染による死亡で人口が三分の一に減少したとも言われている。当時の芸術家の絵画や彫刻を見ると「死」を題材にして、死体の腐乱状態や、「死に神」などを描いているものが多い。芸術家は、人々の「死」に対する不安、恐れ、苦しみなどを表現しているのである。医療技術の発達する近代以前においては、人間にとって「死」は日常的なもの、身近に存在するものであった。人間が「死」を身近な存在であることを認識するのは、このような「病」、それも治ることがない「病」や、「戦争」による突然の「死」、また、生命を維持するための食糧の不足による「飢餓」状態のときであった。

現代になり、医学は進歩し、「生」のあくなき追求をしている。今まで治らなかった病気も最新の医学により治療可能となってきている。しかし、その最新の医学を駆使しても治癒しない病気もある。その時に人々は、「死」について考え、悩み、恐れる。このような現状の中で、人々は、「死」について考えるようになってきた。死生学については、本書一六七頁の山崎浩司「大学における死生学教育の展開」で論じられているので参照いただきたい。ここでは死生学教育の概略を述べるにとどめる。また日本においては、首相の諮問機関として、一九九〇年から「臨時脳死及び臓器移植調査会」の審議が行われるようになると、一般の人々も脳死に対する大きな関心をもつようになった。しかし、脳死問題は「死」に対する数多くある問題の一つであり、すべてではない。ここで、今日における「死」への関心の高まりと、死生学教育の基礎となった研究の経緯を述べる。

死生学教育は、一九五〇年代に米国において医療従事者や学生を対象にして始められた。次第に社会人も教育の対象にされるようになった。一九六三年からデス・アウェアネス（death awareness 死の認識）の運動が興った。そして、欧米ではじめて、ロバート・フルトン（Robert Fulton）により死の準備教育のための講座がミネソタ州立大学（社会学部）に設立された。一九六三年にフルトンが「死・悲嘆・遺族」という主題のセミナーを始めた。当初は「死の社会学」という名称であったが、一九六九年に「死生学教育と研究センター」（Center for Death Education and Research）となり、死生学教育の資料を集積し、また研究する場ができたのである。このような動きがあり、一般の市民の死に取り組む姿勢を変化させていった。そして、このような動きががん患者に対する病名告知が急速に広まることにもつながった。

一九六九年には、エリザベス・キューブラー－ロス（Elisabeth Kübler-Ross）の臨床心理学の著書 *On Death and Dying*（邦訳『死ぬ瞬間』）が出版された。よく知られるようにキューブラー－ロスは、末期患者が死を告知された時の心理状態を分析した。患者の死に対する五つの段階を経て受容にいたる心理過程の分析は、医療関係者の認識を新たにした。キューブラー－ロスの影響により、米国の一般市民の死に対する態度や末期患者の死の現実に対しての認識が大きく変革された。一九七七年には、*Death Education*（デス・エデュケーション、後にDeath Studyと改名）という題名の雑誌が米国において発刊された。現代社会における死への態度という大きなテーマをもとに研究者や教育者が集まり、デス・エデュケーションの必要性とともに、その研究が必要であることが確認されはじめたのである。

日本においては、一九七一年、キューブラー‐ロスの『死ぬ瞬間』（川口正吉訳、読売新聞社）が紹介され、この著書が日本における死生学の発端となったのではないかと考える。前述のように「生と死を考える会」の活動を中心にして死の準備教育を提唱しているアルフォンス・デーケンは、人間学の立場から、死生学教育の意味を、①死を身近な問題として考えること、②生と死の意義を探求すること、③自覚をもって自己と他者の死に備えて心構えを習得すること、④より良い生を生きること、と述べている。単に死について学ぶのではなく、生への準備教育であることを強調している。[(2)] また、死生学を早くから提唱してきた精神科医の平山正実は、「生と死とは、表裏一体のものと思っており、死の教育は、結局生の教育である」と考えている。アルフォンス・デーケンが述べる死の準備教育と平山正実が提唱する死生学教育は、共通点が多くあると考える。

平山は、死生学を「死生学教育・生の教育と死への教育を統合して包括的に捉えること」、また、「死生学は、医学的、精神医学的な面もあるが、宗教、哲学、心理学などに深く関わっている学際的学問である」[(3)]ととらえている。筆者は、このとらえ方を基盤として、看護基礎教育における死生学教育の必要性と死生観を確立することを目的に教育課程を編成した。本稿では、その編成過程と編成後の成果について述べる。

三　死生学教育が必要とされる社会的要因

今日、とくに看護教育において死生学教育（デス・エデュケーション）が必要とされる社会的要因について取り上げる。

第一に、核家族の増加による家族の死を看取る機会の減少である。第二に長寿高齢社会の出現である。高齢者人口の増加にみられるように、医療技術の発展により死に臨む期間が長くなった。第三に出生率の低下に伴う少子化により、死に遭遇する機会や死を看取る機会が少ないことがあげられる。第四に医療現場からの要請がある。第五に臓器移植に伴う死の定義が問題になっている。これも死生学教育が必要とされる要因といえる。

第一に現在も急速に進む核家族化は次の数値に示されている。たとえば、一九九五年には夫婦と未婚の子のみの世帯が一六五一万世帯であったのが、二〇〇九年には一八一二万世帯になっている。高齢者の夫婦のみの世帯が、一九九五年には三〇五万世帯、二〇〇九年には四六七万八千世帯と増加している。また、三世代世帯（老親、子、孫の同居）の構成割合をみると、一九九五年に五〇八万三千世帯（一二・五%）、二〇〇九年では四〇一万五千世帯（八・四%）である。日本の伝統的な三世代世帯が減少し、家族の死に遭遇する機会や看取る経験が少なくなってきていると考えられる。

第二に、長寿・高齢社会の出現である。高齢者人口（六五歳以上）は、一九九五年の一二六九万五千人が、二〇〇九年には二〇一二万五千人となっており、高齢者人口の増加は著しい。死にいたるまでの生の期間が長くなったことが、死生学教育の必要性を強化したのである。

第三に、高齢社会と並んで生じる少子化問題である。つまり出生率の低下がもたらす少産多死化の問題である。日本の人口動態では、二〇〇四年までは出生数のほうが死亡数を上回っていた。それが二〇〇五年に逆転した。厚生労働省の統計によれば、日本人の平均寿命は、一九四七年は、男性五〇・〇六歳、女性五三・九六歳であった。それが二〇〇〇年には男性七七・七二歳、女性は八四・六〇歳と伸びてきた。それが、二〇〇五年には男性七八・五六歳、女性八五・五二歳となり、二〇〇四年の数値を下回った。平均寿命の伸びがとまったことで多死化に転じたのである。

合計特殊出生率（一五歳から四九歳までの女子の年齢別出生率を合計したもので、一人の女子が仮にその年次に年齢別出生率で一生の間に生むとした時の子どもの数）をみると、一九九五年では一・四二、二〇〇九年は一・三七であり、出生率の低下が顕著である。出生率の低下は、子どもの数の減少であり、一家庭の成員数の減少である。

女子の高学歴化により、晩婚時代が到来し、母親が子どもを産み始める年齢が変化していることである。一九九五年では、第一子は二七・三歳、第二子は二九・八歳であり、第三子は三二歳である。二〇〇九年では、第一子二九・五歳、第二子三一・六歳、第三子三三歳である。子どもを産む年齢が変化し、合計特殊出生率の低下とともに少子化の時代といえる。

以上のように、家族構成の変化、人口動態の変化により、ますます高齢と多死化の傾向は顕著になる。看護にたずさわる学生たちが現実において直面する課題である。死生学教育が看護教育に取り入れられなければならない必要性はここにある。

また第四に、現代において死生学教育が必要とされる医療現場からの要請もある。医療の進歩により、疾病構造の変化が生じていることである。二〇一〇年の『国民衛生の動向』（厚生労働統計協会）をみると、二〇〇九年の死因の第一位は悪性新生物であり、第二位は心疾患、第三位が脳血管障害である。これを一九七五年と比較すると日本の疾病構造が大きく変化していることがわかる。一九七五年の死亡順位の第一位は、脳血管障害であり、第二位は悪性新生物、第三位が心疾患であった。一九八一年から悪性新生物が第一位を占め、脳血管障害、心疾患など成人病が死亡の上位を占めている。これは、日本の経済社会の変化に伴い、国民生活の向上、生活様式の変化などにより疾病構造に変化が生じていると考えられる。

これらの疾患は、老化現象とともに現れる病気でもあり、治療は難しいものである。高齢者人口の増加に伴い成人病が増加している。厚生労働省の国民健康調査によると六五歳から七五歳までの有病率は、四八・二%、七五歳以上では五六・八%を占めている。このように高齢者の約半数が何らかの疾患をもっていることになる。有病率が増加することは、死との関係が密接となることである。とくに第二位の悪性新生物の場合、死にいたるまでの期間が、第一、第三の原因と比べて相対的に長いといえる。死への準備をどのようにすべきか、どのように看取るべきかという死生学教育の課題が浮かび上がった。

第五に、現代においてとくに問題となるのが医療における「死の定義」である。二〇一〇年七月十七日に施行された「改正臓器移植法」では、脳死を人間の死と規定した。科学的には脳死は人間の死といえるかという議論は続いており、看護教育においても、この問題を取り上げる必要がある。

四　看護基礎教育における死生学教育（デス・エデュケーション）の実態と課題

(1) 全国調査からみた死生学教育の実態

一九八九年、看護基礎教育における「保健婦助産婦看護婦学校養成所指定規則」が一部改正された。各看護学校の教育課程の編成がなされ、臨死患者への看護が強調されるようになった。この段階においても各看護学校の教育課程はさまざまであった。香春《かはる》ら(4)が一九八九年に実施した調査報告（「看護基礎教育における臨死患者の看護教育カリキュラム試案の作成」）によると、わが国の看護学校四〇七校のうち、臨死患者の看護に関して、単元、小単元として独立させている学校、項目として取り入れている学校、内容として意図的に取り入れている学校など多様であるが、九〇・一％が「臨死患者への看護」をカリキュラムに取り入れていた。

基礎科目、看護を除く専門科目においては、死に関する内容の科目を取り入れていた学校は七八校あった。その内訳は、医学概論の科目がもっとも多く七一・八％、哲学一五・四％、倫理学一〇・三％、宗教学一〇・三％であった。医学概論では、医療の中の死、死にゆく患者への対応、死にまつわる倫理的諸問題、生命の起源などが取り上げられている。また、哲学や倫理学、宗教学では、生・人生から死を考える内容であった。時間数は、一五分から三〇時間で平均一六〇分であり、もっとも頻度の多い時間数は、九〇分であった。教育方法としては、講義、特別講義、ゼミナール、討議、グループ学習であった。

看護専門科目では、看護学総論において八二・四％が臨死患者の看護に関する教育を取り上げている。教育内容としては、

死の概念（四九・六％）、生と死（五三・〇％）、死にまつわる倫理的問題（一〇・三％）
臨死患者の看護の概念（六七・五％）、臨死患者の看護のフィロソフィー（三二・五％）、
臨死患者の状態と観察（五三・〇％）、臨死患者の心理過程（五二・一％）、
死亡時の看護（五九・八％）、家族への援助（三四・二％）、ホスピスについて（四・三％）
であった。時間数は、二〇分から一九時間であり、平均二五八・二分であり、もっとも頻度の高い時間数は一八〇分であった。

「成人看護学」では、五八・五％が臨死患者の看護に関する教育を取り上げている。教育内容としては、
死の概念（一九・三％）、生と死（一九・三％）、死にまつわる倫理的問題（一八・一％）、
患者の権利（六・〇％）、臨死患者のフィロソフィー（三三・七％）、
臨死患者の心理的過程と心理的援助（七七・一％）、臨死患者の身体的援助（一四・五％）、
場における臨死患者の看護（三・〇％）、家族への援助（四一・〇％）、その他（九・六％）
であった。時間数は、三〇分から一三時間で、平均一七二・一分であった。教育方法は、講義、文献学習、グループ学習であった。

「小児看護学」では、三五・九％が臨死患者の教育を取り上げている。教育内容は、
死にゆく児の心理的過程と援助（九二・四％）、
家族（とくに母親）の心理的過程と援助（八〇・四％）
であった。時間数は、一〇分から九時間であり、平均七七・一分で、もっとも頻度の高い時間数は九〇分であった。
教育方法は、講義、文献学習であった。

臨死患者の看護に関する臨地実習を実施している学校は、「看護学総論」四四校（三一・〇％）、「成人看護学」一〇三校（七三・五％）、「小児看護学」五〇校（三五・二％）であった。そのうち必須で実施している学校は、一七校（一二％）すべて成人看護学で行われている。具体的な実習目的・内容としては、成人看護学では、家族の心理面の理解と援助（四五・六％）、苦痛の緩和（四二・七％）、患者の心理面の理解と援助（三六・九％）があげられている。小児看護学では、患者の苦痛の緩和、家族（とくに母親）への心理的援助があげられている。

以上の全国調査結果からみえてきたことは、実際に行われている死生学教育には、教育内容の重複があることである、つまり、死生学教育の必要性を認めながらも時間的、科目的にも十分でないことがわかる。教育方法は、講義・文献学習中心であり、欧米でなされているような臨地教育がないことである。教育内容や方法についてはさまざまであり、その必要性と実際が伴っていない現状であるといえる。

香春らは、調査結果に基づき、臨死患者の看護に関する教育には、一貫した系統的教育が必要であると述べている。また、教育方法の未発達が影響していることも述べている。さらに、学生の準備状態に応じた系統的教育を行う指導者の育成の必要性を力説している。

以上のことから看護基礎教育における死生学教育（デス・エデュケーション）の課題が明確になったといえるだろう。まとめれば、

①看護基礎教育における死生学教育（デス・エデュケーション）に系統的、意図的に取り組むための教育課程編成が必要であること、②教育方法の開発、③系統的に教育できる指導者の育成、である。

(2) 看護基礎教育における死生学教育（デス・エデュケーション）に関する研究

小島ら[5]は、看護基礎教育における「臨死患者の看護教育カリキュラムの試案」を作成している。前述した全国調査から看護基礎教育における死生学教育を一つの科目として編成することは、時間数の問題だけではなく内容が未確立であること、また死生学教育は、その扱う領域が、医学だけでなく、哲学、宗教など学際的であるため、教育担当者の問題では、この領域すべてに実現不可能としている。しかし、看護基礎教育は人間・生命の尊重を基盤にしているので、死生学教育（デス・エデュケーション）を看護教育の中で統合して教育することは、まことに現代の状況に必要不可欠なものである。観点を人間（看護を受ける側）に置けば、一貫性があり、具体的で理解しやすく、教育効果は高いと考えることができる。ここでは小島の試案を紹介したい。

特徴としては、教育内容を四つのレベル（知識・価値観・感情・技術）で組み立てていることである。知識のレベルは基礎科目、価値観のレベルは、看護専門以外の専門科目で扱う。感情・技術レベルは、看護専門科目で編成している。

第一の知識のレベルは、哲学、倫理学、宗教学から一科目（三〇時間）を必須としている。教育内容としては、生命の尊厳、死の概念、死と文化、死生観等の基礎的な内容を幅広く取り上げている。また教育方法としては、主として講義である。

第二の価値観のレベルでは、医学概論、生命倫理等を特別講義として編成している。教育内容としては、死の兆候、脳死と植物状態の相違、死の定義と判定、延命・安楽死・遺伝操作、人工妊娠中絶、自殺、臓器移植など、生と死に関する臨床事項を取り上げている。学生が自己の価値観を再考できるようにしている。教育方法は、講義とともに討議、文献学習、死生観のレポート作成などをとおして行う。

第三の情緒（感情）レベルは、看護専門科目を主として看護学総論の中に取り込んでいる。教育内容としては、生と死、死にゆく過程、臨死患者とその家族の心理的・身体的・精神的援助を取り上げ、死亡時の看護として死亡時の儀礼、習慣、遺族への対応などを取り上げている。教育方法は、講義、ビデオ、デモンストレーション、ロールプレーイング、文献学習、討議、実習を行う。

第四の技術レベルでは臨死患者やその家族と接して技術の習得ができるように成人看護学に組み入れている。成人看護学での臨死患者の看護は理論と実際（臨地実習）とし、教育内容は、臨死患者とその家族の心理過程（喪失の危機、悲嘆のプロセス等）の理解とその過程に応じた援助、症状の緩和、日常生活の援助、家族への援助、社会資源とサポートの活用を取り上げている。臨地実習は四五時間としている。

以上の小島らの試案をみると、香春らの調査結果と比べると死生学教育の学際的内容と実習を取り入れた教育方法が明確である。その授業運営については、各教科の担当の教師により、教育内容や教育方法はさまざまであるが、看護教育に死生学教育を適切に組み込んだ実践的なものと評価できる。この研究の成果は、看護基礎教育における死生学教育を学年ごとにどのように教育内容を配置するのかという課題を明らかにしたことであり、臨地実習を明確に位置づけたことである。

筆者はこの研究を踏まえ、長年考えてきた、看護基礎教育における死生学教育（デス・エデュケーション）を系統的、意図的に取り組むための教育課程編成に着手した。

(3) 看護基礎教育における死生学教育（デス・エデュケーション）のカリキュラム化

看護師は専門的知識・技術を活用して、人々がどのような健康状態であろうとも、安心してその人らしく生活できるよう援助していくことを使命としている。看護基礎教育とは、その使命をもつ看護師を目指すための教育であり、看護師・助産師・保健師を養成する基礎となる教育をいう。看護基礎教育は、看護学という専門領域における高等教育である。また、同時に看護基礎教育は、確固たる倫理に基づいて、看護師に求められる社会的使命を遂行しうる人材を育成することを目的としている。すなわち、今日、看護師になろうと希望し入学してくる看護学生（以下学生とする）は、一方で看護専門職としての基礎的知識と技術を体得することが求められるとともに、他方で看護実践ができることを要求されるのである。

とくに、他の高等教育分野とは異なり看護基礎教育では、直接、対象である患者・人々の痛みや、苦しみの実際に触れることになる。それゆえ、看護専門職としての態度を身につけさせる人間教育の場なのである。教育の場であるが、人間の感情に触れることにより、学生は生命の尊厳について考え、生きること、死ぬこと、「人間」そのものについての深い関心をもつことになる。また、看護師として、「生命」を守ることの重要性を認識させることになる。

看護基礎教育では、看護師を目指すための専門教育でありつつ、「人間」についての深い洞察と関心を育成することが重要なのである。だから、その教育内容は「人間」の誕生から、死までのライフステージについての学習と同時に、自己の成長過程を踏まえて「人間観」を育成し、「人間」への深い関心を寄せることが絶対必要条件なのである。「人間」が、看護の対象であるがゆえに、「人間の誕生」から「人間の死」までを考える「死生学」教育が看護基礎教育に導入され、専門科目である看護学の基礎とすることが重要である。

とくに看護学概論では、人間をどのようにとらえていくかが第一に重要であり、「対象の理解」が最優先される。つまり、看護は、「人間という対象」に働きかける援助である。このことから「人間の誕生」から「人間の死」にいたる経過を考え、人間は、必ず「死」という経過をたどることを認識させることが重要である。そのために死生学を取り入れることにより教育内容の重複を避けて、学生に「生」と「死」は表裏一体であること、人間には必ず「死」が訪れることを理解させることが大切である。さらに学生にとって臨地での学習は、学生の理論と知識の統合であり、価値観と情意（感情）・技術レベルの統合でもあるといえる。

ところが看護教育の実際では、身近に死を看取る体験（身内の死など）が少ない学生に対して「人間の死」について考えさせることは、非常に難しいということがある。前述したように、家族構成の変化により身近に死を看取る体験が少ない学生の状態を考慮して、段階的に学習させる方法を考えていくことも必要である。一八歳からの学生にとって、学年ごとに学習を継続していくことは、学生の人間形成に影響する。また、身近に死の体験の少ない学生にとって視聴覚教材の活用は、実践的であり、イメージ化できやすく効果的である。さらに、講義・演習をとおして学生自ら「生と死」について考えていくことは、学生が臨地実習で終末期患者への援助をするときの基盤となる。

しかし、現在の看護基礎教育の現状では、「生と死」を考えさせる教科目はいろいろな科目にわたって重複があり、まだ、カリキュラムとして整理されていない状況である。たとえば、医学概論と看護学概論との教育内容をみた場合、看護学概論の教育内容では、「人間とは、人間の欲求、人間の健康段階、健康障害、病気・障害の受容」などがあり、医学概論では、「人間とは、生命とは、生命倫理、医学の発達、病気」などと、人間をどうとらえていくかなど二教科でも重複が多い。

カリキュラムの整理とともに重要なのが指導者の養成である。この研究に入る前に、筆者は一九九四年「終末期患者を受け持った学生への実習指導者の指導内容と指導方法の実態」を調査したことがある。その結果から、臨床実習指導の具体的内容をみると、患者の苦痛を緩和する援助技術が多いことと、指導者の学生への肯定的指導の重要性が導き出された。つまり、指導者の指導内容や指導方法が、学生に影響を及ぼすことがわかった。小島らが死生学教育の課題の一つとして述べている教育者の育成が必要な根拠となった。臨床において実習指導者の及ぼす影響は大きい。実習指導者が終末期患者を受け持つ学生を指導するとき、指導者自ら「死」について考えをもち、学生への指導を行うことは、「学生」へのモデルとなり、大きな影響を与える。つまり、実習指導者が「死生観」をもっていることが重要なのである。

繰り返しになるが、終末期患者を看護するには、看護師自身の死生観を明確にすることが要求される。それゆえ、看護基礎教育において「人間の生から死」を考える「死生学教育」を導入することが必要なのである。筆者が一九九五年から赴任したA看護学校の学生たちが終末期患者の看護実習を受けて自分たちの課題としてあげたことは、「自己の死生観についてなかなか理解できなかった」、「患者の死生観について理解できなかった」などであった。学生が自己の死生観をもち、終末期患者の看護を実践できるように、学生の時に死生観を確立できるように教育プログラムを立てる必要がある。そこで「死生学教育」を看護基礎教育に取り入れるために試案を作成した。

五　看護基礎教育における死生学教育の目的・方法に関する試案

筆者は以上の考察を経て、学生が終末期患者の苦しみ、悲しみを受け止めて、自分の死生観をもち、看護ができるように看護基礎教育に死生学を取り入れる試案を作成した。看護基礎教育に生命尊重、生命・生活の質の向上を位置づけて、意図的に、計画的に組み立てられた教育アプローチを行うものである。

【看護基礎教育における死生学教育の目的・目標】

目的

1. 人間のライフステージ（生から死）を理解し、受け止めることができる
2. 他者の生命の尊さに気づくことができる
3. 終末期患者の援助ができる
4. 自己の死生観を述べることができる

目標

1. 人間は、身体的・社会的・宗教的側面からなる統一体であることがわかる
2. 個人の、生きる意味・生きがい・自己同一性等について、自己の考えが言える
3. 人間のライフステージに応じて「死」の意味が違うことを理解する
4. 死生観は、各自が属する社会（伝統、風土、歴史、文化、宗教、政治形態）の影響を受け形成されることを理解できる
5. 悲しみの体験をしている人々の悲嘆反応について理解ができる
6. 終末期患者の援助ができる
7. 終末期患者の援助をとおして自己の死生観を述べることができる

以上の試案の目的・目標を考える。

まず、学生にとって、看護の対象である人間の「生から死のライフステージ」「人間の生命の尊さ」を理解する重要性に焦点を定め、人間をどのようにとらえるかを考えさせる。トマス・アティッグによると、(6) 死生学教育（デス・エデュケーション）の中心は、人間の理解であり、人間をどうとらえるかによって考えが変わってくると述べている。人間の個別性は、人生の段階によって、十分な挑戦により変化していくことも述べている。人を理解することが必要であり、互いに相手を尊重していくことが、死の影に脅かされている人々をサポートできる方法である。このことは、前述した死生学の目的と同様に人間（患者）がどのライフステージにあるかを理解することができることである。つまり「人間が、生から死への過程を必ずたどること」を理解することである。

いくつもの調査によると、心身ともに苦しんでいる人々にとって、その苦しみを分かち合う人がいる（看護師）こと、また、援助しようとする看護師がいることにより、死に脅かされることが怖くならないという。それゆえにこそ学生が、相手を受け入れ、よく聞く姿勢・態度を示すことによって、相手の気分を和らげ、相手を勇気づけることができるのである。学生が相手を思いやり、自己を捨てた態度を相手に示していくことは、相手を受け入れたことになる。しかし、他者を尊ぶ態度は、すぐに身につくものではない。死の影に脅かされている人にとって、看護師の態度が微妙に影響する。対象は、それぞれの背景があり、それぞれに生きる意味・生きがい等が違っている。そのために学生は、対象から学び、自己の生きる意味・生きがいについて自己の考えをもつよう柔軟な心が必要である。さらに「死」を意識した人は、自己を受容し、生の充実とともに「生きる意味・生きられる意味」を実感する。学生は、この経験を通じて、他者に対する温かい配慮、相手を尊ぶ態度を身につけるようになる。この態度を実践できるのが臨地実習である。臨地実習については、教育方法のところで述べる。対象（死に脅かされている人）にとって、死は健康で幸福な状態から離れることを意味し、一方、家族にとっては愛する人の喪失になる。学生には、悲しみを体験している人の悲嘆感情を軽減する感性が必要である。A・デーケンや谷[7]が同様に終末期ケアを担当する者に感性の重要性を述べている。また、M・メイヤロフ（Milton Mayeroff）は『ケアの本質』の中で、ケアするための要素として、知性、リズムを変えること、忍耐、正直、信頼、謙虚、希望、勇気の八つの要素をあげている。M・メイヤロフは、「ケアとは、相手が成長し、自己実現することを援助することであり、そのために八つの要素が必要である」という[8]。

この八つの要素を筆者なりにまとめると、

①家族の苦痛を傾聴できる忍耐
②家族の苦痛に共感できる感性
③家族の苦痛緩和に積極的に努力する勇気
④家族の主体性、独自性を尊重する謙虚さ
⑤家族の生き方、ものの考え方を信頼すること
⑥患者がいかなる状態になっても側にいてなぐさめ励まし、希望を見いだせる能力
⑦家族の苦痛をともに負えること
⑧死生観をもっていること

の八つ要素であり、家族に寄り添いながら「残された家族が成長し、自己実現できるようにケアすること」が必要である。これらのことは、終末期の患者の看護を実践することで統合された学習、すなわち臨地実習から体得できると考える。

以上の試案の目的・目標をもとに教育内容・教育方法を検討して死生学教育を取り入れたA校の教育課程（カリ

キュラム）について述べる。

六　教育課程（カリキュラム）編成の実際

教育課程（カリキュラム）とは、学習者が学ぶべき内容と配列を示した教育計画を表した学習プロセスをいう。

(1) A校における新カリキュラム編成

A校は三年課程専修学校であり、実習施設である病院は、肺がん・肝がんに対する集約的治療を行い、各科専門病棟やPCU病棟（緩和ケア病棟）も併設している。学生の受け持つ対象も、終末期患者であることが多い。

新カリキュラム編成に際して、現行（一九九六年）の教育課程の評価を行い、とくに終末期患者の看護については、調査票を用い、学生（二年生、三年生、卒業時）の学習内容等を検討した。二年生、三年生の調査の結果、ほとんどが終末期にある患者の看護を実践していることがわかった。

その学習内容において、「もっと学びたいこと」という問いに対して、「家族にどうかかわっていったらよいか」、「自己の死生観について理解できなかった」、「患者の死生観についてなかなか理解できなかった」と答えたものが約五〇％であった。学生は、患者の不安を緩和するために「どのように接していったらよいのか」、「患者の状態が変化していく中でどうしたらよいのか」といった事柄に悩んでいる。学生にとって終末期患者に接することははじめての経験である。しかし、対象の患者にとっては、一回きりの死である。学生は、対象の人生の最後の場に立ち会うことをとおして、「患者の死」、「自分の死」を考えさせられることになる。患者は、病気という体験により、今まで日常生活の外に追いやっていた死を認識し、人間の存在の限界を知り、不安・悲しみ・苦しみを表出する。学生も同様に患者の不安・悲しみ・苦しみに接して、死のもつ基本的な意味に直面させられる。こうして学生は、患者の死をとおして「自分にもいつかは、必ず死は訪れること、最後は必ず、一人で死んでいかなければならないこと、死は、だれも身代わりになることはできないこと、どのような苦しい状況や状態であっても必ず自分自身で引き受け、それを飛び越えることはできないこと、そして死はいつどこでどのような状態で訪れるかは予想できないこと」を気づかされる。このように「生と死」は表裏一体であることを臨地実習をとおして学習することになる。学生が、患者の死をとおして自分の死について考え、将来、迎える死のためにふさわしい準備を心がけるために、また他人の死を看取る立場に立つために必須な実習であるといえる。この実習は学生にとっては、自己の「死生観」を確立していくための出発点となると考える。

次に、「死生観・死についての考え」について学習できるように系統的・段階的に死生学を組み込む教育課程編成の過程を述べる。

(2) A校のカリキュラム編成の過程

1 概念枠組みによるカリキュラム作成

看護にかかわる主要な概念（人間・健康・環境・看護・教育）を明確にし、概念間の関係を明らかにし、文章化して教育理念から教育目的・目標を作成した。

【教育理念】

A看護学校は、看護師として思いやりのある人間性と自己教育力を養い、専門職業人に必要な知識・技術を習得し、社会に貢献できる人材を育成する。

「人間」とは、身体的・精神的・社会的な統合体であり、生物としての共通な面と生活体としての個別な面がある。また、生命現象を有し、形態的・機能的な成長・発達を続けて発達課題を達成し、一人ひとりが自己実現に向けて努力する存在である。

「健康」とは、身体的・精神的・社会的に調和のとれた状態であり、生命現象の全ての段階に存在し、様々な水準があり、流動的に変化する。健康は、基本的な権利であり、健康の概念は時代とともに変化する。

「環境」とは、自然環境と社会環境により構成され、人間と環境は相互に作用する。

「看護」とは、あらゆる健康段階・発達段階にある個人及び集団に問題解決技法を用いて働きかけることである。看護の目標は、生命力の消耗を最小限にし、自然治癒力を最大限に発揮できるように生活を整えるとともに、セルフケア能力を高めることである。看護師は、専門職業人であり、他の医療チームと連携し、人間が生活する様々な場での社会ニーズに対応した看護を実践する。

「教育」とは、学習者の人間形成を目的にした意図的・計画的な働きかけであり人間の自己教育力を伸ばすことである。

学習者は主体的に学び、自己の成長をはかり、学習に責任を持つ。教育者は、学習者と相互理解により、学習者の潜在的自己教育力を活かすように学習環境を整え、教育方法を開発し、教育を実践しながら自己の成長を図る。

2 教育内容の組織化

教育理念で述べた五つの概念からサブ概念を導き、サブ概念から教育内容を抽出した。サブ概念の単元づくりから授業科目とした。各科目の単元づくりから教育内容を選択して組織化した。組織化するにあたり教育目標の達成に向けて精選した教育内容を効果的に組み立てることとした。カリキュラムデザインのモデルは、専門分野である看護学をどのように配列するかを考えた。学生にわかりやすく、学習の動機づけを与えるためには、基礎から応用に、単純から複雑に、部分から統合に秩序立てて組み立てる漸進型デザインを取り入れた。

基礎分野

基礎分野では、人間を統合的にとらえるうえで、心と人間・心と身体、学生自身の自己理解から他者理解を目的に「心理学」を科目とした。

また、人間と人間の生活を理解させることを目的に「文化人類学」を科目とした。とくに日本の現状からみると国際社会になりつつあることに注目した。たとえば、A校に隣接する実習施設には韓国、フィリピン、中国、イラン国籍の人も入院してくる。看護は世界各国で行われている。彼らに対して国籍を問わず「人間」に働きかける人材を養成しなければならない。看護は「人間の生から死」まで人間の個人、その家族、社会に働きかける機能と役割をもっている。人間の個別性と生活を理解させるために「人間の死と文化」、「諸外国における死生観」を内容に含んでいる。文化人類学の終了後に日本の社会構造と特徴、日本の文化、日本における風習、風習と文化の伝承(家の存在)、日本人の死生観についての内容を「日本文化論」とした。

人間形成に及ぼす人的環境として、個人・家族・地域集団・国家がある。その最小単位である家族の役割は、人間の発達に及ぼす影響が大きい。家族、家族システム論、近代国家の特徴、日本の家族関係、家庭教育の内容を「家族社会学」とした。

人間の生活の視点から、生活に必要な「食」、「衣」、「住」から人間の日常生活の諸事情を見通すために、食の生活科学、衣の生活科学、住の生活科学をとらえるために「生活科学」を科目とした。

生物的・心理的・社会的存在としての人間の行動をとらえるために、行動の成立のメカニズムの内容、人間を統合体としてとらえ、思考と行動の関連を理解させるために「行動科学」を科目とした。

教育の意義、目的、発達課題と教育、自己学習の方法から学生自ら学ぶ姿勢の育成と人間のライフサイクルにおける教育の必要性、専門職業教育の意義を理解させるために「教育学」を科目とした。

基礎分野で死生学に関連する科目は、文化人類学、日本文化論、家族社会学、生活科学、行動科学、教育学である。

専門基礎分野

専門基礎分野においては、人体を系統立てて理解し、健康・疾病に関する観察力、判断力を強化できるように「解剖生理学一・二・三」とし、「人間の生から死」を考える観点から、「遺伝と発生」、「成長と老化」を科目とした。さらに人体を構成している臓器・細胞の単位で起こっている物質の動態について「恒常性」を学ぶこととした。

人間の成長・発達、健康な生活を営むための栄養、ライフサイクルに応じた栄養に内容を「栄養学」とした。

人間の成長に伴う心理的・社会的側面の危機と適応について、発達理論をもとに各ライフサイクルにおける発達段階と発達課題を内容として「発達心理学」とした。

また、人間の生活環境の変化を食生活・衣生活・住生活が健康に及ぼす影響ととらえ、環境と健康の相互作用として「生活と健康」とした。

回復の促進を行うには、「人間の理解」が必要になる。学生が自己理解を深めることができる自己の分析方法と人間関係理論、人間関係成立の技術（カウンセリング）の基礎内容を「人間関係論」とした。

死生学に関連する科目は、「遺伝と発生」、「解剖生理学一・二・三」、「成長と老化」、「発達心理学」、「人間関係論」である。

基礎分野から専門基礎分野まで「人間の生と死」というテーマを意図的に教育計画に入れ、カリキュラムを編成した。

専門分野

専門分野である看護学においては、基礎分野・専門基礎分野をもとに「看護」の概念から導き出された内容を看護の目的、対象、方法のまとまりにした。ライフステージの各発達段階別、看護活動の場別、対象の身体的・精神的・社会的健康段階（健康から疾病・障害）に区分することにより科目を設定した。

各看護学（小児・母性・成人・老年・精神・在宅看護論）に共通する内容を抽出し、各科目の基礎として基礎看護学とした。とくに基礎分野・専門基礎分野での「人間」についての学びが、この専門分野の「基礎看護学」の「人間理解」、生物体・生活体としての人間、各発達段階・健康段階にある人間、個人、および集団における人間を理解することも内容として含み、「基礎看護学対象論一」として講義形式で一年次に設定した。

「基礎看護学対象論二」は、「人間」「環境」「健康」についての相互関係について自己の考えを明らかにし、文章化するために演習形式で二年次に計画した。この演習終了後に各専門領域の実習を計画した。小児・母性・老年・成人・精神看護、在宅看護論実習である。成人看護学実習の中で急性期・回復期・慢性期・終末期にある患者を受け持つことになる。

各看護学のすべての実習が終了し、学生は実習をとおして、卒業前に「死生観」を提出する。看護の役割と機能を理解できるように「基礎看護学目的論一」とし一年次に計画した。また、「基礎看護目的論二」として看護観演習を三年次に計画した。この演習前にＰＣＵ（緩和ケア病棟 Palliative Care Unit）の医師・看護師から緩和ケア、終末期のケア、ホスピスの特別講義を受けてＰＣＵの見学をしてから演習に入る。臨地実習で対象である患者への援助から人間を思いやる態度を身につけることとなる。

死生学の中心は、人間であり、人間をどうとらえるかによって変わってくるともいえる。とくに看護の対象が終末期である場合、対象とともに学生も危機状態に置かれる。患者は一人称の「死」を直視し、学生は、二人称または三人称の「死」を考えることになる。学生は、心身ともに苦しんでいる人に何もなしえない無力感をいだく。しかし何にもできなくても、「側にいること」、相手が苦しんでいることを分かち合う気持ちで側にいることが、患者にとって気分が和らぎ安心につながるということを、実習をとおしてわかるようになる。患者と時間を共有し、側にいることにより、学生は、患者から生きる意味、生きがいについて学び、二人称・三人称であった「死」を、将来必然的にくる一人称の「死」として見つめる機会となる。このことが学生にとっての死生学教育の出発点と考える。学生は、講義、演習をとおして学んできたことを実際の場である臨地実習で「患者の死」→「三人称の死」を体験することで「生・生きることの意味、生きられることの喜び」を実感し、他者に対して温かい配慮や、相手を尊ぶ態度を身につけることになる。人の心・気持ちを知ろうと努力し、対象のそれぞれの心をそのまま受け止めること、思いやりをもつこと、人間の心と心の響き、深い人間関係をもつことができることを学生は実感する。
以上、看護基礎教育における死生学を導入した教育課程の編成の過程とその内容を述べた。

七　看護基礎教育に死生学教育を取り入れた教育課程の評価

A校では、一九九七年より死生学教育を取り入れた新教育課程を実施したが、筆者の異動によりその教育課程の評価を学生から得る機会がなかった。そこで、二〇〇五年五月から六月にA校の卒業生（一九九九年〜二〇〇四年に卒業）対象九六名に質問紙調査を行った。実施する前にA校の実習病院の倫理委員会にかけてA校の同窓会に依頼した調査である。

調査内容は、死生観に影響した授業科目、終末期看護実習、卒業前・後の死生観の変化の有無、現在の死生観について郵送による自己記述式質問紙調査票を用いた。

分析方法は、記述された文章を区切りコード化した。

その結果、九六名中二二名の卒業生は住所不明で返送され、八名の卒業生のみから回答を得られた（回答率九・三%）。

死生観に影響した授業科目として「文化人類学」、「日本文化論」、「教育学」、「成長と老化」、「成人看護学」、「終末期看護実習」、「基礎看護学対象論二」を記載している。回答した全員が「終末期看護実習」は、実習の中でもっとも大切な実習であったと述べている。卒業前と卒業後の死生観は、「同じである」（六名）、卒業後の死生観は

「看護実践により変化した」（二名）と回答している。授業科目の「基礎看護対象論二・人間論」では、「看護の対象である人間について理解を深める演習であった」、「生きること、死ぬこと、を考えることは、大切である」、「グループでの意見を聞き、自分自身で考える機会があり看護者としてどのように関わるかを考えることができた」、「自分と違う成長過程を歩んでいるメンバーと話し合えることでいろんな考えを聞くことができた」、「人間論演習は、自分自身の考えを伝えるためにも必要である」と記述している。回答数は少ないが、人間について考える演習であり、評価により教育方法として効果があると考える。

次に成人看護学実習（終末期看護実習）については、卒業生は、「一番大切な実習であった」と述べ、次の意見を述べている。「患者・家族の気持ちを知り、患者が家族を思い両者の気持ちを知ることができた」、「終末期看護実習では、今、行わなければならない援助について考え、実践することができた、人の死に関わることは自己の死生観を確立するうえで重要である」（三名）、「実際に臨床で看護するときの、その人らしさを尊重したかかわりができるかの基礎となる」、「患者の思いに近づくために話を聞くことが援助（精神的）となることがわかった」、「人の最後を看取ることは学生の時に実践しておくことが必要である」（二名）であった。意図して取り入れた科目の主旨が記載されていることがわかる。このことを考えると終末期看護実習は、学生の死生観に影響している。終末期看護実習は学生にとって必須である。

卒業前（学生）と卒業後に死生観の変化がないと答えた六名の記述をみると、「死は前触れもなく突然訪れる」、「後悔しないように生きる」、「身体的・精神的・社会的側面からニーズを満たすように関わり、畏敬の念をもち最後まで敬意をもって接し、看護する」、「家族への準備教育であり、患者、家族と十分話し合い、気持ちを表出することである」、「自己に与えられた生に感謝して精一杯生きることこそが必要である」、「その人らしく最後が迎えられるようにその人にとって価値ある人生と思われるように寄り添い関わる」と述べている。学生の時の死生観と同じであるということは、終末期看護実習をとおして、患者・家族の話を聞きどのように援助したらよいかを考え、患者の側に寄り添ってかかわっていたことがわかる。また、死生観が変化したと答えた二名は、「自分らしい死を迎えるために今を大切にしたい」から「すべての人を大切にしたい気持ちになる」と変化し、「死は誰にも訪れるもの、誰も変えることができない」から「死とは、生きた証しを残すもの」と変化している。死生観の変化は、卒業後に多くの患者の死に直面し、自己を振り返り、自己の与えられた生に感謝して自己のかかわるすべての人を尊重する気持ちが育成されていることがわかる。

この結果から、看護基礎教育に「生と死」を考える「死生学教育」を取り入れる必要性がわかる。この結果を取り入れた教育課程の編成を今後も検討していく予定である。

八　看護系大学における死生学教育の試案

現在筆者は、B大学において死生学に関連した「看護の倫理」、「小児看護学」、「小児看護学実習」、「看護研究」、「緩和ケア」・「緩和ケア実習」等の授業科目を担当している。「看護の倫理」は一年前期（一単位・三〇時間）、「小児看護学」は、二年後期（「小児看護学概論」一単位・一五時間、「小児保健」一単位・三〇時間）、「緩和ケア」の授業は、三年前期（一単位・一五時間）であり「緩和ケア実習」は（一単位・四五時間　学生の選択）、四年前期に計画されている。前述したA校の死生学教育の取り組みから筆者の授業への展開としての試案を述べる。

人間の一生にかかわる看護師は、人間の生と死について正しい認識をもつために、「自己の死の客観化、他者の死の主観化」が必要であり、また、人間へのあくなき探求が必要である。そのために、学際的アプローチが重要となり、人間をとらえるために教養科目での学習を一年から二年次に選択するように促す。たとえば、宗教学（キリスト学必須）、哲学、生物学、カウンセリング論、日本の文学、西洋の文学、異文化の理解、論理学、日本国憲法、心理学、社会学等。

次に専門基礎分野・専門分野は必須であるので、教養科目との関連をとおして学習することをすすめる。専門基礎分野の「人体の構造と機能一・二」は人間の構造・機能を理解する科目である。専門分野の「看護の倫理」では、倫理とは何か、生命倫理、倫理的判断の原則、看護師の倫理綱領、臓器移植法」など、演習を含めて授業展開する。

二年後期に始まる「小児看護概論」では、命の大切さや子どもの権利に関する法規・児童憲章、児童虐待防止法等を事例を使用して教授する。「小児保健」では、小児看護の役割・機能などを具体的に教授し、臓器移植法案成立後の事例を用いて、親の立場・家族の立場（二人称）、臓器を提供する立場・臓器の移植を臨む立場（一人称）、医療者（三人称）で討議させて発表させる。

「成人看護学援助論二（疾患別看護・終末期）」では、臨死期にある人の全人的苦痛（身体的苦痛、精神的苦痛、社会的苦痛、スピリチュアルペイン）を理解し、ケアの方法について学び、人生の最後を生きぬく人の価値観を尊重し、尊厳ある生と死への限りない援助ができるための専門的知識、技術を学ぶ。

この成人領域での学びに続いて、「緩和ケア」では、「緩和ケアとは、トータルペインとは、緩和ケアの定義、ターミナル期にある人の特徴と理解、ターミナル期のコミュニケーション技術、家族の悲嘆過程とグリーフケア」などを、事例を使用して教授している。

そして、四年前期に「緩和ケア実習」（学生の選択性）を計画している。

この看護系大学における死生学教育を今後も検討して、学生への死生観構築に役立てていきたいと考える。

九　おわりに

筆者は、看護基礎教育において死生学教育を取り入れて教育課程編成を行ってきた。この実際の経験に基づいて看護基礎教育における「死生学教育――生と死を考えることの教育」の重要性を述べた。学生が終末期にある人への援助から多くの学びを得ることは、将来、看護師として出会う人々へのかかわりの土台ともなると考える。学生が卒業前に考えた死生観は、将来の自己の死の客観化になり、他者の死の主観化ができるようになることである。

平山正実は、「死の体験は、必ずしもネガティブなものでなく、生に活力を与え、人格的成長を促すことすらあるということがわかってくる。人間だけが、死を想う（メメント・モリ）ことによって、はじめて生き生きといきることができる。つまり、死という人間の限界をはっきり知ることにより、人間は成長し、充実した生を生きることができるのである」と述べている[9]。このことを、学生が学習過程で獲得できるように、今後も研究を継続していく所存である。

注

（1）中村鈴子「医療者のためのデス・エデュケーション」平山正実・河野友信編『臨床死生学辞典』日本評論社、二〇〇〇年、三二—三三頁。
（2）アルフォンス・デーケン「死への準備教育の意義」、アルフォンス・デーケン、メヂカルフレンド社編集部編『死を教える』メジカルフレンド社、一九八六年、六頁。
（3）平山正実『死生学とはなにか』日本評論社、一九九一年、一三—一八頁。
（4）香春知永他『看護基礎教育における臨死患者の看護教育カリキュラム試案の作成—一』第一九回日本看護学会集録(看護教育)、一九八九年、二一五—二一七頁。
（5）小島操子他『看護基礎教育における臨死患者の看護教育カリキュラム試案の作成—二』第一九回日本看護学会集録(看護教育)、一九八九年、二一八—二二〇頁。
（6）Thomas Attig, "Person-Centered Death Education," *Death Studies* 16, p.357-370, 1992.
（7）谷壮吉「看護教育におけるデス・エデュケーション」『看護』三七号、日本看護協会出版、一九八五年、四〇—四七頁。
（8）ミルトン・メイヤロフ『ケアの本質——生きることの意味』田村真、向野宣之訳、ゆみる出版、一九九七年、三三—六四頁。
（9）平山正実『はじまりの死生学——「ある」ことと「気づく」こと』春秋社、二〇〇五年、二四三頁。

参考文献

・平山正実『死生学とはなにか』日本評論社、一九九一年
・平山正実『はじまりの死生学——「ある」ことと「気づく」こと』春秋社、二〇〇五年
・平山正実、A・デーケン編『身近な死の経験に学ぶ』春秋社、一九八六年

・ミルトン・メイヤロフ『ケアの本質――生きることの意味』田村真、向野宣之訳、ゆみる出版、一九九七年
・アルフォンス・デーケン『よく生きよく笑いよき死と出会う』新潮社、二〇〇三年
・高見澤潤子『生きること生かされること――兄小林秀雄の心情』海竜社、一九八七年
・萬代隆他、Ｑｕａｌｉｔｙ　ｏｆ　Ｌｉｆｅ研究会編『ＱＯＬ学を志す人のために』丸善プラネット、丸善株式会社出版事業部、二〇一〇年
・河合隼雄『日本人の心のゆくえ』岩波書店、一九九八年
・垣添忠生『妻を看取る日――国立がんセンター名誉総長の喪失と再生の記録』新潮社、二〇〇九年
・フィリップ・アリエス『死と歴史――西欧中世から現代へ』みすず書房、一九八三年

ルターにおける生と死の教育

金子　晴勇

一　はじめに

今回私は、「生と死の教育」という主題をマルティン・ルターの生涯と思想から考察することにしたい。人類史の中で偶然に時折起きることであるが、優れた人物が立ち現れてきて、平均的な人の経験を超える出来事を体験し、その高さと深みを把握し、今まで一般には観察されなかったものを見、また聞かれなかったものを聞くことによって、現実世界の秘密を究明し、私たちにそれを告げ知らせているため、人間における心の深遠な動きを理解するように求められているように思われる。ルターもそのような人物の特徴をもっている。たとえばヨーロッパ精神史に通暁した哲学者ディルタイは次のように述べている。

わたし自身の自覚的生活において宗教的状態を体験する可能性は、たいていの現代人と同様に、わたしにとっても狭く限られている。しかしながら、わたしがルターの手紙や著作……を通読するとき、わたしは爆発的な圧力と、生死を賭けるほどの力とをもった宗教的な出来事を体験するので、かかる出来事はわれわれの時代の人間にとっては、体験可能性の彼岸にあると感じるほどである。……ルターがこの運動の先頭に立って進むとき、われわれは一般的人間的なものから宗教的領域へ、さらにそこからその領域を歴史的に規定しているものを通って彼の個性へと貫いている連関にもとづいて、ルターの発展を体験するのである。……そしてこの世界こそ、われわれの生きる地平を拡大し、これをほかにしてはわれわれの近づき得ない人間生活の可能性を示してくれる。(1)

この文章の中でも「生死を賭けるほどの力とをもった宗教的な出来事」と記されている点に注目したい。実はこうした出来事が彼の生涯に連続して起こっている。もちろん彼はドイツの歴史のさなかに立ち、福音的信仰を開始するものとなったのであるが、修道院における格闘、福音の真理の発見、九五ヶ条の提題の発表、ヴォルムス国会での信仰の英雄、ヴァルトブルク城での聖書の翻訳、コーブルク要塞での孤独、宗教改革の実行などをつぶさに観察するならば、そこには生と死を賭けた戦いが連綿と継続している。それゆえニーチェの鋭い眼光がとらえたように「ルターは大事件である」といわざるをえない。

このような戦闘的なルターには同時に「魂の配慮者」としての姿がいつも結びついている。生と死の教育についても同じことがいえよう。ここでは一五一九年に著述された一つの説教と『十四の慰めの書』とを取り上げてこの問題を考察してみたい。とくに後者が「生と死の教育」という主題にとっては重要な内容を提供している。そこには当時の民衆のあいだに流布していた「死の技術」(ars moriendi) にならった構成と形態が明瞭である。したがってこの慰めの書は著作の動機・理念・形式・構成・形姿において特別な特徴を備え、独特な魅力を発揮している。

それは書かれた歴史的な特別な事情をもっておりながら、人間的な生の深みにかかわっている。

二　『十四の慰めの書』と『死の準備についての説教』の著述動機

一五一九年六月フランクフルト・アム・マインで行われた皇帝選挙において、カール五世が神聖ローマ帝国の皇帝となった。この選挙のためにフランクフルトに赴いていたザクセンの選帝侯フリードリヒ賢公は、同年七月トルガウの居城に帰還したとき病にたおれ、一時は重態が伝えられるほどであった。これを憂慮したザクセンの宮廷付牧師ゲオルク・シュパラティンは病身の主君フリードリヒ賢公を慰める一文を草するようルターに求め、これにこたえて書かれたのが『十四の慰めの書』である。

ルターは一五一九年八、九月の間に筆を進め、完成したラテン語本文の原稿を九月二十二日シュパラティンに送付し、ドイツ語に訳して賢公に献呈するように頼んだ。十一月末、ドイツ語訳を成完したシュパラティンは、これをフリードリヒ賢公に奉った。この書は厳密な意味では賢公個人に捧げられたものであるが、その内容に感動したシュパラティンはこの書を公にすることにした。翌一五二〇年二月には、この書のラテン語およびドイツ語版がヴィッテンベルクで出版された。この書は多くの人に喜ばれ、最初の二年間にラテン文は五版を出し、その後も版を重ねた。冒頭の序言は初版が世に出てから十五年後、すなわち一五三五年版にルターが新しく付加したもので、簡潔な文章の中にルター自身が本書成立の由来、ならびに彼がこの版で、あえて初版の形を保存しようとした意図を明らかにしている。フリードリヒ賢公への献呈文はラテン文初版には載せられていない。

この書は前半と後半に分かれ、前半では七つの悪、後半では七つの善を論じて全体が十四章にまとめられている。

十四章の構成は中世に行われた十四人の救難聖人と関係がある。当時信者が危急の際にその名を呼んで代願を求めた聖人は救難聖人といわれた。

ちょうど記念額に類別されている十四人の救難聖人のように十四の章をまとめ、これに十四の名前を与えたのでございます。なぜなら、これらの章は十四人の救難者――わたしたちの迷信がこれらの人々をすべての悪から保護するものとし、そのように命名した――にとって代わるものであるから。しかし、これらは銀製ではなく霊的な記念額であり、これによって教会の壁が飾られるのでなく、敬虔な魂が励まされ、慰められるべきです。そして、わたしはこの霊的な記念額が閣下の現在の境遇にきわめて有益なものであるようにと望んでいる次第です。(2)

当時は教会の祭壇にこれら聖人の画像が置かれていた。それゆえこの書の画像は十四人の聖人にとって代わるものであり、霊的な画像として敬虔な魂が励まされ慰められるために用いられた。ルターの姿を描いた画集にはキリスト像を指さして説教をしている姿が見られるが、この書ではおそらく聖人の遺骨の収集に熱心であった賢公にふさわしく画像による奨励が試みられたと思われる。

同じころルターは説教の形式で『死の準備についての説教』(一五一九年)を書いた。これは選帝侯フリードリヒの顧問官であったマルクス・シャルトの依頼にこたえたものであった。それは死の準備のための文書であった。ルターはエックとの論争を控えて多忙だったので、彼の師シュタウピッツの書物『キリストが喜び迎えた死のまねび』(Von der Nachfolgung des willigen Sterbens Christi, 1515)(3)を推薦したが、論争後に彼自身の死についての考えをまとめた。この書物でもルターは「死の技術」にならって画像や絵姿をもって生と死の教育を思想的な深みを加えながら描いている。

『死の準備についての説教』においては、死を生にかかわらせて観るというルターの死生観から、試練の苦悩を福音の光のもとに把握すべきことが強調される。さらに試練の構成要素である死・罪・地獄が人間を外側から襲撃してくる性格を明らかに示し、それとともに神の言葉とサクラメントが人間に対し外側から内なる良心に呼びかけ庇護する点が力説された。「死・罪・地獄の試練」(anfechtung des tods, der sund, der helle) という順序は死に際しての試練の状況とその展開に一致している。つまり死に直面し、人生の来し方を顧みて罪が回想され、過去の罪が大きくかつ重くのしかかって地獄の報復が罰として、神の怒りの永遠の審判として感じられる。こうして良心が人間的苦悩の担い手として考えられているのみならず、外部からの諸勢力が激突する戦場であることが示される。一五一九年に書かれたこの説教はやがて開始する宗教改革運動の直前の準備時代に書かれたものであり、ルターは自己の義認体験に忠実にとどまり、苦悩する良心を免罪符の欺瞞からいかに守り、慰めと救済へと導くかという問題意識のもとに立っている。

三　基本姿勢「死を生命のもとで観る」の意味

ルターは『死の準備についての説教』の書き出しを「死の警告」という形式にならって、財産を処分し、自分に苦しみをかけた人々を赦し、また苦しみを与えた人々から赦しを求め、神のみに目を向け、力強く死に赴くために悔い改めとサクラメントを受けるように勧める。これは死の技術についての書物で述べられているものに等しいが、サクラメントを受けることによって決定的に到来する神の約束を信じる信仰が説かれ、これにより罪、死、地獄という試練を構成している力から解放されると考えられている点にルターの思想的特質が示されている。

それは「あなたは死を、それ自体切り離して考えてはならない。死を生命のもとで観なければならない」[4]という基本的姿勢から、死、罪、地獄という試練を構成している力が克服されなければならないと説かれた。ルターによるとキリストの贖罪によって死、罪、地獄はその破壊する力をまったく喪失し、ただ見せかけの力として存続しているにすぎない。それゆえ彼には「キリストは純粋な生命にほかならないから」(Dan Christus ist nichts dan eytell leben.)[5]と考えられた。それればかりか、キリスト自身が親しく試練を経験することによって、試練の中にいる人たちを助けることができると彼は主張した。この試練は主として死、罪、地獄という三つの姿をとって人々を襲っており、それに対しキリストは十字架においてこれらに対決し、生命・恩恵・天国の三つの姿として自ら現れている。

このように彼の試練は生と死にかかわる特質をもっている。そこで彼が経験した試練の特質について考えてみよう。彼の「試練」(Anfechtung, tentatio) の特質は、一般に考えられているような「誘惑」(Versuchung, temptatio) といった内発的な性格をもたないで、むしろ外側から内心を脅かし、恐怖と戦慄、絶望と死をもって攻撃し、破滅させる外発性に求められる。一つの例をゲーテの『ファウスト』からとってみよう。メフィストフェレスはファウストの内なる欲望を刺激して誘惑するが、責任はどこまでもファウスト自身にあるように誘う。したがって、この試練はファウストの心から内発的に出たもので、悪魔は誘惑者にすぎない。しかしメフィストはグレートヒェンを誘惑できない。清純な愛は誘惑者が立ち入る隙を与えないからである。彼女はただファウストの愛に誘われて罪に陥るため、この苦難は彼女にとり外から襲ってきて破滅させる試練となっている。このような外発的攻撃性がルターの経験している試練の特質であり、誠心誠意を尽くして真実の歩みをしている者が突如として襲われる苦難は、人間的生の可能性を一方的に絶滅させるため、これを克服する力を人は自己の外に、しかも永遠者への信仰によって求めざるをえない。ルターはこの試練の経験の中に神の教育をとらえており、ここへ向けて人々を導こうとしている。

私たちは多くの苦難に導かれるが、それは自分の予想に反して起こり、予期しなかったような出来事や運命に出会って絶望することが多い。しかも不幸が連続して起こり、一つの連鎖のうちに巻き込まれ、それが悲劇的な様相を帯びてくることを経験する。「死・罪・地獄」というようにルターが語っているのはこうした悲劇の連続性を指し示している。そこでルターは、イエス・キリストによって実現された死・罪・地獄の克服を最終的にはめざして、試練の中にいる者を慰め、信仰を勧め、すでに生じている神の救済のわざを呈示する。この神のわざが各人の良心において反復され、各人が自分で実現するのではなく、すでに実現された勝利をわが身に適応することによって、試練に勝利しなければならないとルターは考えた。そのようなルターの死生観は各人が自力で獲得するようなものではなく、キリストにおける神の恩恵の勝利を受容することによって成り立つがゆえに、「死を生命のもとで観る」とは死に勝利したキリストの生命にあずかって死を見直すという意味であり、死・罪・地獄という試練を構成する否定的な諸勢力は、それを克服した神の福音の見地から骨抜きにされるのである。さもなければ試練の力によって人間は破滅して絶望に陥り、試練は人間的地平においては処理不可能なものとなってしまう。したがって試練の戦慄すべき内容を彼は神の怒りでもって表明し、試練の根底に私たちの理解を超えた、隠れたる神が怒りと愛とをもって良心に臨んでいると理解したのである。

四　画像や絵姿による教育

こうした「生と死の教育」の基本思想をルターは『死の準備についての説教』で述べてから、それを『十四の慰めの書』の中では画像によって説明するように試みている。そこでまず「死を生命のもとで観る」という基本姿勢が次のように表明される。

ところで、これらの像と戦って、それらを追い出そうとする者は、それらを引きずり出し、殴りかかり、格闘するだけでは充分ではない。なぜなら、これらはあまりにも強く、事態はますます悪化するであろうから。〔これらに勝利する〕秘訣は、これらを全くほったらかして、それと全然交渉しないことである。しかし、そのためにはどうしたらよいか。そのためにはあなたが死を生命において、罪を恩恵において、地獄を天において見なければならない。そしてたとえすべての天使とすべての被造物が――それどころか、それが神ご自身と思われる場合でも――、これとは別のことを提示しても、このような見方や洞察から引き離されてはならない。しかし、天使や被造物や神がそれとは別のことを示したりはしない。だが悪い霊がこのように見せかけるのである。これに対して人はいかに対処すべきか(6)。

この「画像」というのはBildの訳語で「像、絵、絵姿、姿、似姿、形相《ぎようそう》」などと訳すことができる。この「画像」でもって語る方法は当時の「死の技術」(ars moriendi) の手法であって、絵を使用して死の準備を説いていたことに由来する。そしてこの絵の見方は「死を生命において、罪を恩恵において、地獄を天において」つまり「反対の相において」（sub specie contrariae）観るように教育することである。「死の技術」における十一枚の画像を参照すると、画像はデューラーの木版画と同じように作成されており、識字率が低かった当時の民衆への説教には有効な手段であったと思われる。「死の技術」の画像では左に並べられた「試練」が五つに分けられ、その右に「勝利」が同様に五つに分けられて示され、最後には「超克」の画像が提示された（二八六頁の図表を参照）。ルターはこの対立関係を左に悪を七つあげ、右に善を七つあげる形式でもって、悪から善への転換を説いた。しかも悪のゆえに善を受容し、自己のものとするという方法が採用された。このことは、後述するように、ルターの信仰経験が「逆対応」という特質をもっていることに由来する。同時にこのことは実践的には善と悪の双方を互いに反対の相において省察することを意味する。

ところで聖書は慰めについての二様の形態を用いる。それは集会の書に、〈幸せの日には禍がまたやってくると考えなさい。あなたの禍の日には、再び幸せになると考えなさい〉（11・26）とあるように、光と影とが心地よく互いの中へと入れ替わるような事柄に関する二つの画像、すなわち悪と善の画像をわたしたちに示します。それゆえ、ある事がらは人間にとって彼がそれに価値を認めるだけ、それだけ多くの価値と意義をもっているということを聖霊は知っている。人間には取るに足らぬ無価値なものと思われているものは、わたしたちがそれを所有してもわたしたちを喜ばさないし、また、それを失ってもわたしたちを悲しませない。したがって聖霊は非常な熱意をもって、事がらに対する価値評価と愛から人間を解放しようと努めます。そして聖霊がこのことを成し遂げたもうときには、もはやいかなる事物も人間にとって力をもたない。(7)

このテキストの中で次の点が「生と死の教育」に関して重要な意義をもっている。

(1)「ある事がらは人間にとって彼がそれに価値を認めるだけ、それだけ多くの価値と意義をもっている」とあるように、私たちは事物や事柄自体よりも、それに対する価値評価と愛によって縛られており、そこからの解放は困難である。なぜなら人間は事柄自体をみないで、それへの主観的な評価によって縛られ動かされているから。それゆえ人間の力を超えた「聖霊は非常な熱意をもって、事柄に対する価値評価と愛から人間を解放しようと努めます」とルターは語る。聖霊は神から来る力であるが、その反対はサタンの攻撃である。サタンは私たちを攻撃し、小さな失敗を過大評価させて情念を絶望に追いやる。しかし「サタンが試みて絶望へ、あるいは軽蔑と冒瀆へ促すものを、単純に受け身の苦しみとみなすべきであって、事柄そのものとも神の下した判断とも考えてはならない(8)」。たとえば人間が死ぬことは有限な存在であるかぎり、必然のことであり、決して避けえないことなのに、死の恐怖という想念にとらえられると、私たちはそれに圧倒され、それが驚天動地の大事件であるように感じる。こうした想念は罪と死と地獄の連鎖を心中に発生させる。

(2) しかし、ここで大切なのは、事柄自体と私たちの判断とを切り離すことである。私たちの判断はサタンの攻撃を受けると動転してしまう。たとえば「振り込め」詐欺に引っかかると「ないこと」(無)を「あること」(有)と判断してしまう。そのときには自分の判断を捨てて事柄自体を把握しなければならない。これは現代の現象学における「現象学的還元」(エポケー)の方法とまったく同様である。ルターの説明に耳を傾けてみよう。

だが、もしあなたがわたしたちの判断あるいはわたしたちの理性的推論に従おうとするならば、事態の説明の仕方は異なってくる。なぜなら宝石や金に刻み込まれたような印章を見ることと、鑞《ろう》に刻印された形を見ることとは別であるから。(わたしをしてこの比喩を使わしめるならば、神は宝石そのものを見ているのに対し、わたしたちはただ宝石の外形もしくは鐶に刻み込まれた外観しか自分の目でもって見うるにすぎない)。こうして神の目において生命であるものが、わたしたちの目には死であり、わたしたちの許で一時的であるものが、神の許では一時的ではなく、わたしたちにとって永遠であるものが神にとっては永遠でないことになる。(9)

このテキストの終わりには「神の目において生命であるものが、わたしたちの目には死である」とあるように生と死が逆転する。このことばは「わたしたちの目には死であるものが、神の目において生命である」とも言い換えることができる。こうしてわたしたちの認識の働きによって死が生に転換することが説かれた。

(3) この認識の働きの第一歩は「省察」(meditatio) である。自分の中に何か悪いことを見いだした場合には「もし人が自分の悪を感知すれば、彼はそこから地獄を知るであろう。……小さな悪でも最大の悪と比較すれば、それはいっそう軽くなるであろう」(第1の像) といわれる。内なる悪から地獄まで想念の力で悪は膨張するが、実際に犯された悪は小さいことが認識されれば、そこには神の保護が感じられ、罪の重荷が軽減されるというのである。彼はいう「わたしたちは自分たちの悪のほとんど千分の一をも感じていないのが事の真相であり、約言すればわたしたちの悪は、ほんとうのところ事がらの実質にかかわるのでなく、評価したり、感じたり感じなかったりするわたしたちの見解や心の動きにかかわっている」。(10)

こうした反省が画像をとおして実行される。さらにこの省察は悪とは正反対の善を考察することによって悪から転換が図られる。こうした方法が人間の知恵であることをルターは画像をもって両者を対照させながら示そうとする。その全体を要約して示すと、次のような対照図表となる。

	悪（左）	善（右）
第1像	内なる悪（救いがまったくない状態で、身体的な悪であるが、それでも小さい）	内なる善（キリストとその国への信仰は、心身のすべての善よりも価値がある）
第2像	前なる悪（将来起こりうる苦しみと確かな死を伴う悪事ではあるが、罪よりも恐ろしくない）	前なる善（いっそう良い将来への希望であるが、キリスト者が懐く神に対する確実な希望には劣っている）
第3像	背後の悪（過去の生活で神の慈しみを拒んだ悪に対する心配事は神にゆだねる）	背後の善（過去において受けた神の配慮。現在の苦難にあって神への信頼が起こる）
第4像	下なる悪（悪人の死ぬ宿命と地獄は法的に妥当する苦難に比べると無に等しい）	下なる善（断罪された者の光景は、反対に神の憐れみとその絶対的な義を指し示す）
第5像	左側の悪（どうにもならないサタンの力であり、その罰はわたしたちがこうむる不幸より大きい）	左側の善（わたしたちの敵対者に対する神の恩恵は神がわたしたちに授ける見えない善と比べると無に等しい）
第6像	右側の悪（それは友人とすべての聖人たちの苦難であって、この苦難は慰めに満ちた彼らの模範をもって克服される）	右側の善（それは聖人たちの交わりであって、その善はわれらの悪と交換される）
第7像	上なる悪（それは十字架に架けられた救い主、すべて苦難にある者らのかしらであって、彼はすべての苦難を聖化する）	上なる善（それはすべての事物・罪・死・害悪に対してわたしたちをそれらの主人となす勝利に輝く復活者である）

この図表から重要な点をいくつか取り上げてみたい。

(1) 神は身体的な悪をあるべきよりも軽減して与え、善を与える際にはより豊かに授けるが、「神が所有物や身体上の賜物をより少なく与える人々に対しては、神は魂の賜物をいっそう多く与えたもう」[11]。だから「魂の祝福、すなわち聡明さ、知識、判断力、弁舌の才、洞察力は右のすべての祝福にまさっている」[12]。

(2) 生と死は将来の悪・善であるが、私たちはそれらの不確かさによって悩まされても、信仰によって死を生に転換することができる。「信仰深い眼でキリストの死を見ることによってわたしたちの死は滅び、死はもはや死の形骸を示しているにすぎない。こうして……死は消え去るべきものではないにしても、それでも神は死の力を無効にしてただ形骸だけになしたまい、この意味で死は聖書において、死というよりはむしろ眠りと呼ばれている」[13]。それゆえルターは第4像で「地獄の善」について語るようになる。地獄は足下にあるが、神の好意によって祝福の像となる。「これらの人の中にわたしたちが認める死や地獄の多くの禍いと同じほどわたしたちの得ている祝福が疑いもなく多い……、また彼らの禍いが大きければ、それだけわたしたちの得ている祝福は大きい」[14]。ここには逆説的な逆対応の関係が見いだされる。この点は後に詳しく述べる。

(3) 内的な黙想はキリストに合一する「魂の高揚と拉致」という神秘的な経験に導かれる。「ましてや時折起ることだが、内的な祝福が黙想する魂にいっそう明らかに示されることが起こるなら、彼らは〔脱我的に〕拉致されたようになって、自分たちがどこにいたかも知らないような〔祝福された〕状態になる」[15]。

(4) 最後の第7像では左と右のキリストが考えられている。左は十字架に付けられたキリストであり、右は悪と死に勝利したキリストである。同時にキリストに対する信仰によって死から生への転換が生じる。「このようにして人間の罪に対する罰であった死は「神のあわれみにより」キリスト者にとっては罪の終わり、生命と義の開始となる[16]」。

五　死から生への転換はいかにして起こるか

(1) 生から死へ、死から生への二重考察

「生と死の教育」を問題にするときには、死から生への転換を考えるに先だって私たちは、生から死への反省をルターが説いていることも触れておかねばならない。

彼は『詩編九〇編の講解』の中で身体的死を「人生の短かさ」から繰り返し論じている。とりわけ詩編九〇編を書いたモーセにとって「人生とは走路を意味せず、むしろ猛烈な一投のようなものであって、これによりわたしたちは死へと拉し去られるという。……最大の不幸は、人が自己の悲運を、つまり神の怒りと人生の短かさを——目で見て経験してはいるけれども——真に自覚していないということである[17]」という。したがって生と死の問題は単に人生が外延的に短いという点にあるのではなく、内包的に悪しく耐えがたいという点にある。ここから死の恐怖が生じてきているのであって、その原因は人間の罪に対する神の怒りである、とルターはいう。もちろん「罪の払う代価は死である」というパウロの主張にそれは由来している。ルターはさらに神の怒りが動物の死、つまり自然死とまったく相違した様相を帯びてきて、悲惨な極みを呈している点を力説し、次のように語っている。

人間の死は悲惨であり、まことに無限でかつ、永遠な怒りそのものである。そのわけは人間が神のみ言葉に

服従して生き、神に似たものとなるように創られた被造物だからである。人間は死ぬべく創られたのではない。そうではなく、死は罪の罰として定められたのである。……人間の死は動物の死に似ていない。動物は自然の法則にしたがって死ぬ。人間の死は偶然に生じたり、一時的であったりするのではなく、怒りかつよそよそしい神から脅かされて生じている。(18)

これと同じく『十四の慰めの書』の冒頭から「試練に対する慰め」がその書の主題であることが次のように告げられる。

わたしたちの主イエス、わたしたちの救い主は、ひとしくすべてのキリスト者にかかわる戒めを残したまいました。それは、わたしたちが親切の務め、あるいは（聖書の言うところにしたがえば）むしろ慈悲深いわざ（ルカ6・36、マタイ25・34以下）を試練の中にある人々、不幸な人々に示し、病気で苦しむ人々を見舞い、捕われている人々を解放することに努め、また、これに類するほかのわざをわたしたちの隣り人に行ない、これらのわざによって現下の諸悪がいくらかでも和らげられるようになることである。(19)

そこでルターは事柄そのものへと認識の転換を計るのであるが、その認識を同時に神の観点から、つまり無から有を創造する神の観点から転換させようと試みる。神の観点から彼は次のように試練に陥っている人々の認識を転換させる。「神は事がらを反対のものに転じ、人が企てるのとは異なったことを創り出したもうことが真実なものとなる。これによってわたしたちの生活と行動はわたしたちの思慮分別のもとにはなく、明らかに神の不思議な能力、配慮、そして支配的な好意のもとにあったことをわたしたちは否定できない」[20]と。

(2) ルターにおける思想の世界の構成

こうして人間の心や霊において神の言葉が信仰によって把握されることによって、神と人との出会いが生じ、死から生への転換と死からの復活の出来事が生起するとルターによって説かれるようになった。このような霊における出来事は「神の前に」(coram Deo) という神と人との出会いの領域で生じ、ルターはこの神の前に立つ心を「良心」(conscientia) という言葉で好んで語るようになる。そこから生と死が良心において生じるとみなされ、彼の思想世界が次のような構造をもっていることが明瞭になる。

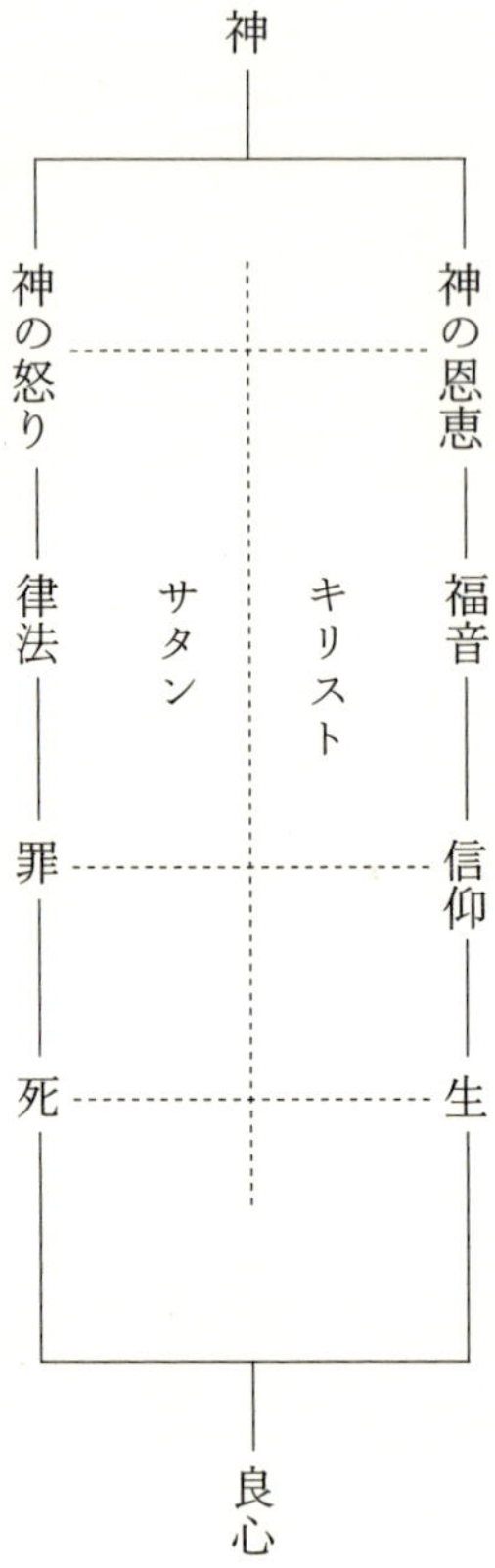

このような思想世界の構造をもっともよく示したルターのテキストを次に二つ引用しておきたい。というのは第一のテキストが二元的に対立している思想の構成を示し、第二のテキストはそれが良心において生じ、死とその克服たる心の平和との関連をよく示しているからである。

信仰は賜物であり、罪に対立して立てられた内的善である。……神の恩恵は怒りに対立して立てられた外的善であり、神の好意である。……だから、わたしたちは律法の二つの悪に敵対する福音の二つの善を所有している。すなわち罪に対立している賜物（信仰）と怒りに対立している恩恵とを所有している。[21]

この恩恵は究極において実際心の平和をもたらし、人間は自己の壊敗から癒されて、恵みの神をもっと感じる。この恩恵は骨格を強くし、良心を歓ばしく確実にし戦慄しないようになし、すべてを敢行し、一切をなすことができ、神の恩恵へのこのような信頼によって死をも侮るほどになる。それゆえ〔神の〕怒りが罪の壊敗よりもいっそう大きな悪であるように、〔神の〕恩恵は、わたしたちが信仰より来ると語った義の癒しよりも、いっそう大きな善である。[22]

この場合の死は「霊」における死を意味しているが、成熟したルターは自然死から分離した霊的死のみを扱わず、両者を結びつけて語っている。たとえば『詩編九〇編の講解』で彼はまず「人生の短かさ」から論じていき、「これによりわたしたちは死へと拉し去られる」[23]という。そこに人は人生の短さのみならず、神の怒りを感じて、心に悲惨が増大する。したがって神の怒りと恵みとの絶対的に矛盾対立している現象こそ、ルターの思想世界構成にみられる最大の特色である。そしてこの矛盾的に対立した契機が人間の霊性において生と死の弁証法を形成する。弁証法というのは、まずそのままに認められた即自存在が否定をとおして高次の肯定に発展する運動をいう。このような死を媒体とする生の高揚と飛躍とは信仰によって生じる。そして信仰とは自己に頼る生き方の否定なしにはありえない。この否定はこの詩編講解で明瞭に語られた「生のさ中にあってわたしたちは死のうちにある」という命題で決定的な表現が与えられている。さらに、律法こそこの否定に導く働きであり、その反対に死のさ中に生を授けることこそ福音のわざである、とルターは次のように言う。「律法の声は『生のさ中にあってわたしたちは死のうちにある』と安心しきった者たちに不吉な歌をうたって戦慄させる。しかし、他方、福音の声は『死のさ中にあってわたしたちは生のうちにある』と歌って力づける」と。(24)

ところが福音と律法はともに神の言葉であり、この神の言葉は罪ある人間に対しては破壊と創造とを交替しながら作用するがゆえに、「造られたものを毀《こぼ》ち、毀たれたものを造り」(25)、「生の信仰が死の中で訓練をうける」(26)。こうして「生—死」(vita—mors)の対立は「死における生」(vita in morte)というかたちにまで徹底される。かつ「死の中での生」とは「最も本来的意味における死」(propriissime mors)ともいわれる「死の死」(mors mortis)という死の否定媒介的な超越の運動に基づく生と死の弁証法を形成する。(27)

さらに、この「生—死」の対極的な構造から信仰の意義も明らかとなる。「生—死」の対極によって罪の認識と恩恵とが相呼応しつつ共に深淵的に深まり、罪の対立概念である信仰は彼にとって義認への「第一根拠」であるが、信仰と並んで罪の認識は「第二根拠」、またいっそう厳密には「共に要求されているもの」(corequisitum)ともいわれ(28)、結局自己に死することを意味し、他方信仰が「生を転換する」(29)(mutare vitam)から、生—死の対極性の上に信仰—罪の対応関係が成立する。

このようにして、私たちは生から死へ、続けて死から生へと導かれる。はじめの生は自然的で現世的な生であり、後の生は霊的で超自然的な生である。

(3) 転換は逆対応の関係のゆえに信仰によって生じる

私はここで、ルターのもっとも有名な著作『キリスト者の自由』を取り上げて、彼の義認思想を生と死の観点から明らかにしてみたい。この著作で彼は、キリストを信じる者に授けられる義を旧約聖書の「雅歌」で歌われる花婿と花嫁との愛の関係を用いて説明する。つまり花婿キリストと花嫁の魂との合一をキリストに対する主体的かかわりである信仰に帰し、キリストと魂はすべてを共有するという観点から信仰義認論を解明している。

そのさい彼は義認をキリストと魂とのあいだで行われる「喜ばしい交換」においてとらえ、この交換を「取引」として次のようにいう。

かように富裕な高貴な義なる花婿キリストが貧しい卑しい賤婦を娶って、あらゆる悪からこれを解放し、あらゆる善きものをもってこれを飾りたもうのだとしたら、それは何とすばらしい取引ではないか。(30)

ここで成立する花婿と花嫁との結婚は、キリストが「富裕な高貴な義なる花婿」(der reyche edle, frummer breudgam Christus)であるのに対し、魂のほうは「貧しい卑しい悪い賤婦」(das arm vorachte böses huerlein)であると規定される。それゆえ両者の結合関係は常識的な対応関係を完全に覆す「逆対応」となっている。一般的な「対応」ではよい花婿とよい花嫁とが結ばれるのに、ここでは善い花婿と悪い花嫁とが結ばれているがゆえに、その関係は逆対応となっている。

この点は『キリスト者の自由』のラテン語版では簡潔に次のように語られた。

キリストは恩恵・生命・救いに満ちていたもう。魂は罪・死・劫罰に満ちている。今や信仰が介入して、罪・死・地獄がキリストのものであり、反対に恩恵・生命・救いが魂のものであることが生じる。……この富める、敬虔な花婿キリストが、この貧しい不敬虔な娼婦をそのいっさいの悪から贖いかえし、ご自分の善をもってこれを飾り、妻として引き受けるとき、もう彼女の罪も彼女を滅ぼしえない。(31)

ここには花婿キリストと不敬虔な魂というまったく相反する二者の結合が説かれており、これが義認の根拠となっている。花嫁神秘主義の伝統に立ってキリストと魂との合一が説かれている点で、ここには中世との連続性が示されるが、その内容は十五世紀の神学者ジェルソンの学説ともルターの師シュタウピッツの教えとも相違する。ジェルソンは道徳的な浄罪の道によって教会が善い花嫁となるという教会改革を説いたが、そういう方法では人間の危機は解消しえないことがここでは「貧しい不敬虔な娼婦」の姿によって暗示される。またシュタウピッツはキリストと悲惨な魂とは、恩恵の客観的しるしであるサクラメントによって合一にいたることを説いたが、ルターは、これを認めてはいても、キリストの義と魂の罪とのあいだに成立する「歓ばしい交換」という新しい観点を導入した。こうして神秘主義の伝統を受容しながらも、この信仰による主体的かかわりの中にルターの神学思想の特質をとらえることができる。

このようなルターの解釈の特質は、神と人との関係が「逆対応」となっている点に求めることができる。それと正反対なのはジェルソンの場合であって、この関係が「対応」しており、清い者同士という類似した者らの結合関係から成立している。正反対な者が結合するというのが「逆対応」の関係であって、それは一般的で合理的な「対応」関係に対して転倒した逆説的な関係をいう。したがって「清い花嫁」と「義なる花婿」の関係が合理的な「対応」であるのに、ルターが説いている「卑しい花嫁」と「義なる花婿」との関係はその「逆」となっている。
この逆対応の関係はプラスとマイナスとが強く引き合う磁場を形成しており、両者は正反対であるがゆえに徹底的に合一する。これをルターは『キリスト者の自由』の中で「喜ばしい取引＝交換」としてとらえていた。この逆対応は神が人間の考えとは「反対の相のもとに」(sub specie contrarii) 働くことから生まれている。(32)

逆対応が起きるのは神が「反対の相の下に」活動するからである。このような認識は信仰もしくは霊性によってのみ把握できるのであって、感性によっても理性によっても把握できない。それは理性的でない自己省察(meditari) の働きによって理解にもたらされるのであり、省察は単なる思索とは異なり、自己の最内奥に向かう理解である。「省察の能力は理性的ではない。というのは省察とは注意深く、深淵的に、熱心に考えることであり、心において沈思熟考することを本来意味するからである。それゆえ、いわば中心に向けて追い立てること (in medio agitare)、あるいは中心や最深部そのものにおいて動かされることである。それゆえ内心から熱心に考え、探求し、論じる人は省察している」。(33) この神学的に省察された霊性の理解から神人関係の「逆対応」が説かれるようになった。それは罪人に注がれる恩恵のように神が人間の考えとは反対の相において働くことから生まれている。

それゆえ、神にのみイニシアティーブがあることになり、すべては慰めを授ける者の姿に集中している。しかも『死の準備についての説教』では、ルターは試練の姿にキリストの姿を対立させているだけでなく、「神の外的な言葉であるサクラメント」(die sacrament das ist die eusserliche wort gottis)(34) の力を強調する。サクラメントの第一の働きはキリストの姿を表象することであり、第二に私たちと一緒にキリストにおいて死と罪を担い地獄を征服した聖徒の交わりの中に私たちを合体させる。外的で可視的な神の言葉としてのサクラメントは、試練によって自己に絶望し死に渡された者に何らの資格もなしに外から与えられた純粋な恩恵であり、救いの絶対的確実性である。「神はあなたの資格のゆえに何ものもあなたに与えず、またあなたの資格にもとづいて御言葉とサクラメントを立てず、むしろ純粋な恩恵から資格のないあなたをも神の言葉とその赦しの上に建てたもう」(35)。ここに試練の否定性を克服する根源力は、もはや私たちの主体の中に置かれず、神の言葉とサクラメント、すなわち人間の主体を超越した外から人間に語りかけ、見える確実性を付与する神の恩恵に置かれている。ルターはこの点を『十四の慰めの書』では神秘的な表現をもって「キリストに拉し去られる」と語っている。

このように「キリストに拉し去られる」のは、他ならぬキリスト自らが試練を受け、死・罪・地獄の姿を生命・恩恵・天国の姿へと、すなわち神の怒りから神の恩恵へと、試練の経験をとおして、転換させているからである。この「キリストは単に御自身において罪・死・地獄をありあまるほど克服し、それを信じるようにわたしたちの前に提示したばかりでなく、さらに優れた慰めのためにわたしたちが罪・死・地獄の姿においてもつ試練を自ら受けて克服したもうた」(36)。そうはいってもそのように導いたのは神なのである(37)。

ここにルターの神学思想のもっとも深い根源がみられる。それは神学的反省以前の生と死の問題にかかわっており、人間的な生への意志を試練へと導きながらも、それはキリストにおいて神の愛となって現れている。ルターの神学はそのような試練を受けた良心の場において展開する。それは試練の主体的経験をとおして、自己を超えて自己にかかわるキリストの中に生命を発見するように私たちを導く。こうして試練は自己を超越していてしかも自己に生命としてかかわってくる永遠者との関係を開示する。それゆえ試練は「超越的」範疇に属している。

あなたをただキリストの中に求めよ、そしてあなたの中に求めるな、そうすれば、あなたはキリストの中にあなたを永遠的に見いだすであろう（suche dich nur in Christo und nit yn dir, so wirstu dich ewiglich yn ihm finden.）。

このようにして、生と死の経験からルターは初めて自己の新しい神学思想を弁証法的に、つまり死をとおして新しい生命に立つことによって確立したのである。

六 「死の技術」（ars moriendi）との関係

一五一九年に書かれた二つの慰めの書を検討してみて、私たちはルターにおいて試練を受けた良心に対しキリストがいかに大いなる慰めを与えるものであるかが主題となっていることを解明した。「死の省察」（meditatio mortis）という中世において行われてきた伝統は、プラトンが『パイドン』で語っている「哲学は死の学びである」という考えから発展してきたものである。この伝統をルターはキリストの受難の省察として把捉し、良心における死の試練の状況の中からキリストの死をもって自己の生命となし、キリストとの交わりにおいて死から生への転換を説くようになった。なぜなら神の恩恵のわざは試練を受けた良心においてキリストとの交わりをとおして反復して現象するからである。そこにはもはや自己の功績を主張するなにものも残っていない。「キリストのみ」は「恩恵のみ」（sola gratia）である。死を生にかかわらせて観る、罪を恩恵にかかわらせて観るルターの基本的姿勢はこの恩恵によるのみの徹底した信仰的態度の表明であって、死・罪・地獄の試練は生命・恩恵・天国の福音の恩恵からのみ把握される。この恩恵はサクラメントの客観的確実性によって保証されているとルターの師シュタウピッツはみていたが、ルターは試練の否定性が人間の生を絶滅させ無に帰しているという死の経験からのみ理解されるべきであるとする。自己になんら存立の拠点をもたないにもかかわらず、なお人間が自己を確立しうる唯一の可能性は、キリストに示された神の恩恵を信頼する信仰にある。これは信仰によるしか人間に生きる可能性がないという意味であって、自己主張としての確信や信念ではない。ここに「信仰によるのみ」(sola fide) の宗教改革的神学の出発点がある。

ヘルムート・アペールは『後期中世とルターにおける試練と慰め』という研究において、ルターの初期思想と神秘主義および後期スコラ神学さらに「死の技術」との関連を解明している。エックハルト、ゾイゼ、タウラー、『ドイツ神学』と続くドイツ神秘主義の系譜において、苦難や試練が霊的人間の形成にとって重要な意義をもっていたが、神との神秘的合一という究極目的のためキリストが軽く触れられるか、模範として説かれ、さらに苦難や試練の存在自体が不完全性の残滓《ざんし》と考えられていた。それゆえ「内的人間」が苦難を受けていると説かれても、それは内的人間自身の深みには達していなかったといえよう。だからタウラーのいう「神の狩り(追跡)」(Jagd Gottes) などの考察はルターに比べると遊戯にすぎないと解釈された。[39]

次にアペールは「死の技術」とルターの関連を強調し、ルターがこの説教にみられたように死の時をもっとも激しい試練とみる点、また神秘主義と違って霊的試練のみならず不信仰、疑い、恥辱、悪徳などの試練について語っているところに「死の技術」との関連があると主張した。さらに試練を克服する手段としてサクラメントやキリストの十字架像を用いていること、試練の戦いを抽象的に語らず、「死の技術」が木版画にみられる対立する絵姿で示すのとルターの死・罪・地獄と生命・恩恵・天国の対比が「像」(Bild) として述べられていることとの関連性、さらに両者とも神と悪魔との戦いを述べながらも、そこに教義学的思想がないこと、そしてもっとも近い関連は両者とも死の時に功績思想を語らず、神の恩恵のみに依っていることをあげて両者のあいだの類似性を指摘している。アペールがあげているこの最後の共通点は当時の思想からは逸脱しているが、それまでにみられなかった新しい思想を導き出しており、それがルターの先達となっていないにしても、同時に併発しているので、両者は「道連れ」(Wegbegleitung) となっている。(40)

「死の技術」とルターの思想がいかなる関係に立っているかという問題についてこれ以上に述べることはできないが、画像をとおして民衆に語りかけた方法がルターに継承されている点は確認できると思われる。その画像の内容に関しては、死に直面した人がさまざまな誘惑にさらされ、良心が試練を受けている点においてアペールも両者の共通点をとらえている。結論として彼は次のように説いている。「苦悩する良心に慰めをもたらすこと、従来提供された慰めがルター自身において不十分かつ損なわれていたことが判明したのち、真正で有効な慰めをもたらすことこそルターがその戦いで追究したもの、彼を遂に教会の刷新者となし、さらにローマ教会における組織の統一を解体させたものにほかならなかった。ルターの戦闘的文書と学問的著作の多くが、牧会的奉仕のかかる意図からどんなに遠のいているように思われても、その文書のすべてはこの牧会的な奉仕のために書かれた。アウクスブルク信仰告白の信奉者たちも、〈新しい〉神学の関心事は、戦慄した良心を従来の信仰の原理から可能であったよりもいっそう深く慰めること以外の何ものでもないことを何度も繰り返し告白している(41)」。

第１図
信仰の懐疑

第２図
信仰への呼びかけ

第３図
絶望

第４図
希望への呼びかけ

第５図
いらだち

第６図
忍耐への呼びかけ

第７図
うぬぼれ

第８図
謙虚への呼びかけ

第９図
地上的なものへ
のこだわり

第10図
現世否定への呼びかけ

第11図
祈りへの勧告

「死の技術」の
11 枚の画像の配置

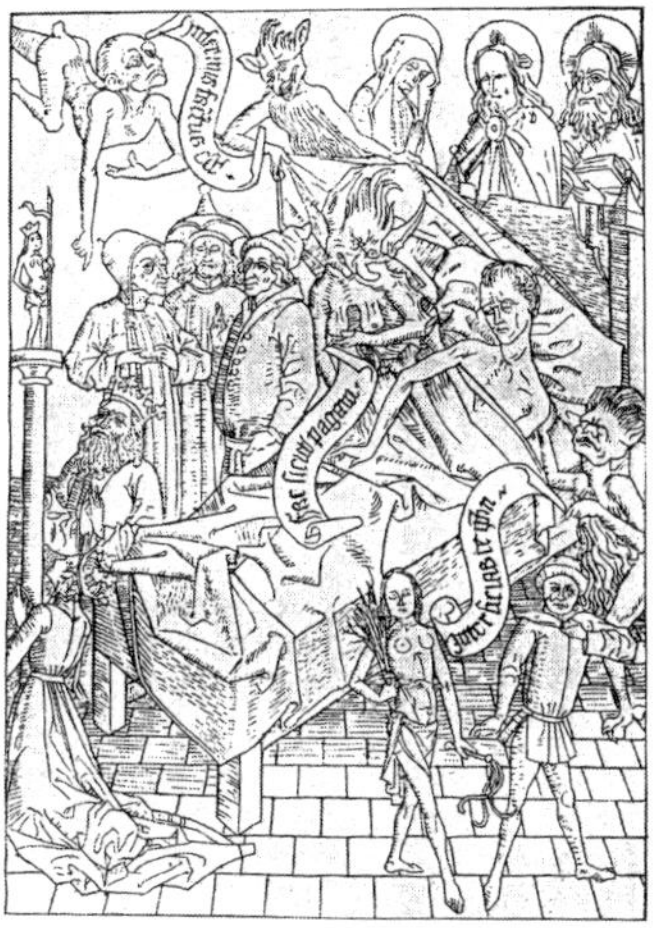

Bild 1. Erste Anfechtung:
Glaubenszweifel

「死の技術」 第1図　信仰の懐疑

Bild 2. Erste Anfechtung:
Der Ruf zum Glauben

第2図　信仰への呼びかけ

Bild 9. Fünfte Anfechtung:
Hängen am Irdischen

第9図　地上的なものへのこだわり

Bild 10. Fünfte Anfechtung:
Der Ruf zur Weltverleugnung

第10図　現世否定への呼びかけ

(Helmut Appel, Anfechtung und Trost im Spätmittelalter und bei Luther, M. Heinsius Nachfolger, 1938より)

注

（1）ディルタイ著作集、第4巻『歴史的理性批判』水野彌彦、細谷恒夫、坂本都留吉訳、創元社、一九四六年、二四六頁。

（2）Luthers Werke, Kritische Gesamtausgabe, 1883 ff. = Weimares Ausgabe（以下WA. と略記）6, 106.『労し、重荷を負う人々のための慰めに関する十四章』笠利尚訳、ルター著作集委員会編「ルター著作集、第一集、3」聖文舎、一九六九年、四四―四五頁。（以下『慰め』と省略する）

（3）シュタウピッツ『キリストが喜んで迎えた死のまねびについての小冊子』金子晴勇訳「キリスト教神秘主義著作集11」教文館、二〇〇一年、七七―一〇五頁参照。

（4）WA. 2, 689, 3.『生と死の講話』金子晴勇訳、知泉書館、二〇〇七年、一七四頁。

（5）WA. 2, 689. 同上訳書、一七五頁。

（6）WA. 2, 688. 同上訳書、一七三―四頁。

（7）WA. 6, 106.『慰め』、四五―四六頁。

（8）WA. 40, 3, 542, 21-23.『生と死の講話』（前出）、八二頁。

（9）WA. 40, 3. 533, 29-534, 15. 同上訳書、七一頁。

（10）WA. 6, 107-8.『慰め』、四七―五〇頁。

（11）WA. 6, 120. 同上訳書、七五頁。

（12）ibid.

（13）WA. 6, 123. 同上訳書、八二頁。

（14）WA. 6, 127. 同上訳書、九〇頁。

（15）WA. 6, 122. 同上訳書、七九頁。

（16）WA. 6, 124. 同上訳書、八三頁。

(17) WA. 40, 3, 523, 23-524, 21.『生と死の講話』(前出)、六〇頁。
(18) WA. 40, 3, 513, 23-30. 同上訳書、四七—四八頁。
(19) WA. 6, 104.『慰め』、四二頁。
(20) WA. 6, 111. 同上訳書、五五頁。
(21) WA. 8, 106, 20-22, 35-37.
(22) WA. 8, 106, 11-17.
(23) WA. 40, 3, 523, 24-25. ルター『生と死の講話』(前出)、六〇頁。
(24) WA. 40, 1, 496, 16ff.
(25) WA. 7, 546, 33f.
(26) WA. 18, 633, 23.
(27) WA. 56, 322, 18; 323, 1.
(28) WA. 40, 2, 360, 13.
(29) WA. 8, 109, 21.
(30) WA. 7, 26, 4-7.
(31) WA. 7, 54, 39ff.; 55, 25ff.
(32) WA. 4, 81, 26ff. それは次のように霊的人間の隠れとして語られている。「神が彼らの下においては全く反対の相の下に(omnino contrariis speciebus)活動したもう、こうした計画とわざとが隠されているがゆえに、おろかな人たちがそれを知らないのは不思議ではない。なぜなら内的に行なわれたことは別の仕方で外的に現われるからである。……見よ、霊的で内的な人々の下では神は栄光・救い・富・美・量りがたく尊い徳を造りだす。しかし外的にはこれらは一つも現われないで、かえって万事は反対のように現われる。神は彼らを恥辱・弱さ・富の欠乏・軽蔑・不潔、否かえって死にまでも見捨てたもう」。

(33) WA. 3, 19, 24-30.
(34) WA. 2, 692, 36.
(35) WA. 2, 694, 7ff.
(36) WA. 2, 691, 22f.
(37) ibid., 697, 15ff.
(38) WA. 2, 690, 24f.
(39) Helmut Appel, Anfechtung und Trost im Spätmittelalter und bei Luther, S. 10-21, 130参照。
(40) H. Appel, op.cit., S. 112ff.
(41) H. Appel, op.cit., S. 126.

あとがき

本書は、「臨床死生学研究叢書」第一巻『死別の悲しみに寄り添う』、第二巻『死別の悲しみから立ち直るために』につづく、第三巻である。本書も、聖学院大学総合研究所の共同研究「臨床死生学」研究会（研究代表、平山正実・聖学院大学大学院教授）の研究成果として刊行される。「共同研究計画書」の「研究課題の概要」にはこの研究の目的と研究方法について次のように記されている。

「死生学の学問領域は、広範囲に及ぶ。しかし、われわれが研究課題とする死生学は、それを解明するにあたって、現実の人間生活の中で生起する死と生に焦点を絞った臨床死生学的方法を採用する。とくに臨床死生学の分野の中でも、われわれが関心を持つのは、臨床死生学の現場における悲しめる人々への援助活動の連携である。つまりカウンセリングを中心として、医師、看護師、カウンセラーなどがなすさまざまな援助はどのように連携してなされるべきであるかというテーマである」。

臨床Clinical研究がめざすものは、近代科学の原理である「普遍性・論理性・客観性」に対して「経験」を重視した研究（中村雄二郎『臨床の知とは何か』岩波新書、一九九二年）である。本研究では、とくに医療、福祉、教育などの「現場」における経験を帰納法的に分析することをめざしている。

「臨床研究」を視座に、二〇〇八年度からは、「生と死の教育」をサブテーマとして研究に取り組んだ。Death Educationの分野であり、病院だけでなく、看護教育、学校、そして家庭における生と死の教育について、医師、看護師、臨床心理士、病院の保育士、思想研究者などさまざまな立場からの研究報告がなされた。書名を『死別の悲しみを学ぶ』としたのも、このサブタイトルをタイトルにあらわしたものである。

以下、研究会の開催日、主題、報告者を記す。なお報告者の肩書きは報告当時のものである。

二〇〇八年度は六回の研究会が開催された。

第一回　六月十三日
「子供における生と死」　田中久美子、あいち小児保健医療総合センター病棟保育士

第二回　六月二十七日
「ガン患者の心と身体の痛み」　白土辰子、東洋英和女学院大学教授

第三回　九月二十六日
「自死遺族とグリーフケア」　小山達也、東京女子医科大学看護学部講師

第四回　十月十四日
「死生学教育について教育現場からの発言」　山崎浩司、東京大学特任講師

第五回　十一月十四日
「子供の病と死への向き合い方」　三輪久美子、洗足学園短大講師

第六回　二〇〇九年二月二十七日
「心悩む人の生死に関する家族の対応の仕方」　平山正実、聖学院大学大学院教授

二〇〇九年度は九回の研究会が開催された。
第一回　五月十日
「介護と生と死の教育」　根本秀美、信州短期大学講師
第二回　六月七日
「看護と生と死の教育」　中村鈴子、国立病院機構千葉医療センター附属千葉看護学校副学校長
第三回　七月十二日
「社会人・大学生と生と死の教育」　小高康正、長野大学教授
第四回　九月十三日
「高齢者に対する生と死の教育」　越智裕子、明治学院大学・社会福祉士
第五回　十月四日
「一般人に対する生と死の教育――とくにルターの死生観を中心に」　金子晴勇、聖学院大学大学院教授
第六回　十一月一日
「悲嘆教育について」　平山正実、聖学院大学大学院教授
第七回　十二月六日

「援助者のための生と死の教育」　窪寺俊之、聖学院大学大学院教授

第八回　十二月二十日

「画家ムンクにおける生と死」　平山正実、聖学院大学大学院教授

第九回　二〇一〇年一月十七日

「大学生の生と死のとらえ方――学生相談室の臨床から」　竹渕香織、聖学院大学総合研究所助教

各研究会の主題は、講師から出された講演主題に基づいているが、本書を編集するに際し、論文タイトルも内容に即して変更したものもある。また「臨床にみる生と死」「援助者と『生と死の教育』」、「『生と死の教育』の試み」の三部に分類し順番を入れ替えた。残念ながら、編集方針から収録できなかった論文もある。内容紹介は、平山教授の「はじめに」を参照いただきたい。

本叢書は、「聖学院教育振興会」からの寄付により出版されることになった。教育振興会会長、小倉義明先生のご理解とご支援に対して感謝したい。

最後になったが、ご多忙の中にもかかわらず寄稿してくださった執筆者の方々、また本書の編集を担当してくださった聖学院大学出版会の花岡和加子さんに感謝を申し上げたい。

聖学院大学総合研究所

山本　俊明

第27巻第2号、2005年。「学生たちが学んだデス・エデュケーション（いのちの教育）」長野大学編『いのちの対話』郷土出版社、2006年。「悲嘆と物語——喪の仕事における死者との関係」平山正実編著『死別の悲しみに寄り添う』聖学院大学出版会、2008年。「エンデのファンタジーにおける死のイメージと創造性」梅内幸信編『エンデ文学におけるファンタジー』日本独文学会研究叢書64号、2009年。

中村　鈴子（なかむら　すずこ）
1949年生まれ。国立久留米病院附属看護学校卒業、青山学院大学文学部教育学科卒業。東洋英和女学院大学大学院人間科学研究科（死生学専攻）博士課程満期退学。国立がんセンター、国立国際医療センター附属看護学校に勤務し、国立西群馬病院附属看護学校、国立東京医療センター附属東が丘看護助産看護学校教育主事、国立病院機構千葉医療センター附属千葉看護学校副学校長を経て、現在、活水女子大学看護学部准教授（看護倫理、小児看護学、緩和ケア）。
〔著書〕『臨床死生学事典』（共著）、日本評論社、2000年。『QOL学を志す人のために』（共著）、丸善プラネット、2010年。

金子　晴勇（かねこ　はるお）
1932年生まれ。京都大学大学院文学研究科博士課程修了。前、聖学院大学大学院教授。文学博士（京都大学）。聖学院大学総合研究所名誉教授。
〔著書〕『ルターの人間学』、『アウグスティヌスの人間学』、『近代自由思想の源流』、『マックス・シェーラーの人間学』、『ルターとドイツ神秘主義』、『近代人の宿命とキリスト教』、『エラスムスとルター』、『アウグスティヌスの恩恵論』、『ヨーロッパ人間学の歴史』、『愛に生きた証人たち』、『ルターの霊性思想』、『現代ヨーロッパの人間学』ほか。
〔訳書〕エラスムス『エンキリディオン』、ルター『生と死の講話』、アウグスティヌス『ペラギウス派駁論集（1）、（2）、（3）、（4）』、『ドナティスト駁論集』、『ヨハネによる福音書講解説教（2）』、ベルナール『雅歌の説教』ほか。

介護・福祉への新しい視点』（共著、関西学院大学出版会）、『緩和医療学』（共著、三輪書店）、『死生論』（共著、メンタルケア協会）、『系統看護学講座　別巻10　ターミナルケア』（共著、医学書院）。
〔訳書〕『魂への配慮』（日本基督教団出版局）、『神学とは何か』（新教出版社）、『愛するものが死にゆくとき』（共訳、相川書房）、『看護の中の宗教的ケア』（共訳、すぐ書房）、ほか。

竹渕　香織（たけぶち　かおり）
1973年生まれ。聖学院大学基礎総合教育部助教、聖学院大学学生相談室室長補佐・カウンセラー。自由学園最高学部非常勤講師。臨床心理士、臨床発達心理士。
〔著書〕『発達障害のある学生支援ケースハンドブック――支援の実際とポイント』（共著）（ジアーズ出版、2007年）
〔論文〕「学生相談室利用事例からみる退学者の傾向と支援――退学者減少のための糸口を探る」（『聖学院大学総合研究所紀要』41号、2008年）など。

山崎　浩司（やまざき　ひろし）
1970年生まれ。信州大学医学部准教授。元・東京大学大学院人文社会系研究科死生学・応用倫理センター上廣死生学講座特任講師。専門は死生学、医療社会学、質的研究。京都大学博士（人間・環境学）。
〔著書〕『ケア従事者のための死生学』（共著）、ヌーヴェルヒロカワ、2010年。『よくわかる医療社会学』（共著）、ミネルヴァ書房、2010年。『生と死のケアを考える』（共著）法藏館、2000年など。
〔論文〕「インフォーマルケア論と相互作用論の視座――死と看取りの社会学の展望」『社会学年報』第39号、2010年。「『イキガミ』を読む――死生の物語の構築と読解に関する試論」『死生学研究』第９号、2008年。「悲嘆と向き合う死生学」『春秋』第499号、2008年など。

小高　康正（こたか　やすまさ）
1950年生まれ。長野大学企業情報学部教授。近代ドイツ文学専攻。メルヒェン研究。文学的死生学研究。
〔訳書〕ペーター・シュタインバッハ、ヨハネス・トゥヘル『ドイツにおけるナチスへの抵抗　1933 - 1945』（共訳）、現代書館、1998年。
〔論文〕「堀辰雄『風立ちぬ』における悲嘆と創作のプロセス」『長野大学紀要』

三輪　久美子（みわ　くみこ）
1961年生まれ。日本女子大学大学院人間社会研究科博士後期課程単位取得満期退学。博士（社会福祉学）。日本女子大学人間社会学部非常勤講師。洗足こども短期大学非常勤講師。NPO法人グリーフケア・サポートプラザ理事。
〔著書〕『小児がんで子どもを亡くした親の悲嘆とケア――絆の再構築プロセスとソーシャルワーク』生活書院、2010年。
〔論文〕「自死遺族を支える――支援の現状と課題」『社会福祉』第51号、2011年。「悲嘆プロセス研究にみる故人との絆――自死遺族支援のための手がかりとして」『自殺予防と危機介入』第31巻第1号、2011年。「小児がんで子どもを亡くした親の悲嘆プロセス――絆の再構築プロセス」『社会福祉』第50号、2010年。「小児がんで子どもを亡くした親の悲嘆プロセス――絆の再構築プロセスと援助モデルの提示」日本女子大学大学院博士論文、2009年。「小児がんで子どもを亡くした父親の悲嘆プロセス――医療ソーシャルワーカーによる援助への示唆」『医療社会福祉研究』第16巻、2008年。「小児がん患児の死に向き合う親の経験」『保健医療社会学論集』第18巻2号、2008年、など。

窪寺　俊之（くぼてら　としゆき）
1939年生まれ。埼玉大学卒業（教育学部）、東京都立大学大学院（臨床心理学）に学ぶ。米国エモリー大学神学部卒（神学）、コロンビア神学大学大学院卒（牧会学）。米国、リッチモンド記念病院（ヴァージニア州）と淀川キリスト病院（大阪市）でチャプレン（病院付牧師）。イーストベイ・フリーメソジスト教会牧師（米国、サンフランシスコ市）。関西学院大学神学部教授を経て、現在、聖学院大学大学院教授（スピリチュアルケア学）。博士（人間科学、大阪大学）。
日本臨床死生学会理事、スピリチュアルケア学会理事、日本神学会会員、日本福音主義神学会員、実践神学の会会員、日本ホスピス・緩和ケア研究振興財団評議員。
〔著書〕『癒やしを求める魂の渇き――スピリチュアリティとは何か』（編著、聖学院大学出版会）、『スピリチュアルペインに向き合う――こころの安寧を求めて』（編著、聖学院大学出版会）、『スピリチュアルケア入門』（三輪書店）、『スピリチュアルケア学序説』（三輪書店）、『スピリチュアルケア学概説』（三輪書店）、『スピリチュアルケアを語る　ホスピス、ビハーラの臨床から』（共著、関西学院大学出版会）、『スピリチュアルケアを語る〈続〉　医療・看護・

執筆者紹介（掲載順）

平山　正実（ひらやま　まさみ）
1938年生まれ。横浜市立大学医学部卒業。自治医科大学助教授（精神医学）、東洋英和女学院大学大学院教授（死生学、精神医学）を経て、現在、聖学院大学総合研究所・大学院（人間福祉学科）教授、北千住旭クリニック精神科医。医学博士、精神保健指定医。
〔著書〕『死別の悲しみから立ち直るために』（編著）、聖学院大学出版会、2010年。『死別の悲しみに寄り添う』（編著）、聖学院大学出版会、2008年。『見捨てられ体験者のケアと倫理――真実と愛を求めて』勉誠出版、2007年。『人生の危機における人間像――危機からの創造をめざして』聖学院大学出版会、2006年。『はじまりの死生学――「ある」ことと「気づく」こと』春秋社、2005年。『心の病気の治療がわかる本』法研、2004年。「悲嘆とスピリチュアルケア」『癒やしを求める魂の渇き――スピリチュアリティとは何か』（共著）聖学院大学出版会、2011。『精神科医の見た聖書の人間像――キリスト教と精神科臨床』、教文館、2011年ほか。

白土　辰子（しらつち　たつこ）
1940年生まれ。日本大学医学部卒業。麻酔科医としてペインクリニックでがん性疼痛の治療を通して緩和ケアに関わるようになった。日本大学講師（医学部麻酔科勤務）、東洋英和女学院大学人間科学部教授、日本大学客員教授を経て、現在、日本大学医学部付属板橋病院緩和ケアチームにて非常勤講師。医学博士。
〔著書〕『がん患者の症状マネジメント』（共著）学習研究社、2002年。『麻酔実践テキスト』（共著）南光堂、2008年。『癌緩和ケア』（共著）新興医学出版社、2008年。『臨床緩和ケア・改定』（共著）青海社、2009年　ほか。

田中　久美子（たなか　くみこ）
1978年生まれ。東洋英和女学院大学大学院修士課程（人間科学専攻）修了。執筆当時、あいち小児保健医療総合センターにてチャイルドライフ担当保育士。Hospital Play Specialist Japan取得。
〔論文〕「罪責感の転換と愛――ドストエフスキーの『罪と罰』を中心に」東洋英和女学院大学大学院修士論文、2005年。

死別《しべつ》の悲《かな》しみを学《まな》ぶ　臨床死生学研究叢書　3

2012年2月10日　初版第1刷発行

編著者　平　山　正　実

発行者　大　木　英　夫

発行所　聖学院大学出版会

〒362-8585　埼玉県上尾市戸崎1-1
電話 048-725-9801
Fax. 048-725-0324
E-mail: press@seigakuin-univ.ac.jp

ISBN978-4-915832-91-8　C3311

〈臨床死生学研究叢書1〉
死別の悲しみに寄り添う

平山正実 編著

子どもや愛する家族を失った悲しみ、事故や戦争で家族を亡くした悲嘆にどのようにかかわり、悲しみからの回復へ寄り添うケアが可能なのか。さまざまなケースタディを通して、遺族に向き合う従事者に求められる「グリーフケア」の本質を論じている。著者は精神科医、末期医療にかかわる看護師など、援助活動に携わる方々である。日本人の死生観をめぐる死生学叢書の第一巻。

A5判　三五七〇円
978-4-915832-76-5 (2008)

〈臨床死生学研究叢書2〉
死別の悲しみから立ち直るために

平山正実 編著

愛する家族や友人を病気や事故で失った人々が、その悲しみをどのように受け止め、悲しみから立ち直ることができるのか。本書は「死別の悲しみからの回復の作業」、つまり「グリーフワーク」を主題に編集されている。医師として看護師として、また精神科医として死別の悲しみに寄り添う方々が、臨床の場で考察を深め、多様で個性あるグリーフワークの道筋を語る。

A5判　四二〇〇円
978-4-915832-33-8 (2010)

〈カウンセリング・シリーズ1〉
人生の危機における人間像
危機からの創造をめざして

平山正実 著

人生の途上で人はさまざまな精神的危機に遭遇する。配偶者、子どもなど愛する人々との離別あるいは死別、財産や名誉、地位、役割などの喪失、病気や障害、あるいは死への直面である。人はどのようにその危機を受け止め、生き方を創造できるのか。モリス・シュワルツ、キューブラー・ロス、宮沢賢治、ポール・トゥルニエなどのライフヒストリーをたどる。

四六判　二三一〇円
978-4-915832-82-6 (2006) (4-915832-62-7)

〈スピリチュアルケアを学ぶ1〉

癒やしを求める魂の渇き

スピリチュアリティとは何か

窪寺俊之編著

終末期医療の中で、医学的に癒やすことのできないスピリチュアルペインが問題となっている。スピリチュアルという、精神世界や死後の世界への関心なども含む幅広い概念の中から、スピリチュアルの意味を探り、終末期におけるスピリチュアルケアの対象とする世界を描き出す。人生を意味深く生きるためのスピリチュアルケアの入門シリーズ「スピリチュアルケアを学ぶ」の第一冊。

Ａ５判　一九八〇円

978-4-915832-90-1 (2011)

〈スピリチュアルケアを学ぶ2〉

スピリチュアルペインに向き合う

こころの安寧を求めて

窪寺俊之編著

スピリチュアルケアは「魂へのケア」とも言い換えられるように、心の深みにある不安や畏れ、「私の人生の目的は何か」、「私の負った苦しみの意味は何か」といった思いに苦しむ方々へのケアである。本書には日本的視点からスピリチュアルケアの本質に迫ったカール・ベッカー氏の「医療が癒やせない病——生老病死の日本的なスピリチュアルケア」、また、亀田総合病院の西野洋氏が自身のスピリチュアルペインに向き合う体験をもとに医療の本質を述べた「一臨床医のナラティブ」が収録されている。私たちが気づかなかった自分自身の根底にあるスピリチュアルなものを見いだすきっかけを与える内容となっている。

Ａ５判　二三一〇円

978-4-915832-94-9 (2011)

ソーシャルワークを支える宗教の視点

その意義と課題

ラインホールド・ニーバー著
髙橋義文・西川淑子訳

キリスト教社会倫理を専門とするラインホールド・ニーバーは、アメリカの政治外交政策に大きな影響を与えた。本書が提示する本来の社会福祉の実現という主張のなかには、「社会の経済的再編成」「社会組織再編」「社会の政治的な再編成」というニーバーの壮大な社会構想が見られる。本書はニーバーの重要な著作の翻訳とニーバーの専門家と社会福祉の専門家による解説により構成されている。広く社会の問題とりわけ社会倫理の問題に関心のある方、また、社会福祉、ソーシャルワークに関心のある方、実際にその仕事に就いておられる方々だけでなく、将来この分野で働く準備をしている方々など、幅広い分野の方々に読んでいただきたい本。

四六判　二一〇〇円
978-4-915832-88-8 (2010)

愛に生きた証人たち

聖書に学ぶ

金子晴勇
平山正実　編

本書は、聖学院大学生涯学習センターによって二〇〇六～二〇〇七年の二年間にわたって行われた、聖書講座「聖書の人間像」において語られたものを、講師の方々にまとめていただいたものである。内容は一般の人々にも理解できる範囲にとどめている。「愛は多様な人間関係の中に生きて働く生命である」ことを、旧約聖書からはアブラハム、モーセ、ダビデ、ホセヤ、ヨブ、コヘレト、新約聖書からはイエス、ペトロ、ユダ、ヨハネ、パウロ、マルコといった人物により証しする。

四六判　二五二〇円
978-4-915832-82-6 (2009)